广州市宣传文化出版资金

本作品受“广州市宣传文化出版资金”资助

倚窗看云

李哲夫 著

广州新华出版发行集团
广州出版社

图书在版编目（CIP）数据

倚窗看云 / 李哲夫著. —广州：广州出版社，2019.7
ISBN 978-7-5462-2945-4

Ⅰ. ①倚…　Ⅱ. ①李…　Ⅲ. ①国际关系—文集
Ⅳ. ①D8-53

中国版本图书馆CIP数据核字（2019）第131197号

书　　名　倚窗看云
　　　　　Yi Chuang Kan Yun
出版发行　广州出版社
　　　　　（地址：广州市天河区天润路 87 号 9 楼、10 楼　邮政编码：510635
　　　　　网址：www.gzcbs.com.cn）
责任编辑　叶桂莲
责任校对　张　苹
封面设计　肖晓文
印刷单位　广州市快美印务有限公司
　　　　　（地址：广州市白云区广从五路 410 号一楼 103 房，二楼，五楼部分
　　　　　电话：020-23336155）
规　　格　787 毫米 ×1092 毫米　16 开
字　　数　280 千
印　　张　18.25
版　　次　2019 年 7 月第 1 版
印　　次　2019 年 7 月第 1 次
书　　号　ISBN 978-7-5462-2945-4
定　　价　68.00 元

目 录

兵者，不可不察也

《孙子兵法》开宗明义就指出：“兵者，国之大事，死生之地，存亡之道，不可不察也。”这个“兵”，应当包括战争和对战争的准备，孙子认为这是关系到国家生死存亡的大事，不可以不加以高度关注和重视。战争年代固然是如此，在和平与发展时代的今天，也同样是如此。那种以为世界大战不可能发生，中国又是一个“块头”很大的有核大国，没人敢轻易对中国动手，因而无须对外来入侵太过担心的看法，是一种误国误防误军的迂论。如果说南海撞机事件和我国驻南斯拉夫大使馆被炸事件还不足以使国人警醒的话，那么，如今发生在黄海上的频频军演无论如何也应该让人彻底清醒了吧！

我们期望和平发展，我们在发展的过程中绝不想损害和侵犯任何国家和民族，这是中国的社会制度和民族文化性格所决定的。但有人就是不信，硬要把你说成一种威胁，就是要遏制你，围堵你，甚至不惜示以武力。你怎么办？置若罔闻，不以为意，那无异于是把自己放在人家的砧板之上，任人宰割了；步步退让，委曲求全，没问题，但总得有个限度吧，总不能让别人突破你的核心利益这个底线吧；针锋相对，奋起抗争，原则是对的，但要讲究策略，不能盲目蛮干，应尽量避免在不利条件下的硬拼。正确的做法还是应该按照毛泽东提出的对待敌人威胁的态度：第一，不怕；第二，认真准备。不怕：我党我军的历史，可以说就是一部以小胜大、以弱胜强的历史，我们就是在同强大敌人的英勇斗争中夺取政权取得胜利的。我们的国家也是如此，多年以来，不也是在强敌的包围封锁、虎视眈眈下发展壮大的吗？今天，我们虽然还是一个发展中国家，同人家相比还处于弱势的地位，但毕竟有改革开放三十多年积累起来的物质基础，有怀着高度爱国热情的十三亿人民，并且以忍无可忍、退无可退的哀兵制敌，何怕之有？！认真准备：首先，要使全国人民在思想上有所准备，要牢固树立爱国主义精神，树立忧患意识，国防意识，培养尚武精神；其次，就是要抓紧时间，使实劲，使真劲，不务虚功，不尚空谈，认认真真地研究敌人，认认真真地武装自己，谋划御敌之策，思考破敌之招，“锻造”自己的撒手锏，训练自己的精锐之师、虎狼之师，从而真正让敌人有所顾忌，不敢轻易挑起事端。历史的经验反复告诉我们，只有高度戒备，充分准备，才能推迟战争，制止战争，赢得和平；而忍让求和，绥靖求和，害怕刺激敌人，则往往事与愿违，到头来只能助长魔鬼的气焰。

（原文以远山的笔名发表于2011年1月9日的《广州日报》）

上兵伐谋

《孙子兵法》是一部兵书，但却慎言兵事，认为启动战事是不得已而为之的选择，最好是不通过战争就能解决问题，即“兵不顿而利可全”。这里最重要的是要讲究谋略，特别是要讲究总体战略，所谓“必以全争于天下”，就是要实行总体战略来参与天下的博弈。

要建立自己的总体战略，必须“庙算”于前，运筹帷幄。运用到今天，我认为，一是要真正把握天下大势和国际格局，这是制定正确的总体战略的基础和前提。当今世界，既一霸独大，又多元并存。一霸虽常挟整个西方以令天下，但其与西方并非完全利益一致，其中貌合神离之处、之时甚多，这就完全有矛盾可资利用，有缝隙可资周旋；况且，在经济日趋全球化的趋势下，彼我之间既有相互竞争，也有相互依存。其投资于我，以谋厚利，我借以发展，以图富强，作为资本主义，它不能不谋其利；作为后发国家，我亦不能不让其从我之发展中分一杯羹。这种相争相倚是一种必然之势，关键在于，我们要十分清醒，要善于因势利导，善于利用各种矛盾，折冲樽俎，纵横捭阖，在大风大浪中驾驭局面，在弱势中争取主动。

二是必须时刻明了国家的根本利益和长远利益在哪里。世事多变，世情复杂，如何在纷繁错杂中，不迷途，不上当，不把次要利益当作根本利益，把眼前利益当作长远利益，这就需要一种大智慧，只有拥有这种基于理性的大智慧，才能制定出高明正确的大战略。

历史上常有贪小利而短视、蔽于情而迷失，从而造成战略失误导致失败甚至痛失家国、饮恨千古的情况。战国后期，齐、楚、燕、韩、赵、魏、秦七国互相角力，合纵连横，写下了许多有声有色、发人深省的活剧。其中楚怀王错听秦国说客张仪的承诺，贪图“地方六百里”的小利而背叛齐楚联盟，上了秦国的大当，后又因怒兴师伐秦，一错再错，致使兵败国削，一蹶不振。第二次世界大战前夕，以德国为首的新兴帝国集团与以英法为首的老牌帝国集团角逐，因为英法实行绥靖政策，企图祸水旁引，结果德国频频得手。英法不知道，德国不会因为对方牺牲一些个别利益就满足。这里楚国也好，英法也好，都是不清楚自己的根本利益在哪里，对手的根本目的是什么，因而做出了错误的判断，采取了错误的战略，最终付出了惨痛的代价。

三是必须灵活机动，讲究策略。要当让则让，当争则争，让于不能不让，争于不得不争。让与争，都要有理有利有节，最终有利于维护自己的根本利益和长远利益，有利于自身总体战略的实现。

（原文以远山的笔名发表于2011年1月16日的《广州日报》）

“伐交”重于“伐兵”

中国古代军事学家历来认为，兵者是凶器，只有在“不得已”时才用，如果能通过巧妙的外交手段，维护和实现国家利益，就最好不要诉诸武力，因而认为“伐交”重于“伐兵”。

“伐交”就是要把外交作为实现国家战略的重要手段，立足于国家的综合实力，审时度势，尽量争取使国际局面于我有利，即使总体局面处于劣势，也要努力实现局部有利，从而避免和推迟于我不利的战争。

“伐交”，当今首先是要处理好与诸大国的关系——所谓大国，就是“一超”美国，以及其他公认的几极，如欧盟、日本、俄罗斯等——尤其是处理与美国的关系，应当是我国外交的重中之重。我们要清醒地看到，美国作为“一超”，在相当一段时间内，还会占有明显优势，但却也不能不无可奈何地渐趋衰落：它既要到处插手，频频示武和动武，又不能不感到力不从心，捉襟见肘。而欧盟、日本虽然是美国的盟友，但他们也各有各的利益、各有各的算盘，也不时会拂逆美国的意志，发出自己的诉求和声音。譬如在挤压俄国的战略空间，特别是在欧洲的战略空间方面，欧盟无疑是和美国一致的，但关于北约东扩究竟要走多远，欧盟和美国并非没有矛盾。美日联盟以确立美日在亚太地区的主导地位为目标，他们自然心心相印，但美国既希望日本为巩固美国在亚太的地位和利益做更多的事，出更多的力，又不能允许日本越过雷池，出现摆脱美国战车的行为。而日本政界特别是其右翼，又无时无刻不在窥视机遇，企图早日实现从经济大国向政治大国、军事大国的转变，“大东亚共荣圈”的幽灵从来就阴魂未散。由此分析，美国近来与日、韩频频在黄海、日本海举行军演，甚至史无前例地三艘航母齐集东亚，虽然主要是恫吓朝鲜，示威我国，但也不能排除有趁此机会，增兵东亚，约束日本，从而达到一石三鸟的战略目的。认清这些，我们在处理与大国的外交关系上，就大有躲闪腾挪的余地，只要把握得当，完全可以实现化被动为主动，化黑云压城为风吹云散的效果。不只如此，当今世界，经济日益全球化，我国与美、日、欧诸国与地区，既有国家实力此消彼长的巨大矛盾的一面，又有在经济领域千丝万缕联系的一面。美、日、欧等国家与地区既不愿意看到中国的日益强大和富庶，中国与他们差距的缩小，又离不开廉价而质优的中国劳动力，潜力越来越大的中国市场，各种中国制造的商品。为此，我们既要坚决反对他们对我国的遏制和围堵，又应该尽可能地争取“合则两利”的结果，避免“离则两伤”的情况。

“伐交”就是要善于处理与周边国家的关系。处理与邻国的关系，我们的原则历来是以邻为友，以邻为伴，尽量与周边国家保持和谐友好的关系。我国处于欧亚大陆东部，与我国接壤和隔海相望的国家有二十个之多，地缘关系之多样，周边环境之复杂，为世界大国中所仅见。特别严重的是，有不少邻国与我国都有领土、领海的纠葛和争执，有的邻国与我国有历史恩怨，有的邻国与我国有意识形态分歧。但我们不能四面受敌，必须十分耐心地找出与有关邻国的利益共同点，找出在一些问题上的共识，找出一些矛盾可以暂时搁置的可能性；同时，对于国家的核心利益，则必须坚决捍卫，对于不能妥协的根本原则，则必须坚决坚持，对于一些邻国的无理要求，则必须坚决抵制，不能一味退让，让人步步紧逼，引发于我国不利的群体效应。但归根结底，还是要从长计议，友好邻邦，力避周边出现多处危机的现象发生。

“伐交”就是要善于处理与第三世界国家的关系。第三世界的国家，是我们的穷朋友，是与我们基本上处于同一发展阶段的国家，总体上与我们有共同的利益需求、共同的发展要求、共同的战略取向。但第三世界国家分布于亚、非、拉的广大地域，发展参差不齐，文化各有差异，经济、政治和宗教信仰也极为复杂，需要我们因情制宜，悉心研判，多做工作，尊重他们的一些要求，理解他们的一些做法，为他们提供一些力所能及的帮助和支持。

“伐交”就是要善于应对各种国际事件。既要敢于主持国际正义，又要权衡利弊，不做自己力所不及的事情。要区别情况，凡是与我无直接利害关系的事件，就不多做介入；而与我有直接利害关系的事件，则必须做出有力而明确的反应，切忌虚张声势，虎头蛇尾，而是既要慎重出手，又要敢于在该出手时果断出手。

要之，“伐交”的精髓在于坚持国家利益与灵活权变之结合，这里没有一成不变的东西，一切依时间、地点和条件为转移。

（原文以远山的笔名发表于2011年1月30日的《广州日报》）

兵无常势

《孙子兵法》这一反映我国古代军事智慧的伟大兵书，确实充满了辩证法，其中关于兵无常势的一段论述，就十分精彩，至今仍能给我们以深刻启迪："夫兵形象水，水之形，避高而趋下；兵之形，避实而击虚。水因地而制流，兵因敌而致胜。故兵无常势，水无常形，能因敌变化而取胜者，谓之神。"这一段论述的精髓就是要求作战因敌制宜，因情制宜，不能胶柱鼓瑟，固守教条。我们可以为之做进一步的引申和发挥。

其一，必须站在军事变革的最前沿来创新我们的军事思维，转变我们的军事观念。有什么样的武器就有什么样的作战方式和战争形态，以长矛大刀和弓弩箭矢为装备，就只能从事冷兵器战争；以各种枪炮为装备，就出现了热兵器战争；而以坦克、飞机和大型舰队为装备，则有了机械化战争；今天由于以信息技术为核心的高新技术在军事领域里的大规模应用，以一九九一年第一次海湾战争为标志，战争形态就已经进入了信息化战争阶段。因此，我们的军事思维必须及时跟上这一军事变革的步伐，要学习赵武灵王，来个“胡服骑射”，而不能死抱着过去的军事理念不放，甚至也不能把我们过去几十年成功的作战经验和战略战术当作不可移易的金科玉律。历史证明，在军事领域里，凡是固守过去经验而不能适应新变革和新情况的，无不付出了血的代价。中世纪蒙古铁骑之所以能横扫中亚和欧洲，一个重要的原因，就是这些国家和民族的步兵战法呆板，根本不能适应其疾如风，侵掠如火，忽而来，忽而去的剽悍骑兵的战略战术；而晚清同样剽悍的僧格林沁铁骑，却在人数远远少于它的英法联军面前溃不成军，一败涂地。原因没有别的，就是武器装备和军事理念的落后。二战期间，苏德战争之初，以铁木辛哥和布琼尼等为代表的一批老将军，由于在军事观念上落后于德军机械化战争的作战样式和战略战术，结果吃了大亏。在当代的阿富汗战场上，苏联出兵十几万，用传统的机械化战法为指导，与塔利班武装打了十年，最终以失败告终，而塔利班武装再同样以对付苏军的战法来与入侵的美军较量，却被采用信息化加精确打击战法的美军打得丢盔弃甲，频频落败。事实不容置疑地告诉我们，在新的历史条件下，如果不能以新军事变革为参照系和出发点，创新军事思维，转变军事观念，从而从物质、体制和精神上做好可能发生的战争准备，那就必然会付出极其重大的代价。

其二，要认真研究国际格局和周边形势的动态，明了大势，体察变化，以变制变。孙子兵法反复强调，只有知己知彼，才能百战不殆，只有知天知地，才能胜乃可全。运用到今天，我以为，就是要准确而全面地把握天下大势、周边形势，以及可能出现的敌人和对手的情况，从而有针对性地做好相应的准备。凡事预则立，不预则废，在军事斗争准备上尤其如此。这里关键是要掌握“变”。世界大格局、大趋势，周边大环境、大态势，当然会相对比较稳定，但具体环境、具体情况、具体态势则是经常变动不居的，这就需要我们悉心收集各方信息，认真进行综合分析，研究于我之利害关系，做出适应变局的充分准备。我们是热爱和平的，但我们也深深地知道，没有足以震慑敢于入侵之敌的军事准备，和平是靠不住的。

其三，要研究新形势下人民战争的新战法。我们是历史唯物主义者，我们坚信人心的向背，人民的力量和意志，归根到底是起决定作用的东西。战争的伟力之最深厚的根源，存在于民众之中，这一道理，过去被证明是正确的，今天也依然不会过时；认为高科技条件下的现代战争，动员人民、打人民战争是毫无意义的这种观点是值得商榷的。当然我们不能照搬过去那种人民战争的打法，那也肯定是削足适履，行不通的。譬如，以信息化为最重要特征的现代战争，赢得胜利的基本前提是取得全局或某一局部的制信息权，而我国有上亿的网民，有无数从事信息业的工作人员，在信息战中不是完全可以动员他们参与其中吗？再比如，现代战争手段和方式的多样化，不也使得我们既有必要也有可能动员更多的民众，以他们各自的技能专长，有组织地投入某一门类，发挥制敌而不制于敌的作用吗？

总之，还是《孙子兵法》说得好，兵无常势，水无常形，重要的是要敌变我变，情变我变，像孙悟空与二郎神斗法一样。

（原文以远山的笔名发表于2011年2月13日的《广州日报》）

国无武备国恒亡

最近美国的新军事战略出笼，其新意一是突出了“网络战”，二是把战略重点向亚太地区转移。有评论认为，其矛头所向，是明显对着中国的。美国是不是在当前和今后一个时期内把中国作为它的主要敌人和对手，那是美国的事，我们不想妄测。但众所周知，中国的主旨是和平与发展，中国不想挑战任何国家和国家集团，不想同任何国家和国家集团为敌，中国同任何国家进行交往，其出发点和落脚点都是互利共赢，中国的国际理念是建立一个和谐世界。我们相信，这一主旨不会也不可能因美国新军事战略的制定而改变。

但另一方面，我们却不能不做好反遏制斗争的准备，在现实和潜在的威胁面前，采取视而不见听而不闻的鸵鸟政策是不行的，不仅于事无补，而且后患无穷。不管别人怎么指责和鼓噪，我们都不应停止和动摇对新武器装备的研发，对新军事变革的探讨，对新作战样式的应对，对未来反侵略战争的准备。发达国家可以肆无忌惮地领先研制各种先进武器，为什么后发国家就不能做一点仅仅是为满足自身利益安全需要的必要武器开发呢？为什么你们的航空母舰可以无所顾忌地在各大洋游弋，甚至动辄以此对别人进行战争威慑，就不能允许中国这一临太平洋的大国有一两艘旨在维护本国应有的海洋权益所必需的航空母舰呢？为什么你们可以紧锣密鼓地研制各种新式战机和太空武器，就不许别人稍有涉足呢？“只许州官放火，不许百姓点灯”，这种完全帝国式的思维逻辑不是太过霸道了吗？近代中国的历史经验深刻地告诉我们，落后就要挨打，国无武备也要挨打，武备落后和武备不足同样还要挨打。当然我们的武备要同国家的利益需求相适应，同国家的经济实力相适应，不能够也不允许让军备超需求超国力地畸形发展，否则，也会影响我们的经济建设，影响我们的发展后劲，影响我们的国际形象。但现在我们的矛盾主要方面不是军备过剩，而是军备严重不足，我们不但不能游刃有余地维护自己的国家利益，甚至还不能完全维护好自己国家的核心利益。在这种情况下，面对那些蛮不讲理的指手画脚，我们理所当然地只能采取这样的态度：“走自己的路，让别人说去吧。”

我们加强武备，一不谋求与人对抗，只要你不欺侮到我们头上，我们决不会与你兵戎相见；二不参与军备竞赛，你搞你的，我搞我的。美国的新军事战略报告中提出，美军将寻求与中国军方建立更密切的关系，以扩大共同利益、加强理解、防止误判。在我看来，这倒是明智的。面对亚太地区日益强劲的发展势头，美国提出要把战略重点转移到这一地区，此举是对是错，我们不想评头品足，但转移和重视，是不是一定要以军事实力为后盾，我们倒要奉劝美国三思。其实，在经济日趋全球化的今天，更多的倒是你中有我，我中有你，各国完全可以在互相交往中达成共识，实现双赢，包括军事交往在内，何必非要诉诸武力或以武力相威胁呢？美国的决策者应该非常熟悉，中华民族和中国人民历来不怕鬼、不信邪，一部人民解放军的军史就是一部不断以弱胜强的历史，一部中华人民共和国的历史就是一部在围堵和遏制中不断开放不断发展的历史。我不畏“遏”，奈何以“遏”惧之？

（原文以远山的笔名发表于2011年2月20日的《广州日报》）

要强化海权意识

中国是临太平洋的大国，有一万八千多千米的海岸线，几百万平方千米的海洋国土，海洋是国家的重要资源；中国又是商贸大国，商业活动遍及世界各大洲，还是能源和矿产品的重要进口国，商品运输、能源运输都必须依赖海洋。因此，我们必须保卫我们的海洋国土、海洋资源，保卫我们的海洋权益、海外利益，这就要求我们提高海洋意识、海权意识，建立起一支能够有效捍卫我国海权的海上力量。

我国是一个缺乏海洋意识和海权意识传统的国家。历史上，我国以农立国、以牧立国，几千年来，注意力始终集中在陆地，集中在农耕和牧养上；而外来威胁也主要来自周边的陆地，大海则历来是一道天然的安全屏障。我们不是完全没有水上武装，早在春秋战国时期，处于今天江浙一带的吴国、越国，其水师就曾多次溯长江而上，参与诸侯国间的争霸战争。三国时期，著名的赤壁之战，就主要是一场战船对战船的水上大战。而后则有王濬指挥水师由益州直下金陵，以破竹之势迫使吴主孙皓竖起降旗。几百年后，唐代诗人刘禹锡站在长江之滨的西塞山上触景生情，无限感慨地写下了“王濬楼船下益州，金陵王气黯然收。千寻铁锁沉江底，一片降幡出石头”的诗句。王濬统率的艟艨战舰，应该是具有相当大规模和相当强战斗力的。但遗憾的是，这些水师基本上限于江河湖泊，不曾驶向大海大洋。而驶向大海大洋则是到了明代的时候，永乐年间，郑和率领一支当时世界上最强大的武装船队，七下西洋，创造了世界航海史上的奇迹。但郑和下西洋是一次目的不明确的航行，既不是为了开辟海外市场，也不是为了开发海外利益，似乎只是为了向所经地域炫耀大明王朝的富有和强大，以满足封建帝王的虚荣心，如斯而已。本来能组建这样一支有几万人航行的远洋船队，那是完全有能力建立一支强大的海军，承担起保障国家海权的责任的。然而大明王朝完全没有这一意识，以致时隔不久，倭寇侵扰东南沿海地区，迫使明王朝不得不进行旷日持久的抗倭战争。真正对海权有所认识，并力排阻力，组建中国近代海军的是李鸿章和以他为代表的北洋集团。可惜，甲午一战，近代中国的海军梦就灰飞烟灭了。

没有海洋意识和海权意识的历史传统并不要紧，美国立国才二百多年，它又有什么历史和传统可言，但并不影响它成为近代海权理论的奠基人——马汉的故乡，也不影响它成为拥有世界上最强大海军的国家。重要的是要善于汲取自己和别人的经验教训。自一八四〇年以来，由于我们没有制海权，多次备受欺侮，这是一种切肤之痛。第一次鸦片战争，第二次鸦片战争，特别是甲午战争，割地赔款，几致被肢解、被瓜分、被灭亡。新中国成立后，由于受经济实力的制约，我们的海上力量也相对比较薄弱，这就使我们在促进台海统一，实现对所有海洋国土的主权管理上，还处于较为被动的状态。特别是我们的商贸、我们的企业、我们的利益已经遍及世界各地了，但我们的海上力量却未能相应地跟上，这就使得我们的海外利益基本上处于无保护状态。前几年，印度尼西亚发生骚乱，首当其冲的是华人华商；利比亚动乱，也是华商华企被抢。对此，我们只能进行外交交涉，最多是派出航班撤侨撤人。如果我们有强大的海上力量，他们敢抢吗？痛定思痛，是我们大力提高全民的海权意识，加快建设我们的海上力量的时候了。

（原文以远山的笔名发表于2011年2月27日的《广州日报》）

声东击西

声东击西是一种战略欺骗（战役欺骗和战术欺骗）和战略掩护，它的要旨是制造假象，迷惑对手，以达到出其不意实现自己的真实意图之效，因而屡屡为古今中外的一些军事家、战略家所使用。我国历史上的楚汉相争时期，韩信从刘邦的根据地汉中率领大军突袭三秦，拉开对楚军的战略进攻，所采取的“明修栈道，暗度陈仓”，就是运用这一策略的十分经典而又十分成功的一例。由汉中北上，行经秦岭，山高路险，古代通常只有一条褒斜道可走，而此前刘邦为表明没有与项羽争雄天下的野心，已烧毁了其中的一段栈道。现在韩信派兵修复，示敌自己将从这里进军，从而使身经百战的骁将章邯、董羽等完全中计，没有想到汉军竟然会西出陈仓，以致乱了阵脚，一败再败。近代，第二次世界大战中，纳粹德国在兼并奥地利并接连占领捷克、波兰、法国之后，又与英军展开了大规模的空战。在此期间，德国与日本先后同苏联进行谈判，并签订条约，给人以似乎德国要首先集中力量打败英国，而暂时不会剑指苏联的印象，然而它却很快又一次出人意料地发起了对苏联的大举进攻。

现在声东击西的战略，被有些国家运用得似乎更为娴熟、更为老到。比如印度，作为发展势头较好的后发大国，它经常把中国看作竞争对手，这倒也可以理解。但它大力发展军备，毫不掩饰地把中国作为假想敌，是真的想报中印边境那场惨败的一箭之仇吗？对此，我总有些怀疑。当然，中印边境有领土之争这是事实，但这应该能够心平气和地在谈判桌上加以解决，不必非要诉诸一场它并没有胜算把握的战争不可。印度的核心利益、战略大局理所当然应该在印度洋一侧，而不是在喜马拉雅山一侧，这几乎是无须多说的，以印度战略家的精明，焉有不晓得之理？但它就是要揣着明白装糊涂，这无非是要借遏制中国之名，行壮大本国武装力量之实，归根到底，是企图在未来夺取印度洋上的制海权，争取在世界范围内的更大发言权而已。“醉翁之意不在酒”，印度的指向不在东、不在高山，而在西、在大洋。我想，如果有朝一日，印度成为在印度洋上耀武扬威，挑战一些大国霸权的国家，那可能会让现在纵容它发展军力的某些大国后悔的吧！

还有，不久前美国高调宣示要“重返亚洲”，要把战略重点转移到亚太地区，我也觉得很可疑。美国的核心利益在哪里？这一战略重点真是那么好转的吗？二十一世纪初，小布什在就任总统伊始，不也是这么说的吗，而且气势汹汹，动作似乎更大，然而，很快就“南其辕而北其辙”了，挥师伊拉克、兵犯阿富汗，先前的那番表演，倒成了真正的表演和掩护了。这次美国又是制定新军事战略，又是频频在毗邻中、朝海域进行大规模军事演习，大有“山雨欲来风满楼”之势，然而，与中东的乱局相比，孰重孰轻？美国会不会又是在远东高调军演的掩护下，把真正的战略重点放在了中东地区呢？让我们拭目以待。

（原文以远山的笔名发表于2011年3月6日的《广州日报》）

『军争』和战争主动权及太空威慑力量

战争的胜负取决于双方的力量对比，也取决于在战场上主动权的夺取和丧失。战争伊始，敌我双方调兵遣将，斗智斗勇，争的就是这个主动权。有了这个主动权，接下来就是胜利，而一旦失去了这一主动权，接下来就是失败。战争指挥最难的是这一环节，而最能体现将帅高超军事指挥艺术的也是这一环节。所以《孙子兵法》才有“合军聚众，交和而舍，莫难于军争”的论断。所谓“军争”，就是根据敌情，做出相应机动变化，以夺取在有利时间、有利地点、有利态势与敌作战的战争主动权的过程。

这对于在武器装备方面基本上处于同一水平的交战双方的地面战争是适用的，而近现代战争的主动权则有越来越依赖技术优势的趋向，如制海权和制空权的有无，对战场主动权的夺取就关系极大。第二次世界大战中德军对战场主动权的丧失，原因固然很多，但失去了对大西洋的制海权不能不说是一个重要因素。德军由于潜艇不敌英美的海军，被迫退出大西洋，从而使英军可以源源不断地得到来自美国的大量补给，也使美军可以从容不迫地横渡大西洋，登陆诺曼底，开辟欧洲第二战场，从此，德军就在东西两面夹击下，步步败退，再无还手之力了。

现代战争中制空权似乎更为重要，谁家的空中武器技高一筹，谁就有了战场主动权。第五次中东战争中，以色列空军在贝卡谷地上空与叙利亚空军激战，通过两次空战，以军以极小的代价就击落叙机五十八架，并摧毁了叙利亚用十年时间、几十亿美元建立的防空系统，于是这场战争的胜负就确定了。近年，众所周知的两次美伊战争，美对南联盟的科索沃战争、对阿富汗塔利班的战争，都是美军在拥有绝对制空权条件下的不对称战争，是胜败没有任何悬念的战争。特别是科索沃战争，是人类有史以来第一次毕其功于空战的大规模战争。战争初期美军主要用巡航导弹和空对地导弹，摧毁南联盟的防空系统，掌握制空权，接着再持续进行长达七十余天的空中轰炸，直至南联盟屈服。

随着精确打击武器在战场上的大量使用，制太空权的问题也提出来了。所谓太空，是指大气层以外的宇宙空间。太空中没有大气阻力，没有摩擦力，各种器件损耗小，物体处于失重状态，是作战兵器运行最为理想的场所。加之太空尚未划分疆界，是各种太空飞行器可以自由运行的区域，不用担心违反国际法。再有，太空高居于地球之上，处于居高临下的位势，因而对地球上的目标更具威胁。目前，太空主要部署的军事器材基本上属于战争支援系统，包括侦察、通信、武器制导等，它已经被美军多次用于一些局部战争，如科索沃战争，美国及北约就动用了五十多颗军用卫星，日夜在战区上空逡巡，为美军轰炸和各种精确打击提供相关的保障。二十一世纪初，美国还进行了一次人类首次的太空军事演习。目前，有迹象表明，一些国家在加快太空武器的研制步伐，并试图由太空的战争支援型系统向作战型系统转化，对此，我们不能不有所准备。我们不搞军备竞赛，但决不能在太空领域无所作为，我们也要有一点太空威慑力量，否则，一旦有人把战争强加到我们头上，我们将如何赢得战争的主动权？

（原文以远山的笔名发表于2011年3月13日的《广州日报》）

要有应对网络战争的准备

二〇〇九年秋，美国《连线》杂志走访了美国众多富有超前思维的人士，请他们列举出了十二个足以改变世界的匪夷所思的想法，其中发动网络战争赫然高居榜首。网络这一新兴的传播媒介，经过几十年的发展，竟然可以成为最具威慑力和破坏力的战争手段，这实在有点让人始料不及，但这绝不是危言耸听。

美国有学者早就预言："计算机网络的建立与普及将彻底改变人类生存及生活的模式。谁掌握了信息、控制了网络，谁就将拥有整个世界。"今天，网络已经如水银泻地般地渗透到各个国家的经济、政治、文化、军事等各个领域，渗透到千家万户的日常活动和生活中。网络这一虚拟世界不但与现实世界如影随形，而且对现实世界发挥着越来越大的影响，可以毫不夸张地说，谁掌握了网络空间的控制权、主导权、话语权，谁就拥有了掌控世界的钥匙，占据了制高点。对此，西方有军事家指出，网络战争在几秒钟甚至更短时间内所造成的破坏作用绝不低于原子弹，它是提升军队作战能力的倍增器。而兰德公司更是断言：工业时代的战略战是核战争，信息时代的战略战主要是网络战争。

事实上网络战已经初露端倪。首次把网络攻击手段引入战场的是二十世纪九十年代的第一次海湾战争。战前，美国派出特工人员，将伊拉克防空系统使用的计算机芯片换上了染有病毒的芯片，然后，在大规模空袭前用遥控激活病毒，使伊拉克防空指挥中心主计算机系统程序错乱，防空系统无法发挥效用。第一次真正意义上的网络战争是二十世纪末的科索沃之战。在这场战争中，不但B-2、F-117、战斧式巡航导弹等高技术兵器成为主宰战争的主角，而且网络战也悄然登场：南联盟的一些黑客组织，不断地向北约网络发起攻击，曾使北约总部的服务器阻塞，北约军队的通信局部瘫痪；与此同时，北约也将大量病毒和欺骗性信息注入南联盟网络，造成南联盟军队防空系统瘫痪和大量军事机密被窃。其后，在中东、在巴尔干半岛、在印巴次大陆、在俄格冲突中，都能看到网络战的身影。可以说，当前国际上，从军事交锋到政变暴动，从外交攻略到间谍暗战，从街头运动到社会恐慌，从金融震荡到股市风云，从舆论操控到文化渗透，处处都潜藏着网络战的幽灵。概而言之，网络战既是真枪实弹的战场上的一条极为重要的战线，又是西方大国推行所谓“颜色革命”这一新的冷战重要工具。而后者尤其需要我们高度警惕，据透露，美国情报机关成立了专门机构，专题开发各种最新通信工具，一旦有机可乘，迅即通过互联网挑动“愤怒青年”走上街头，实行夺权活动，兰德公司称这种战术为“蜂拥而至”，意思是在他们的蛊惑下，大批年轻人通过发送短信或互联网互相联系，蜂拥聚集在一起，形成声势浩大的政治夺权运动。这是比传统“和平演变”要更具威胁的战略图谋。

依仗雄厚的经济实力和技术优势，在全球网络资源的占有上，美国又一次捷足先登。支撑互联网运转的根服务器共有13个，一个主根服务器设在美国，12个副根服务器中有9个设在美国。美国不仅拥有网络域名的专控权和否决权，而且还拥有世界互联网高速公路的主干线，任何国家和地区的支干线通信都必须经过美国的主干线。美国已经扼住了互联网的咽喉。从提出“智慧地球”战略到提出“网络自由”战略，从在军内组建网络司令部到提出电脑网络是自陆、海、空、太空之后的第五作战领域，要实现“网战必胜”，确实有些咄咄逼人。但历史的逻辑毕竟是“魔高一尺，道高一丈”，只要我们高度警惕，有所准备，就一定能够在使用和利用互联网的同时，实现网络安全和国家安全。

（原文以远山的笔名发表于2011年3月20日的《广州日报》）

保罗为美国设计的大战略

耶鲁大学历史学教授保罗·肯尼迪是近年来享誉世界的战略史学家，其代表性著作是人们熟知的《大国的兴衰》。一九九一年，他主编出版了《战争与和平的大战略》一书，再一次以卓越的战略见地给人们以深刻的印象和启迪。

在这本书中，保罗第一次提出，大战略不仅适用于战时，也适用于平时，大战略由本国的政治目标所决定，是为实现本国政治目标不可或缺的手段，且目的和手段必须保持深思熟虑的平衡。为此，他提出，真正的大战略应当像关注战争一样多地关注和平，在战时要确保非军事方面不被完全忽视，在平时要确保军事方面不被置诸脑后。

他认为，冷战结束后国际格局的新变化是当今思考大战略的客观前提，在他看来，这一变化最主要的有三点：一是军事技术的进步，特别是远程打击武器进入实战领域，使得美国的地缘优势相对弱化，“美国本身在战略上不易受伤害时代已经一去不返”。二是美国的强国地位日见衰落，“美国在技术、制造和金融方面无可争议的显赫优势慢慢销蚀”，美国在许多领域的技术上已没有优势，许多制造业已从国内转移到国外，美国已从全世界最大的债权国变为最大的债务国。三是世界已从两极结构日益向多极结构演进。国际体系的这一多极化“正在随每十年为期”的时间日趋明显。基于这些变化，保罗·肯尼迪期望美国政府摒弃单纯从军事概念来思考战略的狭隘和保守的观念，而代之以新的全方位思考战略的大战略观念。

保罗为美国政府提出的大战略观念主要包括以下四个方面的内容：其一，在当今和可以预见的未来，美国大战略的最重要目标是避免核战争。由于核武器的巨大破坏性和毁灭性，这是应该永远不能开启的潘多拉盒子。为此，要防止因核事故、核意外而引发核战争；要修正过去使用核武器的标准；要限制核武器的数量；要防止和制止核扩散。其二，创建“足以对付各种各样的紧急战斗情势的武装部队”。在保罗看来，今后大国特别是有核大国之间的直接战争将是不大容易发生的，但在第三世界中发生冲突和战争的概率很大，美国作为全球性的超级大国，要有随时投入和干预的能力，这样的快速反应部队，其武器装备和战略战术样式将与传统部队大不相同。其三，要通过外交手段，巩固和发展“美国自二十世纪四十年代末以来在全球范围内所构筑的同盟体系”，从而使美国具有更大的威慑力量，更高的安全系数，和一旦有事时可以采取的“狼群”攻势；同时也需要盟国承担必要的责任，分担相应的军费支出。其四，保罗认为最重要的是要采取认真而切实可行的措施，“扭转那些已经开始削弱美国三四十年前在世界上占据的显赫地位的趋势”，也就是要千方百计恢复美国在技术、制造和金融等领域的优势。

保罗·肯尼迪的这些大战略思想，应该说已经不同程度地为美国政府所采纳和实施，虽然它并不见得能挽救美国江河日下的颓势。

（原文以远山的笔名发表于2011年4月3日的《广州日报》）

慎防战略『进退失据』

一个国家的战略思考和战略定位关系到国家的生死存亡，关系到国家的发展大局，关系到国家的未来前途，是不能不认真加以关注的。对于国家的大战略最忌茫然不清、朝令夕改、进退失据。从世界经济政治的大格局出发，从本国的综合国力和根本利益出发，从本民族的文化理念和历史信念出发，制定出符合国情和世情、符合本民族利益和发展、深思熟虑而又切实可行的战略目标、战略手段、战略步骤和若干子战略，并全神贯注、一以贯之地加以贯彻，这是国家安全和发展的一项重要保证。

历史是现实的一面镜子。在我国的战国时代，从当时各国的战略利益考虑，应该非常明显的以秦为一方，以关东六国为另一方，关东六国如不能联合起来以抗秦，其结果则必然是为秦所各个击破。这是当时许多有识之士的共同看法，而且，还曾被六国的掌权人物所接受，并达成“连衡”的战略共识和战略行动。然而由于六国中一些政治家的短视，也由于秦国的分化瓦解、软硬兼施策略，关东六国不断地模糊和动摇自已的战略方向和战略目标，朝秦暮楚，左右摇摆，终至战略联盟分崩离析，甚至互相攻伐，自毁长城。使秦得以因利乘便，坐收渔翁之利，以“合纵”而破了“连衡”。三国时期也有类似现象。吴蜀的战略利益只应是联合起来，共同北拒曹魏。吴蜀虽然在曹操百万雄师压境的危险关头，建立起了共同对敌的统一战线，并成功地组织了赤壁之战，然而其后就因一些眼前利益，不断发生纷争和摩擦，而丢掉了应该坚持的长远战略。特别严重的是为了荆州一隅之地，竟不惜大动干戈，以致此后，虽然对于这一战略联盟，双方都做了一些修补工作，但却始终貌合神离，再也未能形成互为犄角、共同对敌的战略态势。在世界近现代历史上，人们认为日本也是一个缺乏战略眼界的国度，李宗仁先生曾一针见血地指出：“日本究系岛国，民族眼光短浅，胸襟狭隘，政治、军事领袖皆有志大才疏之弊，徒有成吉思汗的野心，而无成吉思汗的才能和魄力。”在第二次世界大战，日本在侵略中国久攻不下、处于胶着状态的情况下，还分出力量挑战美国，偷袭珍珠港，增加自己的直接作战对手，尽管珍珠港战役打得十分漂亮，但却完全不能弥补这一灾难性的战略失误。

在今天的世界上，各种矛盾之纷繁复杂，而明确谁是我们全方位的长期战略合作伙伴，谁是我们在某一方面某一领域或某一时期的战略合作伙伴，谁是我们不能不警惕和防备的战略对手，谁既是我们的战略对手又是我们在某些方面不可分割的利益共同体……我们必须十分明晰，从而才能在经济和信息日趋全球化、政治和文化日趋多元化的世界上，建立起我们既相对稳定又十分灵活的大战略，以从容应对变动不居和扑朔迷离的国际局势。

（原文以远山的笔名发表于2011年4月10日的《广州日报》）

战略扩张和国力透支

霸权主义往往过高地估计自己的实力，从而到处插手，多方干预，致使战线太长，力不从心，在长期透支国力中无可奈何地走向衰落，一部“你方唱罢我登场”的大国争霸史，几乎毫无例外地是在反复演绎这一“扩张——透支——衰落”的兴亡史。本来，聪明的战略家不但应当知道自己国家的战略利益在哪里，还应当知道自己国家在国际格局中的地位和角色是什么，更应当知道自己国家的可动员实力有多大，从而审时度势地制定出既高人一筹又切实可行的大战略，而力避去做那些鞭长莫及和力不从心的事。但霸权主义国家一旦走上了霸权的道路，就往往失去了这份清醒和冷静，只能一意孤行地走上不断扩张的不归路。

让我们回溯一段历史。从十六世纪初到十七世纪中叶，在欧洲大陆上崛起了一个空前强大的联合王朝——哈布斯堡王朝，它是由哈布斯堡家族的西班牙和奥地利成员统治的王国、大公国和省邦组成。这个王朝的领土，从直布罗陀到匈牙利，从西西里到阿姆斯特丹，其面积超过了七百年前查理大帝时期以来欧洲的任何国家，同时，它的人口也约占当时整个欧洲的四分之一；此外，它还有一支训练有素、非常有战斗力的军队，因此才能在一百四十多年的战争中，先后多次击败过雄心勃勃的法国，又在数次宗教战争中，挫败过德国、瑞典等反哈布斯堡联盟，显示出雄厚的帝国实力。然而，曾几何时，这个貌似强大的联合王朝，却不得不以失败而告终。对此，它除了留给人们以“时来天地皆同力，远去英雄不自由”的浩叹外，更给后来的战略家们以更深刻的警示。

首先，军力必须与国力相适应，超越国力的穷兵黩武，必然耗尽国家元气而走向失败。哈布斯堡王朝为了维持一支强大的军队和打赢连续不断的战争，不惜耗费大量的财力物力，以致日益捉襟见肘，债台高筑。尤其是十六世纪二十年代以后开始的现代欧洲早期的“军事革命”，使军队的装备、组织和训练的费用大大增加，战争的规模也越来越大，这就必然造成哈布斯堡王朝严重入不敷出，寅吃卯粮，从而导致国库日虚，国势日下。

其次，战略上决不能四面出击，多方对敌。哈布斯堡王朝的一个重大失误是树敌过多、战线太长、左支右绌、疲于应付。它不善于分清自己的核心利益和边缘利益，主要战略方向和次要战略方向。它在成功地进行了战略扩张的同时，却树立了无数敌人，以致不得不同欧洲列强——法国、英国、瑞典、奥斯曼等轮番大战。常常是刚同一个敌人斗完，马上就转过去迎接另一个敌人的挑战；今天刚同法国媾和，明天就去和土耳其人打仗；地中海停战后，又在大西洋发生冲突。有时候甚至同时要在三条战线上作战。正如保罗·肯尼迪在《大国的兴衰》一书中所形容的那样：哈布斯堡王朝“好比一头掉进陷阱的大熊，比前来咬它的任何一条狗更强大，但无法对付所有敌人的围攻，结果是逐渐筋疲力尽。”哈布斯堡王朝的这一现象，在其之后的大英帝国，发动两次世界大战的德意志帝国，发动侵华战争和太平洋战争的日本帝国，又都不断地重复出现，他们总是过高地估计自己的力量，过低地估计对手的力量，毫无疑问，这是由他们扩张主义和霸权主义的本质决定的。

值得注意的是，时至今天，一些西方大国似乎仍然在亦步亦趋地走同样的路，他们争先恐后地到处插手，到处管事，明明已是力不从心，国力严重透支，却还非要寻找各种借口，以强凌弱，炫耀武力不可。“流水落花春去也”，可以预计，他们的衰落当是事有必至，理有固然。

（原文以远山的笔名发表于2011年4月17日的《广州日报》）

均势战略溯源

均势战略发祥于欧洲，是欧洲十七世纪均势体系格局出现的产物。中世纪末期，由于哈布斯堡王朝的失败，神圣罗马帝国皇帝未能在欧洲将大一统的理想变成实际的政治体系，于是民族国家至上的理念开始被一些手握国家权柄的政治家们所接受，其中始作俑者是一六二四至一六四二年任法国首相的黎塞留主教。黎塞留后来被人们认为是现代民族国家制度之父，他虽然在教会中位高权重，但却坚持把国家利益放在宗教目标之上，对此，他曾说过一段在当时令人瞠目结舌的话："人可不朽，救赎可待来日。国家不得永生，救赎唯有现下，否则万劫不复。"在这一民族国家利益至上观念的驱使下，欧洲众多国家卷入连年不断的战争之中，从而必然形成的结果是：要么形成某些国家称霸的局面，要么形成国际间的某种均势局面。而最终在十八世纪的欧洲，形成的则是后一种格局。这是因为，当时没有任何一个国家可以强大到足以让其他国家屈服，从而建立起帝国的地步；相反，每当有一个国家可能壮大时，其余与之相邻的国家便会联合起来，使之遭到削弱和掣肘。可以说，以民族国家利益为出发点和落脚点的国家行为，是均势格局和均势战略得以产生的首要前提，而各国的实力消长则是形成均势格局和均势战略的现实前提。

真正自觉地实施均势战略的国家应首推英国。在整个欧洲版图中，英国的地缘位置非常特殊，它独立于欧洲大陆之外，是欧洲各国当中唯一不需要在欧洲扩张便能够维护本国最高利益的国家，但如果在欧洲大陆产生出一个可以称雄欧陆的强大帝国，那么，以其偏居一隅的岛国资源势将难以与之对抗，为此，经过审时度势与深思熟虑，英国便明确地推出了维持和强化欧洲大陆均势格局的对外政策。在十八、十九世纪前后，英国一直充当欧洲大陆弱者一方盟友的角色，竭力阻挠先是法国，然后是德国和俄国登上欧洲盟主地位的可能。对此，它确实是该出手时就出手，为了阻止路易十四征服西班牙统治下的尼德兰，防止法国成为欧洲的超级大国，它积极斡旋，与瑞典、西班牙、奥地利、荷兰等国家组成近代欧洲第一个反对法国的联盟，有效地遏制了法国的独大。

在法国大革命以后，拿破仑以保卫革命成果和宣传共和的名义，在自由、平等、博爱的旗帜下，南征北伐，横扫欧洲，几乎建立起以法国为中心的欧洲盟国。但又是英国联合欧洲大陆上的其他一些国家，再一次组织起反法同盟，经过陆上和海上的反复较量，又由于拿破仑的战线太长，长期的战争使法国的人力、物力、财力损耗巨大，战争最后以法国失败告终。经过维也纳会议，欧洲大陆再一次建立起新的均势。而英国则因为其具有无可争议的海上优势，其地位得到了进一步的提升和巩固。值得一提的是，法国战败后，在维也纳会议上，曾有国家提出肢解法国的动议，但为了维持均势，该动议被断然否定，使法国仍然保持了战前的版图。欧洲近代另一个善于操控均势战略的大师是有“铁血宰相”之称的俾斯麦，在当时纷繁复杂的欧洲政治局势中，他折冲樽俎，为统一德国赢得了稍纵即逝的国际环境和战略机遇，在阻力最小的状态下修改了欧洲的政治地图。

总之，均势战略是一种承认世界仍然处于“霍布斯”状态，因而必须从民族国家利益出发来决定国家行动的战略，是一种以实力制衡实力的战略，是一种反对一国独大而寻求国际政治权力相对平衡，世界格局相对稳定的战略。对于这一战略的利弊得失，我们只能根据具体情况进行具体分析，而不能抽象地做出评价。但回溯这一历史，明确这一源流，却对我们有着不可忽略的借鉴意义。

（原文以远山的笔名发表于2011年4月24日的《广州日报》）

俾斯麦：近代深谋远虑的政治家

在世界近代史上，俾斯麦几乎无可争议地被人们认为是最伟大的战略家之一，这位以“铁血宰相”著称于世的德国政治家，在他执政的三十多年里，以近乎不可思议的外交手段，运欧洲于掌中，为德国赢得了巨大的国家利益和崇高声誉。作为一代雄杰，俾斯麦在欧洲以至整个世界史上，都留下了不可磨灭的印迹，但他却没有相应的战略著作传世，人们只能从他卓越的战略实践中捕捉他那高深莫测的战略思想。

俾斯麦的时代是欧洲维也纳体系由于克里米亚战争而走向崩溃，正试图建立新的欧洲体系的时代。由奥地利政治家梅特涅擘画的维也纳体系，是一个建立在保守主义理念基础上，以围堵法国霸权，维护欧洲均势为主旨的体系。对于这一既有的国际秩序，法国拿破仑三世和普鲁士首相俾斯麦都企图对之做出挑战和改变，拿破仑三世的反对其一是出于地缘政治上的考虑，因为维也纳体系是以压制法国为目标的；其二是出于意识形态上的考虑，因为维也纳体系反对法国主张的自由主义和民族主义。而俾斯麦则是不满于普鲁士在德意志邦联中的地位在奥地利之下，不满于德意志的小国众多，未能得到统一。于是，俾斯麦精心策划了三次战争，而且是在当时被认为并未破坏欧洲诸大国战略平衡的战争。第一次是一八六四年联合奥地利与丹麦为争夺两个邦联公国的战争，第二次是一八六六年与奥地利争夺在德意志邦联中的地位之战，第三次则是在一八七〇年为统一德意志与法兰西的战争。三次战争，面对三个不同的对手，均干净利落地取得了胜利，从此，在欧洲中部就多了一个强大而统一的德国，而欧洲的政治地图也因之有了较大的改变。

俾斯麦的战略思想的内容和精髓是什么呢？一是必须抓住稍纵即逝的战略机遇期。俾斯麦充分利用了法皇拿破仑三世骄矜自大、反复无常和优柔寡断的性格，并顺应法国期望打破维也纳体系的图谋，因利乘便地实现自己的战略目的。他说："当我们尚未听到上帝在历史中的脚步声时，就只能耐心等待，但一听到之后，就应马上跳起来尝试抓着他的袍角。"二是始终把国家利益放在战略思考的首位。俾斯麦绝对是一个国家至上主义者，在他看来，对于一个国家和民族来说，只有永恒的利益，没有永恒的敌人和朋友。为了德意志统一这一最高利益，他可以同奥地利结盟共同与丹麦开战；而事隔不久，为了争取普鲁士在邦联中独一无二的权力，他又不惜与长达一个多世纪的主要盟友奥地利一战。他认为，德国太小，容不得二强，必须挫败奥地利，让奥地利螳螂捕蝉在前，普鲁士黄雀擒之在后。三是每战必须最大限度地孤立对手。俾斯麦是最善于在纷繁复杂的国际环境中纵横捭阖的外交家，每次战争之前，他都要做出周密的准备，开展卓有成效的外交活动，尽量减少敌人的朋友，而增加国外舆论对自己的同情。四是决不为急功近利和力不胜任的事。俾斯麦经过深思熟虑，认为其时普鲁士除加强本身在德国的地位并最终实现德国统一的目标外，不应再追求更大的利益，这是最有利于它待价而沽的策略。在当时，欧洲的几个主要大国都有复杂的国际利益追求：英国关注整个欧洲的均势，还要为自己的殖民利益操心；俄罗斯同时向东欧、亚洲及奥斯曼帝国三个方向进攻；法国对意大利有野心，还在墨西哥开疆拓土。这样，如果普鲁士把精力完全集中于德国，其他大国均能接受或一时无暇顾及。事实也正是如此，而当俾斯麦通过三场战争圆满地实现了自己的战略目标后，就立即停止了战略扩张行为，转而消化已得的战略成果。他深知，再往下走，要么必然严重透支国力，要么必然引起国际社会的普遍反对，从而很可能会失去已经取得的战略利益。依据自身的实力知道何时能做什么，做到什么程度，决不头脑发热，决不一意孤行，这是俾斯麦战略思想中最为高明的一点。

（原文以远山的笔名发表于2011年5月1日的《广州日报》）

对我国与国际体系的关系要有战略思考

国际体系是指在一定历史时期的国际关系中，围绕当时世界的基本矛盾和基本问题，各行为主体（一般为国家）又斗争又结盟并遵循一定行为规则所形成的相对稳定的国际社会秩序。一般地说，自从资本主义把世界真正连成一体以来，国际体系出现了三种基本样式：一是帝国体系，由一强国主宰世界，众多弱小国家依附在其周围的国际格局；二是两极体系，由两个旗鼓相当的大国把世界分割成互相对立又互相博弈的两大阵营的格局；三是多极体系，由三个或三个以上的大国组成共存、互异又互动的均势格局。任何一个国际体系都有其生成、发展和衰落的过程，既变动不居，又在一段时期内相对稳定。

国际体系既是国际矛盾发展和博弈的产物，就有其存在的客观性、必然性和不可选择性，我们只能根据国际矛盾的发展进程，因势利导地采取相应的对策，而不能按照自己的主观意愿，无视国际体系的制约特立独行。二十世纪末，由于苏联的解体，两极的国际体系已经让位于一超独大的国际体系，同时，也由于美国国力的逐步衰退和世界其他几个经济体的勃兴和壮大，国际体系又开始从一超独大向多元共存的方向发展。处于这一世界格局之中，正在快速崛起的我国，对于当今的国际体系必须要有一个正确的认识，对于我国在国际体系中的角色必须要有一个准确的定位。

首先，我们要正视和融入当今的国际体系，利用当今的国际体系发展自己。改革开放，从某种意义上说，就是中国对世界体系的一种主动参与和主动融入。我们加入了世贸组织，我们和世界银行等国际金融机构保持着密切的关系，我们和世界卫生组织、环保组织、教科文组织频繁往来和互动，我们的国防和军队建设、经济和社会发展、人口和环境状况日益公开和透明，这都是我们对当今国际体系的尊重。诚然，当今的国际体系，更有利于美国等西方发达国家的利益，并不尽合理和公正，但没有办法，我们不能脱离这个世界来发展自己，这个亏我们认了。“这里就是逻各斯，就在这里跳舞吧！”

其次，在这一国际体系中，我们既要积极承担相应的责任，又要在该说“不”的时候敢于说“不”。一方面，由于科技的进步，地球已成为地球村，相互之间越来越你中有我，我中有你，不可分割；各种联系越来越紧密，蝴蝶效应越来越明显；一个地区的事情越来越关系到全球，一个领域的问题也很可能会影响到全世界。于是，今天全球性的问题日益突出，环境、气候、疾病问题，国际恐怖主义、防止大规模杀伤性武器扩散、跨国毒品交易问题等层出不穷。类似的问题，再也不是某一两个国家、某一两个地区所能独立解决的，需要国际社会通力合作，全球性的问题呼唤全球治理，而中国作为一个发展中的负责任大国，理应为治理和解决这些问题做出应有的贡献。另一方面，在这一国际体系之下，确实还有许多不合理的事情发生，还有一些强加于人的霸权性规则，其中对于那些严重损害国际社会利益，特别是严重损害我国利益的行为，我们要敢于伸张正义，敢于说“不”。譬如，对那种用人权干涉别国主权，用民主煽动别国动乱的行为；对那种在国际争端中动辄示以武力和以武力相威胁的现象；对那种资助、豢养我国国内极少数分裂分子、动乱分子的行为，我们就决不能缄口不语，更不能逆来顺受。要让世界知道，中国的核心利益决不容侵犯。

再有，我们既要韬光养晦，坚持和平发展，又要有所作为，推动国际经济政治新秩序的变革进程。中国走和平发展的道路，中国崛起并不想打破现有的国际体系和国际格局，不“另起炉灶”；但与此同时，我们也期望这个世界变得更宽容更和谐一些，这个世界的一些规矩和规则能够更合理更公平一些，不但要照顾到发达国家的利益，也要照顾到发展中国家的利益，要共存共荣，互利互赢。

（原文以远山的笔名发表于2011年5月8日的《广州日报》）

外交要布大义于天下

一个国家的外交诚然是为该国家的利益服务的，因而人们常说，对于一个国家来说，没有永远的朋友，也没有永远的敌人，只有永恒的利益。基辛格在其《大外交》一书中多次提及，在美国历史上一直有两种外交路线：一是以老罗斯福为代表，主张一切以利益为原则；一是以威尔逊为代表，主张以美国理想和理念为原则。而在实际操作中，美国历代执政者，几乎都公开奉行威尔逊路线，认为这样更有号召力，更符合美国形象。其实美国历来推行的是威尔逊其表、罗斯福其里的外交政策。在道貌岸然之下，美国又何尝未把他们的利益放在首位？远的不说，当下美国对中东和北非的一些国家不就是在明显地实行双重标准吗？如果是彻头彻尾地遵循理想和理念原则，怎么会发生如此现象呢？这是由美国狭隘的资本主义利益的本质决定的。对于中国来说，由于我们的社会主义性质，由于我们的历史文化传统，由于我们的国家利益和世界上大多数国家利益的一致性，我们完全可以做到对外关系的道义原则和利益原则的统一，完全可以公开宣示，我们的外交是布大义于天下的外交。

布大义于天下的外交，首先要立足大信。中国有句古话“人无信不立”，国家也是如此，行事以诈，只能得计于一时，不能得意于长远。历史上有哪一个国家能靠翻手为云、覆手为雨而长久立足于世？我们国家的几代领导人都曾说过：中国人民说话是算数的，这表达的就是一种国家信誉。“言必信，行必果”，既是我们个人的立身之道，更是我们国家的立国之道。我们曾吃过一些国家背信弃义的亏，但我们却决不失信于天下。二十世纪六十年代初，我国经历三年困难时期，国家经济十分困难，人民生活非常艰难，但我们就是勒紧腰带，也要偿还人家的债务。在上一次金融风暴中，我国也是不顾自身的巨大风险和损失，多次庄严承诺，保持人民币汇率的稳定，从而挽狂澜于既倒，充分展现了一个负责任大国的形象，也再一次向全世界表明，中国是个一言九鼎、一诺千金的国家。这是我们大国外交的一个基石。

布大义于天下的外交，要秉持正义。正义者，天下之公义也，是绝大多数国家认可的国际关系准则和道义原则。譬如联合国宪章所确立的各国都应遵守的国际关系准则，譬如经过多年实践检验而为各国所普遍认可的“和平共处五项原则”，等等。当然世界发生了很大变化，应当根据变化了的新情况新问题提出和补充一些新的准则和原则，如针对国际恐怖主义、国际毒品走私、世界环境变化和气候变化的情况而制定一些各个国家都应遵守的新的共同准则。但这些准则应当通过有关国际组织和国际会议反复酝酿、反复磋商而形成，不能由少数大国单方面确定，单方面说了算，更不能因此而塞进私货，使一些恃强凌弱、以大欺小、肆意干涉别国内政、肆意侵犯别国主权的霸权主义行径披上合法的外衣。中国要始终站在国际正义一边，以秉持公平、公正的态度出现于世界舞台。

布大义于天下的外交，要顺应大势。何谓大势？世界发展的总趋势就是大势，顺乎天而应乎人的潮流就是大势。在当今形势下，经济全球化是大势，政治多极化也是大势，文化多元化同样应该是大势。世界潮流，浩浩荡荡，顺之者昌，逆之者亡。我国外交应充分适应这一时代大潮，促进世界经济政治文化安全新秩序的建立和发展。

布大义于天下的外交，还要着眼长远。外交当然要面对和处理一些当下的国家间关系和国际关系问题，但处理这些问题，切忌明察秋毫之末，而不见舆薪；切忌短视浅见，急功近利；切忌上人圈套，授人以柄。既要照顾当前，更要考虑长远，既要解决现在面对的问题，又不能给未来留下隐患；要洞幽察微，高瞻远瞩，从大处着眼，从全局着眼，从长远着眼，正像高手弈棋一样，走一步看几步，既注意破解眼前的难题，又注意不为别人的诡计所诱，更注意为后面的胜局布势。

（原文以远山的笔名发表于2011年5月15日的《广州日报》）

不冲动不着急不示弱

二十一世纪的第二个十年，对于我国来说，是十分重要的十年，如果我们再次抓住了战略机遇期，顺利实现了经济的转轨和转型，我们的现代化建设和综合国力就能够再上一个新台阶，中华民族伟大复兴的伟业就有了更为坚实的基础。但是，不容忽视的是，我国的建设和发展，势将面临更为复杂的国际局面，其中就包括如何处理好与周边四邻的关系，使我国有一个相对稳定的周边国际环境。

在诸大国中，我国的周边环境是最为复杂的，海上陆上与近二十个国家为邻，由于各种错综纷繁的因素，一些国家与我国存在着难以解决的领土纠纷。我国是一个君子之国，是一个社会主义国家，我们从不想占人寸土尺径，但也不能成为谁都可以蚕食鲸吞的唐僧肉。事实上，确实有些邻居不够厚道，明知不是自己的国土，却见利忘义，必欲据为己有而后快。这里既有富甲天下的发达国家，有雄心勃勃的泱泱大国，也有属于第三世界的蕞尔小邦，难道中国就是那么好欺侮的吗？须知保卫国家的领土完整和安全，应是任何一个主权国家的底线啊！

然而，为着中华民族复兴的大局，我们尚须忍耐，尚须忍辱负重，以最大的诚意维持一个稳定的周边环境。对此，要有以空间换取时间，以暂时的退让赢得更大发展，赢得今后主动的胸怀、雅量和智慧，沉下心来谋发展，使我国在不远的将来真正成为世界一流强国，使包括军事实力在内的综合国力有一个更大的跃升。当然，在这一过程中，我们同时要以较大的精力处理与周边国家的关系。要多往来，多沟通，多纾解。

要打好经济牌。亚太地区是二十一世纪全球经济最活跃的地区，而我国又是亚太乃至全球经济发展的巨大引擎，周边国家的经济发展离不开我国，我们要充分运用经济这一最有力的纽带和杠杆，与周边国家建立起你中有我，我中有你，一损俱损，一荣俱荣的不可分割的经济联系，特别是要顺时而动，因势利导地大力推动区域经济一体化；要发展与日本、韩国、俄罗斯等优势互补的经贸关系，利用与印度、越南等同为新兴经济体，有共同利益需求的现实，求大同存小异，实现互利共赢。

要打好地缘政治牌。地缘是长久的几乎不可移易的国家之间的空间关系，相比而邻或一衣带水，彼此之间的政治影响、文化影响是不言而喻的。俗话说，远亲不如近邻，人与人之间的关系如此，国与国之间的关系也如此，双方交好，互利共赢，相得益彰；双方交恶，互拆墙脚，两败俱伤。中国是一个有着广袤国土、众多人民的大国，是有着悠久历史和文化传统的国家，今天，又处于一种不可遏制的崛起之势，要充分运用我们的政治影响和文化影响，发展与周边的睦邻友好关系。

要不冲动，不着急，不示弱。不冲动，我们的方针例来是与邻为善，以邻为伴，在处理与邻国的矛盾方面，坚持以大局为重，以化解为要，示之以大义，行之以理智，有理有利有节地加以交涉。不着急，对于与邻国之间的一些矛盾和问题，特别是敏感而复杂的领土纠纷，要有搁置的耐心，等待条件成熟再去加以解决，事实上，只要双方都有解决问题的诚意，总是可以解决的，在北部边境上，我们与俄罗斯有那么多的问题，不是通过谈判而达成协议了吗？不示弱，对于那些蓄意挑起事端，把我们的克制视为软弱可欺的挑衅行为，也要敢于针锋相对地与之斗争。

（原文以远山的笔名发表于2011年5月29日的《广州日报》）

要下大气力建立周边于我有利的安全环境

一段时间以来，南海争端四起，不但一些相关国家掀起了一股反华潮，而且更有超级大国和某些地区大国沆瀣一气，推波助澜，时而充当幕后推手，时而公然拉偏架、搅浑水，为一些国家撑腰打气。为了遏制和打压中国，他们置起码的国际公理和正义于不顾，这不能不使我们高度警惕并深长思之，为了实现中华民族的伟大复兴，我们必须下大气力构建起于我有利的周边安全环境。

要使绝大多数周边国家深切认识到超级大国的战略利益和战略重心，从而不为其自毁棋局，不为其火中取栗。乔治·弗里德曼是美国最著名的战略预言家，在其新著《未来十年谁将实现雄霸梦》一书中，他毫不含糊地指出，与美国利益攸关的地区仍然是中东；在欧洲，美国可能面对的最大威胁是德国和俄罗斯结盟；在东亚，不是中国而是日本才是美国最有力的潜在对手。这虽然是一家之言，但很可能是中鹄之语。别看美国高调宣示要重返亚太地区，然而以我度之，其实很可能是虚张声势，更多的是要借此以拼凑他在亚太地区的战略联盟，用亚洲的力量来实现他自身的利益。试想：眼下他怎么可能置中东、北非的乱局于不顾，而去为区区某些个东南亚小国的不义之利出手呢？这里，我们有太多的外交工作可做。须知，东盟各国也好，南亚各国也好，根本的利益是抓住机遇，实现发展，而发展的前提则是地区局势的和平稳定，怎么能因小失大，自毁前程呢？

要对周边格局做出精确判断，从大局出发，从长远着手，耐心而智慧地谋篇布局。利用经济带动的优势，利用地缘政治的优势，利用文化影响的优势，力求多交朋友，广结善缘，多做互利双赢的事，多做相互合作的事，大处着眼，求同存异，从而与更多的邻国建立起利益共同体的关系，建立起休戚相关的关系。要善于战略布局，决不四面出击，决不短视浅见，也不要被一时的汹汹来势所迷惑，坚持循序渐进，从容应对，“任凭风吹浪打，胜似闲庭信步”，作为一个大国，我们应当有这样的气度和自信。当然，对某些不讲道理，见财起意，见利忘义的邻国，也要申明大义，晓以利害，要让其既输了理，也不能占得便宜，更不能得寸进尺，恣意妄为，成为我周边安全环境的破坏者、捣乱者、搅局者，成为地区团结和合作的害群之马。要敢于打掉这些极少数难以合作的邻国的霸气、匪气、无赖气，对此完全没有硬的一手也是不行的。我们不求别人的寸土尺径，但也决不允许别人侵占我们的领土领海，这是主权国家的底线，不管有谁撑腰，都不能允许越过这一底线。历史上，我们曾不畏强暴，毅然决然地进行过边境自卫反击战，捍卫了国家利益，也赢得了国际社会的尊重。今天，国内情况和国际环境虽然发生了巨大变化，但不怕鬼、不信邪、不畏强权的民族精神不能丢。这绝对不是什么“炮舰政策”，在我们的领海上，为了保卫和维护我们自身的国土安全，为什么不能出动舰队？别人可以以武力占我岛屿，抢我资源，我们为什么不可以以眼还眼，以牙还牙？！

要着力把国内的事情办好，这是保证周边环境安全稳定的根本和关键。只要国内经济继续健康快速发展，只要国内社会稳定，人民安居乐业，只要我们的国防不断巩固壮大，军事斗争准备扎实充分，我们就没有过不去的“火焰山”，民族复兴的伟业就是任何力量也阻挡不了的。

（原文以远山的笔名发表于2011年6月26日的《广州日报》）

半个战争理念和华盛顿规则

安德鲁·巴塞维奇是美国波士顿大学历史与国际关系学教授，曾长期在美国陆军服役，军衔为陆军上校。继《权力的极限》《新美国军国主义》等著作之后，他最近又推出了《华盛顿规则——美国通向永久战争之路》一书。作者用批判的眼光审视了美国国家安全的所谓“华盛顿共识”，提出美国在变化了的国际国内形势下，应尽早改弦更张，建立新的国家安全政策。阅读这本书，有助于我们对美国一以贯之的国际战略和军事战略保持更为清醒的认识。

作者认为，自第二次世界大战结束以来，美国建立起了一个根深蒂固的传统，这个传统深深地植根于历届治国的精英集团之中，成为他们很难动摇的集体意识。这个集体意识的核心理念主要有两大要素：一是目标定位，即所谓“美国信条”，这个信条“要求美国——只有美国自己——领导、拯救、解放并最终改变世界”，换句话说，美国应成为这个世界不与任何人分享的唯一领导者、主宰者。二是手段定位，要实现上述目标，必须依赖远远超过维护自身安全所需的军事力量，他们坚信，硬实力胜过软实力，压服比说服要有效得多。从这两个要素出发，他们顺理成章地进一步建立起了三位一体的国家安全战略，即所谓“华盛顿共识”或曰“华盛顿规则”——一个超越政党、超越领域的精英共识、精英规则，即依赖全球军事存在和全球力量投放以确保全球干涉主义政策实现的国家安全战略。

早在冷战之初，美国的政界人士和智囊们就提出了这样一个词，用来形容他们认为美国所处的经常性危机状态，这就是“半个战争”。在他们看来，巨大的危险总是在威胁美国，这种危险必将长期存在，美国应随时准备投入战争，因此，随时准备军事行动就理所当然地成为美国最高的价值追求。正是这些代代相传的“半个战争斗士”创造了华盛顿规则，支持着华盛顿规则，同时，他们也从坚守华盛顿规则中获取了巨大利益。如果说，处于冷战时期的两极世界状态下，“半个战争”意识和华盛顿规则还多少有其存在理由的话，那么，随着苏联的解体，美国威胁源的削弱和消失，美国再继续保持全球性的军事存在和全球性的军事干涉能力还有必要么？斗士们说有必要，美国还需要“改造环境”，“促进一个新的世界秩序的诞生”，况且，美国的潜在敌人还多的是。为此，二十世纪九十年代末任国防部长的威廉·科恩曾说：“我们要在亚洲太平洋地区保持十万人，这根本用不着再考虑；我们要在欧洲保持十万人，这也用不着再考虑。”这是争取更多亲美国家的需要，是威慑潜在敌人的需要，说白了，就是美国称霸世界的需要。

更为危险的是，在过去二十年里，美国军事力量的使用频率明显增加，对此，安德鲁·巴塞维奇写道，“新军事革命的‘半个战争斗士’相信美国是享用这场革命所提供的机会的独一无二的国家”，由于新军事革命，“对美国而言，武力冲突因此成为一个低风险的事业”，“美国将不必犹豫就扣动扳机”。事实正是如此。然而，作者不得不警告说，形成华盛顿规则的国际格局已经时过境迁了，美国的影响和力量的巅峰状态已经成为过去了，美国再也没有足够的资金来支撑这一国家安全战略了，现在是必须果断地改变这一战略，转而把注意力放在“耕耘我们自己的花园”上面的时候了。可是对于这一几十年来形成的战略传统，对于支持这一传统的庞大社会集团而言，若想让他们有所改变，可能吗？安德鲁·巴塞维奇的这一“异端”声音，在美国恐怕连一根钓丝投入深潭的响声都没有。

（原文以远山的笔名发表于2011年7月17日的《广州日报》）

中美博弈：是零和游戏还是正和游戏？

近一段时期的中美关系，可谓是忽晴忽雨，扑朔迷离：一方面，中美政府高层频频互访，密切接触；另一方面，美国又高调宣示重返亚洲，在南中国海与某些国家合作军演，为他们无理占领我南海岛礁，强行开采我南海资源的行为撑腰打气，还不顾中国政府的强烈反对，在西藏和平解放六十周年之际，安排总统在白宫接见达赖喇嘛，严重伤害了中国人民的感情。对此，人们不禁要问：美国究竟要干什么？

当今世界，中美关系无疑是国际社会中最为重要的大国关系之一。毋庸讳言，两国之间有竞争，有合作，有博弈，有消长，这既是势所必然，也完全在情理之中。但这种博弈是不是一定要成为一胜一败的“零和游戏”，能不能使之成为于双方都有益处的“正和游戏”，这实在要取决于美国的取向。

在经济全球化时代，中美之间经济联系异常紧密，你中有我，我中有你，谁也离不开谁。美国是中国最大的产品销售市场之一，中国是美国最大的债权国；世界经济的发展离不开中国经济这个引擎，美国、欧洲要走出金融危机，也离不开中国经济的带动。美国是清楚这一点的，所以它不能不同中国打交道。

这个世界少不了麻烦，少不了矛盾，少不了会产生一些冲突和危机，要解决这些问题，维护稳定的国际政治经济秩序，若是没有中国的参与，也是做不到的。如打击国际恐怖主义，打击跨国刑事犯罪，打击全球性的制毒贩毒，打击国际海盗，防止核扩散，防止全球环境恶化，解决一些地区性的矛盾冲突，等等，如果没有中国的参与，也是不可想象的。对此，美国同样心知肚明，在这些方面，美国也需要与中国合作。

但美国也确实想遏制和阻挠中国的发展，他们不希望也不愿意看到中国崛起，必欲千方百计地设置障碍，制造麻烦，这恐怕也是他们的既定政策，不大容易改变。因此，又打又拉，软硬兼施，又接触又遏制，这将是美国对我国的长期方针。由是观之，近期美国的所作所为，就完全是合乎逻辑的，不足为怪的。我们不能幻想美国会有别的态度。

但是，我们也确实奉劝美国要正视历史发展的大趋势，不要做那些逆潮流而动和知其不可为而为之的蠢事。其实，在美国政界，并不缺少富有远见的有识之士，譬如美国的前国务卿、著名的外交活动家基辛格，美国的前总统国家安全事务助理、著名的国际关系问题专家布热津斯基和斯考克罗夫特等。他们在著作中，都从美国利益出发，非常睿智地提出，二十一世纪美国必须要学会适应中国等一些新兴经济体崛起的新形势，实行明智的应对措施。比如在《大博弈——全球政治觉醒对美国的挑战》一书中，布热津斯基和斯考克罗夫特都提出了这样几个理念和观点：一是对二十一世纪中美矛盾的定位。他们认为，二十一世纪的中美矛盾完全不同于二十世纪美国与欧洲的矛盾，二十世纪的美欧之争是战争与和平问题，而二十一世纪的中美之争则是竞争与衰退问题。因此，只要足够聪明，美国“与中国之间不会发生类似二十世纪的那种军事冲突”。二是对中国崛起对世界影响的估量。他们认为，中国没有将自己的价值体系强加于世界的企图，中国没有改变现存国际秩序的要求。三是对中国历史传统的理解。他们认为，中国文化没有侵略的因子，“中国最不可能发生的不稳定情况，就是对外侵略。中国的历史表明，中国历来没有过度的侵略性。当中国变得气势汹汹的时候，往往是在他们被外部力量征服并且受‘外族’统治的时候”，“或者是被羞辱的时候”。四是认为中美之间的竞争是商贸之争，应遵循市场经济的规则而不是冷战的规则。为此，他们认为，处理中美关系，对于美国而言，一是要有尊重的态度，二是要采取平等对话的方式，三是要有包容的气度。众所周知，无论是基辛格，还是布热津斯基、斯考克罗夫特，他们代表美国的立场是毋庸置疑的，他们都曾是美国最高决策的参与者，同时，他们又是非常有智慧的外交家和国际问题专家，他们的这些真知灼见是否会在美国政务当局中产生一定的影响呢？我们希望能够。

（原文以远山的笔名发表于2011年7月31日的《广州日报》）

在第一岛链上博弈

近来围绕南海诸岛的归属和相关资源问题，一些国家颇为猖獗，不但开动宣传机器大肆鼓噪和炒作，而且还频频显示武力，并与“那个超级大国”一起，密集进行针对性很明确的海上演习，向我国施压。与此同时，我国改装的第一艘航母也终于即将列装服役，于是又引来了一些“中国威胁论”的老调重弹。然而无论怎样，在第一岛链上，我国不能不认真有所准备，与企图围堵中国的国家进行一场艰难而持久的博弈。

我们的军舰从来不会去抢占别人的一寸土地，也不会去耀武扬威地威胁和恫吓别人，但我们也不容别人欺侮，不容别人侵占和劫夺我们的国土和资源。在事关国家主权和安全的问题上，任何国家和政治势力都不要指望中国人民会吞下任何强加于人的苦果。正是从这一中国的基本利益和核心利益出发，我们对有人处心积虑地设置的旨在遏制中国的所谓“第一岛链”，就决不能坐视不顾了。

第一岛链牵涉到东北亚和东南亚的许多国家，更绕不过与这一区域万里之遥的“那个超级大国”，因此我们既无法回避，又不能掉以轻心。这里，首先，我们手中最基本而又会长期起作用的武器当然还是经贸，经济是基础，任何一个国家都离不开这一基础，只要这一利益足够大，它就不会去做舍本逐末的事。其次，外交也是可以有所作为的，相关国家与中国的利害冲突有大小，它们互相之间的利益和目标也并不一致，如果说这些国家在超级大国的撺掇下已经形成了某种统一战线的话，那也是一个非常勉强而又同床异梦、各怀心事的松散统一体，只要我们抓住命门，晓以利害，就完全可以分化之、拆散之、消解之。

当然，归根结底，解决问题还是要取决于军事斗争的准备情况。我们必须横下一条心，一步一个脚印地壮大我们的军事实力，使之与我们的国力相适应，与我们的大国地位相适应，与保卫国家安全和利益的需要相适应。不管别人怎么攻击和反对，就是要“咬定青山不放松”，决不动摇和放弃。这应当成为我们举国、举党的共同意志。我们理应树立这样一个目标：在第一岛链的范围内，我们要有大优势的制空权、制海权、制信息权；在这一范围内，任何敢于来犯之敌，我们不但敢于与之交手，而且完全能够痛快淋漓、干净利落地战胜之、歼灭之。为此，我们不但应该改善和加强武器装备，还要从现代战争的作战理念到战略战术原则，从枕戈待旦到“一不怕苦，二不怕死”、敢打必胜的尚武精神的养成，从高素质军事人才的培养到必要的军事物资储备，一项一项地去扎扎实实落实。只有这样，我们才能早日打破第一岛链的围堵，早日实现国家统一和领土完整的大业。

（原文以远山的笔名发表于2011年8月7日《广州日报》）

情感地缘政治

多米尼克·莫伊西是法国国际事务研究所的创办人和高级顾问，哈佛大学的著名客座教授。二〇〇七年一月，他在美国《外交事务》上发表了《文明的情感冲突》一文，引起激烈争论和广泛影响，于是，在此基础上，作者又扩展成《情感地缘政治学——恐惧、羞辱与希望的文化如何重塑我们的世界》一书，于二〇〇八年底问世。

在作者看来，对世界过于简单的看法，“无论是福山庆祝‘民主胜利’时的过度乐观，还是像亨廷顿‘文明冲突论’的过度悲观，都是非常危险的”，真实的世界应该是不同情感文化的相互影响和博弈。作者认为，随着冷战的结束，意识形态冲突已经让位于情感冲突。所谓情感，可以理解为一种民族性、地区性和国家性的社会心理、社会意识和社会情感。作者认为，起最主要作用的是三种情感：恐惧、希望和羞辱。因为“它们都与自信的理念息息相关，而自信的理念则是国家和民族如何定义自己遭遇的困难，如何处理与他国关系的决定性因素”。恐惧是缺乏自信，羞辱是自信心受到伤害，而希望则是一种自信的表达。

由此出发，作者勾勒出一幅情感文化的世界地图。

希望文化。作者认为，希望已经从西方转移到东方，从欧美转移到亚洲。希望主要体现在经济和社会活力上，体现在大多数亚洲人不仅在努力追赶西方，而且“还在于他们很自信自己能够赶上，也确实将会赶上”。这里最重要和最有代表性的国家是中国和印度，尽管两国的经济规模不在一个重量级上，两国的文明有很大差异，但两国都以每年百分之十的速度增长，都认为自己很强大，也都很自信地向世界开放。作者认为希望文化的边缘区域还包括东盟的一些成员国，但日本是一个例外。

羞辱文化。作者认为，羞辱文化有两面性：一定程度的羞辱感能够成为社会奋发向上的动力；而毫无希望的羞辱感则会导致绝望，滋生复仇意识。在作者看来，中东和北非的一些以激进主义的伊斯兰派别为主导的阿拉伯国家，是羞辱文化的核心地域，而从地中海沿岸的一些国家到传统亚洲的“危机圈”（如阿富汗等）则是羞辱文化的扩张部分，但阿联酋和卡塔尔则是例外。羞辱文化源于这些国家和文化的历史衰落，源于阿以战争的失败。作者预言，阿拉伯世界的复兴，短时间尚看不出会从埃及这一心脏地区开始，有朝一日或许可以从边缘发生。

恐惧文化。恐惧是一种身份危机，是意识到自身的脆弱性和核心地位的丧失，这是整个西方世界的情感和现实。作者写道：“亚洲将在经济上超过我们。伊斯兰世界的激进主义者想要消灭我们。来自南方国家的移民将会在数量上压倒我们。我们有没有办法重新掌控自己的命运呢？”作者深切地感到，目前欧美和亚洲之间的经济增长差距，长期来看，必定会是一场灾难，只要西方仍然负债，东方仍然增长，那么，欧美的持续衰落就是不可避免的。作者还把恐惧文化分解为欧洲的恐惧文化和美国的恐惧文化，并且认为恐惧不但伤害了美国和欧洲，也伤害了欧美之间的关系。

在三分天下之外，作者认为，还有一些难以归入某一情感之中的国家和地区，如俄罗斯、以色列、非洲和拉美等灰色情感地带。这种情感地缘的视角，使我们对当今国际格局及其发展走向的认识多了一个新的维度，它对于增强我们的民族自信心，开展外交斗争，是有一定的借鉴意义的。

（原文以远山的笔名发表于2011年8月21日的《广州日报》）

后卡扎菲时代的利比亚

卡扎菲这位被西方政治家认为是头脑中充满各种幻想，既桀骜不驯又不自量力的人物，终于就要被赶出政治舞台，成为萨达姆第二了，虽然世人开始并没有料到卡扎菲能坚持这么长时间，让北约费了这么大的劲。但北约这一不轻松的胜利，还不单在于过去几个月的不轻松，很可能下一步的收拾残局更不轻松。

首先，北约和反对派武装肃清卡扎菲的残余力量还需时日。即使不会形成旷日持久的内战局面，可是在相当一段时间内还是会战火不熄，这无疑将使财政已经十分困难的北约不得不背上更为难以承受的包袱，付出更大的代价。利比亚是一个以部落为基础的国家，卡扎菲在一些部落里似乎还有一定影响，特别是在有外国武装干涉的情况下。因此，要在短时间内彻底瓦解卡扎菲的势力，让所有的部落都能俯首听命，绝不会那么容易。而只要不能迅速消除卡扎菲的社会基础，各种暴力行动和事件就仍然有可能此起彼伏、难以有效遏制。弄得不好，分裂、动荡就会成为后卡扎菲时代利比亚的常态。

其次，相对来说，推翻卡扎菲的统治是容易的，但取而代之的新政权要立定脚跟，实现有效治理则肯定不会那么简单。据悉，反对派是一个由各种政治力量组成的临时统一战线，尚未形成一个强有力的政治核心，没有一个清晰明确的政治纲领，要把他们在短时期内整合起来，形成真正有号召力的组织，绝非易事。萨达姆后的伊拉克政权，在美国几万人的地面部队的支撑下和政治专家的强化训导下，至今尚且还不能独立控制局面，更何况草草拼凑起来的利比亚反对派呢？利比亚国内的各种矛盾也非常复杂，且有着深刻的社会根源，可以说，除掉了卡扎菲，利比亚国内的所有问题，不但一个也没有解决，而且由于战争破坏了经济，消耗了实力，引发了新的矛盾，反而使问题更加深刻化、复杂化了。这一非洲大陆上比较富裕的国家将会倒退若干年，而深受其害的只能是生于斯、长于斯的广大民众。对此，西方大国当然会不以为意，但他们那种打着维护平民利益，主持人道主义的虚伪面目却又一次暴露在世人面前。

再有，军事干预利比亚的西方大国，彼此之间也是各怀心事，各有所图，美国有美国的想法，欧盟有欧盟的打算，即使是在欧盟内部，英法与德国等也不一致。这也肯定会使今后的利比亚呈现出错综复杂的局面。我们期望利比亚人民和政治家们能够掌握自己的命运，尽快恢复秩序，消弭仇恨，重建家园。

（原文以远山的笔名发表于2011年8月28日《广州日报》）

基辛格对亚洲地缘政治的分析

基辛格在其所著《美国的全球战略》一书中，对亚洲的地缘政治做出了他的分析。其基本观点是亚洲的地缘政治异常复杂，完全不同于战后的欧洲。“亚洲各国一面在诸多经济问题上开展合作，一面又把对方视作竞争对手。它们不大可能会兵戎相见，但也不能完全排除这种可能。亚洲的国际体制因此更像是十九世纪的欧洲，而不像是二十一世纪的北大西洋地区。”

复杂之处在于，一是，亚洲各国经济发展水平不同，文明体系不同，地理状况不同。有高度发达和接近高度发达的国家，有新兴经济体国家，也有古老而相对落后的国家；有大陆型国家，有高山型国家，也有海岛型和群岛型国家；有多民族多宗教的国家，也有以伊斯兰教信仰为主的国家；有所谓实行民主制度的国家，也有实行非民主制度的国家；有比较温和的国家，也有军事上强悍、民族主义强烈的国家。

二是，经济虽然非常活跃，但短时期内很难形成一个洲际甚至区域经济集团。一方面各国经济发展水平参差不齐，一方面各国之间又互相猜忌、互不信任。虽然日本和中国都有意倡导和摸索建立亚洲自由贸易区，但在相当长一个时期内，亚洲仍很难成立起来一个类似于欧盟性质的组织。

三是，与欧洲截然不同，欧洲由于有两次世界大战的惨痛经历，加之欧洲的民族国家幅员太小，因而各国已不再把对方视为战略上的威胁；而亚洲国家则完全不同，对共同的威胁从来没有过共识，不同国家对威胁来自何方看法迥异。有的恐惧俄罗斯，有的不放心中国，有的担忧日本，而东南亚一些国家对越南普遍深怀警惕，印度和巴基斯坦更是一对彼此虎视眈眈的冤家对头。亚洲国家似乎更热衷于使用武力，只要一国的实力得到增强，周边国家就要为此做出调整，以保障自己的安全，因而有区域军备竞赛的趋势。

四是，亚洲与欧洲不同，不存在一种单一的均势，由于辽阔的地域和不同的历史文化而产生了两大战略区域——东北亚和东南亚。在东北亚，中、日、俄和美国利益交错，局势动荡的朝鲜半岛随时有爆发冲突的可能；在东南亚，主角为中国、日本、印度、美国和印度尼西亚，它们必须与越南、泰国、澳大利亚和菲律宾等国协调利益。

五是，亚洲诸大国的地位和作用也处于不断变动之中。日本越来越活跃，积极参与对中国的遏制；印度正在崛起为世界大国，它继承英国统治时的政策衣钵，越来越热心于卷入东南亚事务；俄罗斯则意欲重振其大国声威，不会缺席亚洲的各项事务；中国也会“坚持发挥一种与它日益增长的经济实力相称的政治作用”。在基辛格看来，这些国家都有争夺亚洲领导权的欲望和行动。

对此，基辛格为美国的亚洲战略做了筹划：亚洲对美国的利益至关重要，美国要积极介入和参与亚洲事务。在亚洲，他不赞同参照冷战时期的做法，用对付苏联的政策对付中国，硬性划出一条敌我界线；也不赞成像威尔逊那样，发动价值观攻势，祭起民主的旗帜党同伐异。上策是维持与亚洲所有国家的合作关系，而旨在阻止亚洲结成一个对美国的不友好集团，其策略就像过去四百年里英国处理与欧洲大陆的关系一样，即小心翼翼地维持欧洲大陆各集团的均势，坚持“四两拨千斤”，把自己的砝码压在力量稍逊一筹的一方，以保持亚洲的均势和美国战略利益不受损害。

（原文以远山的笔名发表于2011年9月4日的《广州日报》）

要反对任何形式的恐怖主义

惊天动地的“9·11”事件已经整整过去十年了。十年中，美国以反恐的名义打了两场战争，又在不久前一举击毙了本·拉登，严重削弱和破坏了基地组织的力量，算是报了一箭之仇，夺得了反恐斗争的重大胜利。但恐怖主义并没有退出历史舞台，战斗正未有穷期，仍需要包括美国政府在内的各国政府共同努力。

要夺取反恐斗争的更大胜利，就必须对发生于任何地方的恐怖行动和恐怖事件一概共讨之、共诛之。不能重此轻彼，认为发生于西方世界的才十恶不赦，而发生于其他国家和地区的则无足轻重。对于以西方国家为目标的恐怖组织务求斩草除根，而对于以其他国家为目标的恐怖组织，则不以为意，甚至还为之辩护，提供支持。如是则必然养痈遗患，害人误己。

要夺取反恐斗争的更大胜利，就必须对所有的恐怖组织和恐怖分子，甚至包括其幕后人物，一律给予谴责和打击，而不能实行双重标准，采取双重政策。譬如，由极少数“藏独”分子策划的二〇〇八年的拉萨“3·14”事件，明明是一起彻头彻尾的恐怖事件，是丧心病狂的打砸抢烧严重暴力犯罪事件，但一些西方舆论和某些西方政要就是硬要混淆是非，把策划这场暴行的达赖集团和所谓“藏青会”说成“民主斗士”，将这场暴行说成“争自由”“争人权”的正义之举。同样，对于二〇〇九年七月五日乌鲁木齐街头发生的一小撮民族分裂主义分子，疯狂杀戮无辜群众，制造骇人听闻的血腥事件的恐怖暴行，也有一些西方舆论置基本事实于不顾，大肆传播热比娅和“世维会”的谣言和诡辩，并将骚乱的根源归结为“中国打着反恐的旗号镇压维吾尔族人”。这显然不利于反恐大局。应当说，中国和西方同是恐怖主义的受害者，西方不应该也没有理由为恐怖分子撑腰打气。这种做法，显然有违于反恐斗争的原则，不利于剪除一切恐怖分子和恐怖组织。

要夺取反恐斗争的更大胜利，就必须充分依靠群众，动员群众，打人民战争。那种只靠少数情报人员收集恐怖组织活动信息，依靠特种部队和特种警察实施抓捕的办法，虽然也会有一定成效，但终归不如将专业化和群众化相结合。只要群众高度动员起来，警惕起来，恐怖分子就肯定没有藏身之处，就必然陷于“老鼠过街，人人喊打”的境地。这是我国战胜恐怖主义的不二法门，也是我党我军战胜任何强敌的传家法宝。

恐怖活动是指恐怖分子制造的危害社会稳定，危及人的生命与财产安全的一切形式的活动，这些活动，不论其打着什么旗号，披上什么伪装，都不能改变他们暴力犯罪的实质。恐怖分子漠视生命、践踏人权、亵渎法律，是不折不扣的嗜血恶魔。他们这种反人类反社会的行径，违背民意，不得人心，理应受到一切法治政府的坚决反对。我国是社会主义法治国家，保护人民群众的生命财产安全，是党和政府的首要职责。因此，笔者认为，今后我国仍然愿意和各国人民一道，继续打击恐怖犯罪，为促进国家的和谐发展，人民的安居乐业，也为建立一个和谐的世界做出我们应有的贡献。

（原文以远山的笔名发表于2011年9月11日《广州日报》）

要有应对外部环境趋于严峻和复杂的准备

当今世界，和平与发展仍是时代主题，因此，抓住机遇，继续推进改革开放，必须毫不动摇。但与此同时，我们不能不看到，国际经济政治风云变幻，不可预见因素明显增多，我们必须做好应对国际环境趋于严峻和复杂的准备。古训告诉我们，居安思危才能防患于未然，只有有备在先，才能在任何形势和任何情况下，都能从容应对，立于不败之地。

国际环境趋于严峻和复杂，绝不是空穴来风。首先，世界经济形势险象环生。美债和欧债危机虽已持续经年，却仍然未能走出困局，相反，还大有一波未平一波又起之势，要走出低谷，似乎还有一段相当漫长和艰险的路要走。与此同时，日本经济在多年持续低迷之后，又遭受大地震和核泄漏的双重打击，这无疑是雪上加霜。世界几个主要经济体都处于艰难竭蹶之中，于是国际市场萎缩，资源竞争激烈，贸易保护主义抬头，这就必然会严重影响对外依存度很高的我国经济。

其次，中东和北非乱象频发，动荡不已。风波所及，一些强势政权，或土崩瓦解，或一朝覆亡，其间，不少西方大国上下其手，多方干预，煽风点火，推波助澜，甚至不惜出兵相向，企图按照自己的利益和意志修改环地中海地区的政治地图。目前，事态仍在继续演进，究竟鹿死谁手，花落谁家，局面能否完全按照某些西方大国的如意算盘拨动，现在还很难预料。但可以肯定的是，集万千矛盾于一身的中东和北非地区的大动荡、大洗牌，必然会使本来就不甚太平的世界，增添更加不和谐不安定的因素。

最后，也是对我国影响更为直接的，是美国高调声言重返亚太，致使我国周边环境有可能进入多事之秋。十年前，美国曾志得意满，不可一世，大肆推行“单边主义”，并扬言要对我国实行强硬政策，而“9·11”事件的发生，迫使美国不得不集中全力反恐，从而推迟了这一战略的实施。现在反恐虽然尚未有穷期，但美国已明显调整了策略，变大规模反恐战争为运用所谓“巧实力”，实行更为机动灵活的小分队精确打击，以便节约资源，腾出力量，在全球重新进行战略布局。可以预见，在今后几年里，美国必然会加大对亚太事务的介入和干预，在我国周边构筑遏制防线，并千方百计对我国实施“和平演变”。由于美国实力的捉襟见肘，力不从心，它将会更多地借用亚洲的力量来制衡我国：一方面，依靠和协调日本、韩国、菲律宾等其亚洲盟友，实施对华战略围堵；另一方面，还会支持与我国有领土纷争的国家，如日本、越南、菲律宾、印度等与我国为敌，鼓动其中一些国家在我国周边制造事端，挑起纠纷，迟滞和干扰我国的崛起。同时，还会加大对我国渗透的力度，境内境外双管齐下，使我国的安全压力骤然增大。

我们希望这个世界更加和谐，使我们能够专心致志地发展自己，建设国家；但我们也不怕有事，十三亿正在走向富强、民主、文明道路的人民，是不可战胜的。只要我们有应对严峻局面的充分思想准备，只要我们成功地实现经济发展方式的转变和经济结构的转型升级，只要我们实现扩大内需和增强经济发展的内在动力，只要我们保持社会的稳定和人民的团结，只要我们的国防力量能够一步一个脚印地向前推进，在任何形势和任何情况下，我们都可以做到处变不惊，应付裕如。

（原文以远山的笔名发表于2011年9月18日的《广州日报》）

回归大国政治的俄罗斯

在国际政治格局中，俄罗斯无疑是一支不可忽视的力量。由于苏联的解体和“休克疗法”的实施，俄罗斯的国力在二十世纪的最后十年里几乎跌到了谷底，陡然间变得十分衰弱，以至实际上已从强国俱乐部中出局。然而不过短短几年，竟又奇迹般复苏，并竭力以其民族所特有的傲气和霸气重返大国外交舞台。美国耶鲁大学国际安全研究中心副主任、美国外交学会研究员杰弗里·曼科夫在其新著《大国政治的回归——俄罗斯的外交政策》一书中，对此做了非常详尽的阐述和分析。

二十世纪九十年代初，俄罗斯的执政精英们曾一门心思地向冷战期间的敌人靠拢，力求尽早加入西方阵营，以为只要亦步亦趋地循着西方的道路走，国内的各种沉疴和弊端就可以迅速一扫而光，面前的道路就铺满了鲜花和锦绣。然而事实却无情地击毁了他们的一厢情愿和黄粱美梦，西方口惠而实不至，不但没有慷慨施援，任凭俄罗斯经济江河日下，而且在外交上也不再给其以昔日的大国地位，让俄罗斯十分蒙羞。

俄罗斯复兴和崛起有很多因素，但最重要的是在于其有雄厚的能源资源，是石油和天然气的主要输出国，而世界能源价格不断走高，从而使俄不但可以因之挽救一落千丈的经济，偿还数量不菲的外债，还有余力振兴和加强早已大不如前的军事武装。这是俄外交重返大国政治的底气。俄罗斯是一个有大国政治传统的国家，“鼎盛时期的俄罗斯帝国和苏联都获得过无上的权力和荣耀”，大国意识、大国理念和大国思维在其的精英阶层中可谓根深蒂固，这是其外交重返大国政治的文化因素。“9·11”以后，美国联合西方接连打了两场战争，无论是在伊拉克还是在阿富汗，结果都是胜不可全，致使其深陷其中而难以自拔，国力大为损耗，加上由次贷而引发的金融危机的影响，更是雪上加霜，极大地削弱了美国等西方国家的实力。这是俄罗斯重返大国政治的外部动因。

俄罗斯外交政策的大国理念源自二十世纪九十年代中期以来在精英阶层中所形成的俄罗斯战略共识，对此，杰弗里·曼科夫写道，这种共识的基础就是坚信：“尽管国力有所削弱，但俄罗斯仍是一个大国，利益遍及全球”，“尽管俄罗斯最亲近的政治盟友不少都在欧洲，俄罗斯精英却希望他们的国家在世界中扮演与美国类似的角色”，而不能把自己的视野、外交和力量投放局限于欧洲。根据这一共识，俄罗斯把自己外交政策的重点放在建立和维护这样一种国际体系上，即“大国是全球秩序的主要维护者，可以在它们认为合适的情况下自由地寻求自我利益；在有限的势力范围内尊重他国的地位，同时保持各国之间权力的大致平衡”。

杰弗里·曼科夫对俄罗斯发表的权威的官方战略性文件《俄罗斯外交政策构想》和《俄罗斯国家安全构想》做了认真解读。他特别注意文件中强调的“权威”“大国”“国家伙伴关系”“当今世界的领导核心之一”这些概念，他认为，俄罗斯大国外交的实质包括这样一些内容：其一，大国主导世界。这是当今世界的现实，也是大国应负的责任。普京说：“我们必须清楚地认识到维护国际秩序稳定最为重要的责任应由世界主要国家，也就是拥有核力量的国家，以及军事政治影响力巨大的国家来承担。”俄罗斯理所当然是大国中的重要一员。其二，国际秩序稳定的关键在于“多极”。这个概念的基本含义是指大国间的协调一致，类似于十九世纪的“欧洲协调”，或是罗斯福在二战后提出的美、苏、英、中“四个警察”的构想，其核心在于否定美国的霸主地位。其三，外交政策的出发点不是出于价值观的考量，而是出于利益和权力。其四，把确保俄罗斯地缘政治的安全放在首位。为此，不惜动用武力。二〇〇八年八月，正当全世界的目光都聚焦在北京奥运会开幕之时，俄罗斯悍然出兵格鲁吉亚，并毫不在意美国、欧洲等的抗议和制裁，杰弗里·曼科夫把“八月炮火”看作俄罗斯走向大国政治的一个标志。

（原文以远山的笔名发表于2011年9月25日的《广州日报》）

俄罗斯大国外交的战略定位

在《大国政治的回归——俄罗斯的外交政策》一书的作者杰弗里·曼科夫看来，俄罗斯大国外交政策有几个基本支点：一是如何对待和处理与美国的关系；二是如何对待和处理与欧洲的关系；三是如何对待和处理与中国的关系。

俄美之间的关系是危险的伙伴关系。俄外交政策的核心内容仍然是如何处理与“美国这个世界上最富有、最强大的国家之间的关系”。首先，俄要保住与美对话的平等地位。由于国力对比的弱势，俄不但失去了作为美国最主要与最畏惧对手的位置，也失去了在美国外交中的核心位置，在相当一段时间里，它受到美国的轻视和傲慢对待，这使俄非常愤懑和不能忍受。俄虽然深知，即使在可预见的未来，其在国力上也难以与美国比肩，但却决不能成为无足轻重的角色。为此，它力主处理国际事务必须充分发挥联合国安理会的作用，发挥八国集团的作用。“项庄舞剑，意在沛公”，这无疑是对美国霸权的对抗。其次，俄决不会轻易放弃与独联体国家的特殊关系。俄把北约东扩看作美国对其的战略挤压和安全威胁，无论是从地缘政治的角度，还是从历史渊源的角度，俄都认为独联体国家甚至东欧国家理所当然地应成为俄的势力范围，起码也不应成为俄的敌对方。保持在国土周边有一个战略缓冲区，是俄国历代相沿的传统国策，因此，一旦条件具备，俄对此绝不会手软，这必将与美发生严重矛盾。另外，俄将会充分利用其丰富的能源资源和军事强国地位，与美国在世界各地争夺相关利益。当然俄在总体上还不能不与美保持相互合作的伙伴关系，只是这是一种危险的伙伴关系而已。

俄欧之间是紧密联系和相互戒备的关系。普京多次强调俄罗斯是“欧洲文明不可分割的一部分”，表明俄对欧洲的特殊重视和在地缘文化上的认同。俄与欧洲有着密切的经贸关系和文化往来，俄罗斯是欧洲的能源供应商，欧洲是俄罗斯石油和天然气的主要出口市场，随着世界能源的日趋紧张，欧洲对俄的能源依赖只会与日俱增。欧洲又是俄的地缘近邻，是俄参与国际事务的重要平台，由于亚太的崛起，欧洲的国际地位和作用有所下降，但其作为世界上最发达的地区，仍然有举足轻重的地位，这是俄欧之间互相需要的一面。另一方面，欧洲是北约的大本营，北约东扩与俄的矛盾是不可调和的：从历史上看，在争霸欧洲和世界中，俄与一些欧洲大国分分合合，恩恩怨怨，屡起战端；在当前，欧洲的战略利益和俄罗斯的战略利益也分歧不小；而且欧洲在价值观上仍对俄很有看法。这虽然不足以使双方剑拔弩张，但彼此却时常处于互相戒备之中。

对于俄中关系，俄对我国有合作有制衡，合作大于制衡。中俄同属于新兴经济体国家，两国都期望有一个相对和平稳定的国际环境实现国内经济的发展；两国互为邻邦，经济互补性很强，经贸合作天地广阔，近年来经贸往来十分密切，贸易额度直线上升。中俄都期望建立一个多极共存的世界，反对美国的单边主义和霸权行为，反对美国对别国主权和内部事务的粗暴干涉。俄中两国都支持通过建立地区性的合作组织以增强互利互信，打击恐怖主义，保证区域的和平与安全。但俄罗斯对于中国的快速发展和崛起，始终怀有忌意和戒心，担心中国的强大会危及俄的安全，损害俄的利益，削弱俄的影响，因而在与中国发展关系的同时，总是不时要采取一些牵制动作。在东亚，它把日本作为制衡中国的一枚棋子；在东南亚、南亚，它把越南和印度作为制衡中国的棋子，这都反映了俄罗斯对华政策的两重性，但总体上毕竟是合作大于制衡。

俄罗斯对大国政治的回归，充分反映在二〇〇六年普京回击美国对他的批评时援引的一句俄罗斯谚语上："狼想吃谁，不需要他人指手画脚，而且狼也不准备听。"

（原文以远山的笔名发表于2011年10月9日的《广州日报》）

影响美国对华战略的力的平行四边形

对中国国际环境影响最大的一个因素自然是美国，只有处理好与美国的关系，才能为我们争得更好的生存和发展空间。为此，我们不能不洞悉决定美国对华政策的几种力量及他们所代表的几种观点。

一是冷战思维的观点。这一派完全不顾基本事实，顽固地按照他们强加于中国头上的自我主观臆断，硬把中国看成美国的最大威胁。根据他们的观点，美国无论如何不能把中国视为战略伙伴，而应看成冷战时期的苏联，美国不能放弃遏制中国，美中贸易只能局限在非战略项目上，美国要把台湾作为遏制中国的前沿阵地，要同亚洲各国结成联盟，共同围堵和压制中国。

二是崛起即威胁的观点。这一派把中国看成十九世纪末二十世纪初的德国，认为一个新兴大国的崛起，必然造成世界资源、利益和权力的重新分配，必然导致世界秩序的重新变动，这就必然动摇美国的霸主地位。因此，根据历史的经验，他们认为，原有的优势大国和后起之秀大国的矛盾绝对不可调和，明智的做法就是扼杀挑战者于立足未稳、羽翼未丰之时，因而他们也是遏制和打压中国政策的坚定支持者。

三是地缘政治的观点。认为形成和保持亚洲的均势最符合美国的利益，要竭力使中、日、印、俄等亚洲大国互相制衡，不使任何一国有脱颖而出、称霸亚洲的机会，美国的使命就是造就和维持这一平衡，美国的战略利益则可以通过四两拨千斤的办法，在任一大国中加上或减去一点力量，就能够事半功倍。当然这里不会是真的不偏不倚，必然还是有亲有疏，对待日、印与对待中、俄肯定是大不相同的。这是完全从美国利益出发而提出的战略主张。

四是在接触中演变的观点。罗斯福和威尔逊都是美国的“外交之父”，而历代美国领导人似乎更乐于继承威尔逊的衣钵，认为美国外交应以美国人的价值观为指导，不能只强调利益，要站在所谓道德的制高点上，这样才显得“正义”，才“道貌岸然”“理直气壮”。为此，当代的威尔逊传人主张美国要加强与中国的接触，在接触中输出美国的“民主”“自由”“人权”观念，培植亲美的反对派，特别是原独联体国家和中东、北非不断发生各种街头革命，更坚定了他们的看法。

在各种观点及其所代表的派别的博弈和角力下，历届白宫的政策制定者们往往都采取这一多种力矩的平行四边形维度，实行“接触”和“遏制”相辅相成、互相配合的两手，区别只是在于有的“遏制”多一些，有的“接触”多一些，或有时“遏制”多一些，有时“接触”多一些；由国会扮演“鹰派”、政府扮演“鸽派”，抑或掉过来而已。看清楚美国对华甚至整个亚洲战略的实质，对于我们努力争取更为有利的国际环境，抓紧机遇埋头把国内的事情办好，扎扎实实把包括国防力量在内的综合国力搞上去，真正实现中国的和平崛起是大有裨益的。

（原文以远山的笔名发表于2011年11月6日的《广州日报》）

把忧患意识和从容淡定的心态结合起来

走和平发展之路，这已经是深深植根于国人心目中的一个共识，但在错综复杂的国际局势下，特别是在美国高调宣称“重返亚太”和周边一些国家似针对中国而结盟的情况下，不少人产生了一些疑惑和担心：中国和平发展的环境和机遇还存在不存在？我们应如何适应日趋复杂的国际局面？对此，我们要有高瞻远瞩的战略眼光，不为一些风波和干扰所动。

首先，中国要继续坚持不谋求改变现有国际体系和秩序的立场。中国宜于长期在现有国际体系中求发展。自改革开放三十多年来，中国不但在冷战的最后十年中开始起飞，而且在后冷战时代更是快速、持续发展，实践证明，中国没有必要破坏现存的国际体系和秩序，尽管这一体系和秩序是以西方和北方为主导，更有利于发达国家的利益和要求的。中国尊重这一体系和秩序，其原因归根结底就是把世界和平和稳定看得高于一切，重于一切，中国不但不希望自己卷入战火，而且也不愿意看到发生于任何地区和国家间的战火。中国不排除同任何国家和地区的合作，希望在合作中实现互利共赢，哪怕是“与狼共舞”也要强于与狼搏斗。当然，中国也要积极推动现有国际秩序与时俱进地做一些改良和改革，以更有利于发展中国家的利益和要求。但中国不仅现在而且在可以预见的将来也毫无另起炉灶，挑战现有体系之意。在这一点上，中国会充分借鉴俾斯麦领导下的德国的做法，而决不会重蹈十九世纪末二十世纪初德国的覆辙。

其次，中国应更加坚定不移、全神贯注地与世界各国发展互利共赢的经贸关系，以经济空间换取政治空间和安全空间。中国发展的时代背景是后冷战时代的经济全球化，中国经济已全面地、不可逆转地融入了世界经济，并成为世界经济的重要组成部分。尽管与西方大国和周边邻国常有摩擦，龃龉不断，但并未给经贸关系造成长期性、破坏性的影响。近几年，中国与美国、日本、欧盟等世界主要经济体的年贸易额都以两位数的速度高速增长，与东盟、韩国、俄罗斯和印度也是如此。这不但促进了中国经济的稳定和快速增长，同时也有力地带动了相关经济体、相关国家以及地区经济的转好和发展，特别是在美债危机、欧债危机给世界经济造成严重震荡和负面影响的情况下，就更是如此。中国对地区经济和世界经济影响力有着强劲上升的势头，中国经济和各国经济你中有我、我中有你、一损俱损、一荣俱荣的状况，必将有力减轻各种对中国的政治围堵和军事威胁，这已为近年的历史所证明，毕竟经济是起基础作用的因素，任何一个国家和地区都不大会做严重损害经济发展的事。这是经济全球化时代与以往任何一个时代的根本区别。当然，我们注意到时下美国又企图通过TPP（跨太平洋战略伙伴关系协定）对中国在区域经济上加以围堵和遏制，但经济领域里劳动生产率和产品竞争力将是起决定作用的东西，只要我们在这一点上输不了，美国尽管机关算尽，最终也只能是竹篮打水一场空。

最后，我们应把树立高度的忧患意识和培养从容淡定的战略定力结合起来。中国所处的国际环境和周边环境要求我们在任何时候和任何情况下都不能掉以轻心，麻痹大意，要始终保持必要的清醒和警惕。古人说：“敌存灭祸，敌去召过。”从这个意义上说，这未尝不是一件好事。因此，我们应在继续韬光养晦的同时，扎扎实实地做好应对最坏情况发生的准备，不管任何国家说三道四，埋头加强足以捍卫我们国家核心利益的军事力量。同时，应切忌过分敏感，在现阶段不必把一些针对我国的外交动作和军事动作看得过重，有时候，不理睬它，可能更能体现我们的自信和从容，更有利于我们保持良好的发展环境。作为一个有十三亿人口、经济总量又雄居世界第二的泱泱大国，谁又能把我们怎么样?

（原文以远山的笔名发表于2011年11月27日的《广州日报》）

白宫应学会包容性思维

自从苏联的帝国大厦轰然倒塌之后，美国终于一超独大，这使本来就骄横不可一世的白宫政治精英们更理所当然地认为，这个世界美国说了算。尽管近些年来，其经济已染沉疴，对外又穷兵黩武，国力明显呈现衰相，但其到处指手画脚，动辄示以颜色的强权作风，非但毫不收敛，反倒有变本加厉之势，这与其积习甚深的霸权主义思维似有不可分割的关系。

白宫的霸权主义思维表现之一是，视不同于西方特别是美国的国家体制和价值体系为异端。中国有句老话：十里不同风，百里不同俗。世界之大，各国国情不一，经济发展水平不同，文化背景和文化传统不同，政治习惯和政治观念也有差异，这本是人类社会的题中应有之意，尽管由于经济全球化、交通便捷化、信息网络化，地球已成为地球村，但“物之不齐，物之情也”，全球化并不排斥多元化和多样化，鹤腿虽长而适于鹤，截之则悲；凫腿虽短也适于凫，序之则赘。各国完全可以根据自己的国情和民意，选择适合于自己生存和发展的制度体系和价值体系，不应该也不能够把自己的意志强加于人。白宫为什么不能换一种思维方式，而非要用自己的意志重塑世界，弄得整个世界不得安宁，而重塑世界又肯定是一个荒唐而永远不可能实现的妄想。因为世界永远不可能千篇一律，只能是多样性的统一，多元化的一体。

白宫霸权主义思维的又一表现为不愿看到他国特别是发展中大国的富强和崛起，视新崛起的后发大国为对手和威胁。其本质上是实力主义的铁杆信徒，认为国强必霸，崛起的大国必然会对它形成挑战，因此，总是千方百计企图遏制和打压即将崛起的大国，处心积虑地设置各种障碍，必欲扼杀其于起飞阶段而后已。这是很不明智的，在和平与发展为主流的全球化时代，经济联系如此紧密，以至我们完全可以说，任何一个经济体出现问题，都会对其他经济体带来负面影响，而任何一个经济体的振兴和繁荣，也必然会给别的经济体带来发展机遇和动力，世界完全可以在互惠互利中实现共同发展，为什么非要损人而害已呢？由此，作为新兴经济体的几个国家，应该清醒地看到，唇亡齿寒，辅车相依，同是新兴的经济体，是最有共同利益关系的国家，宜于经常协调立场，形成共识，不要上当而自我攻伐，然后被别人各个击破。

白宫霸权主义思维还有一个十分突出的表现，那就是只许自己放火，不许他人点灯。它可以凭借美元的世界货币地位，把自己国内的债务危机和金融危机的一部分转嫁给别的国家；它可以不顾事实把自己的经济问题和由自己的政策而引起的外贸逆差，一味归罪于人民币而再三再四地强迫人民币升值；它可以对中国的出口企业和出口产品百般刁难，设置壁垒，甚至多次阻挠和叫停一些在经济领域中纯粹的正常生意。它可以无视战争法而肆意虐待伊拉克战俘；可以暴力对待以“和平占领”形式表达对其政治经济不满的诉求民众，却攻击别人不讲人权，压制民主。它可以不断扩充军备，研制和更新更为先进的武器，它的航母可以在世界各大洋恣意游弋，炫耀武力，它可以动辄以武力恫吓和威胁别人，在别人家周围进行频繁的军事演习，甚至公然对主权国家进行军事打击；却不许别人进行正常的武器研制和开发，不许别人加强自身的防御力量，不许别人拥有用于捍卫自身海疆的航母。如此等等，不一而足，天下哪有这样的道理呢？

奉劝白宫的政治精英们，还是少一点霸权主义思维，多一点包容性思维为好，这不但于世界有利，也于美国自身有利。

（原文以远山的笔名发表于2011年12月4日的《广州日报》）

中东棋局令美国进退维谷

中东变局在西方对利比亚进行武力干涉，并置政治狂人卡扎菲于死地后，似乎已导入了美国所设想的轨道，一时间曾很使华盛顿为之兴奋，以至到处宣扬其“巧实力”“巧外交”政策的辉煌成功。然而，好景不长，不但利比亚的问题远未解决，就连埃及的问题、也门的问题，特别是叙利亚和伊朗的问题，也都日益使美国进退两难，大感头痛。

如“进”，再启战端，诉诸武力，首先，很难得到国际社会的认可。联合国安理会就制裁叙利亚一事已经遭到中、俄两个常任理事国的断然否决，还有一些国家也明确表示不赞成，何况实行武力干涉呢。可以断言，打是笃定得不到一件合法外衣包装的。其次，对利比亚可以采取“巧实力”的办法，让欧洲国家担当主要角色，但对叙利亚和伊朗，美国深知只能自己出手，其他盟国难以替代。在金融危机日趋深化、财政窘迫日甚一日，国内各种矛盾不断加剧，且囊中羞涩、债台高筑的情况下，要拿出大把金钱来打这一仗，对美国来说无疑是雪上加霜，届时，“恐季孙之忧，不在颛臾，而在萧墙之内也”。再有，美国对武力干预叙利亚、伊朗的后果不能不有所顾虑。在入侵伊拉克和阿富汗之时，由于有“反恐”这一借口，牺牲一些美军尚可取得美国国内的理解，而此时此刻如若再发生较大数量的伤亡，恐怕很难向美国人民做出解释，此其一。叙利亚和伊朗都是在中东地区具有重大影响的国家，许多政治势力和宗教团体都与两国有千丝万缕的联系，即使凭借绝对优势的军事力量取得了战场上的胜利，美国也很难收拾由此带来的混乱局面，而一旦深陷泥潭，则必将被拖得筋疲力尽，此其二。明年是美国的大选之年，奥巴马要争取连任，不能不把主要精力放在选举上，此时若启战火，很可能会丢掉总统宝座，此其三。要而言之，选择武力解决，华盛顿决心难下。

但退步抽身，也不合美国的逻辑。中东对美国来说，关系重大，中东居于世界要冲的地理位置，拥有得天独厚的石油资源，是各种政治势力的角力场，因此，美国做梦都想置之于掌。况且，当前对叙利亚、伊朗示弱，一则会使中东走势发生变化，使自“阿拉伯之春”以来机关算尽的各种招数大打折扣，使美国在中东的“软实力”和影响力遭受损失。二则会暴露自己外强中干、色厉内荏的本质。美国深知，自己虽然外面的架子还没有倒，但内瓤却已尽，如果不能制服叙利亚、伊朗，彰显超级大国的威势，则一定会产生连锁反应，使其在其他地区和领域内“当今世界美国说了算”的霸权主义受到挑战，这是美国无论如何都不愿看到的。三则，在美国看来，要解决伊朗这一异端，若其他软硬兼施的办法不能奏效，那便只有诉诸武力这一个选项了，而当前已是箭在弦上的有利时机，“时乎时乎不再来”，理应顺势乘便，扣动扳机。

总之，目前中东这盘棋，很使华盛顿为之纠结，且让我们拭目以待！

（原文以远山的笔名发表于2011年12月18日的《广州日报》）

全民族都要关心军事科技创新能力的提升

将高科技应用于战争领域，极大地改变了作战样式，也使高科技在现代战争中的作用日益凸显，虽然我们仍然不认为一场战争的胜负，主要取决于武器装备的先进与否，但却不能不更加重视武器装备的改善。

近年来，美国和北约发动的几场战争，都是以强凌弱的不对称战争，其强不仅表现在总体实力要远高于对手，作战理念和战略战术要远高于对手，而且武器装备的高科技含量更远高于对手，从而使战场上一再出现被打者不但毫无还手之力，而且连起码的招架之功也没有的局面。这就不能不逼使我们树立高度的危机感和紧迫感，一方面要研究立足于现有武器装备战胜强敌的有效手段，一方面更要下决心改善我军的武器装备，拥有一些能够置敌于死地的“杀手锏”。而要做到这一点，最根本的是要大大提升我国的军事科研能力和军事科技创新能力。

要提高军事科技创新能力，我以为，首先必须及时掌握全球军事科研的前沿信息。不能闭塞眼睛捉麻雀，要清楚别人在做什么，在关注什么，在什么方面寻求突破，在哪些方面可以给我国以借鉴和启迪，从而有目标、有方向地制定我们的军事科研计划，这同打仗一样，知己知彼，才能胜券在握。

要提高军事科技创新能力，核心是要造就一支有强烈爱国热忱和奉献精神、又红又专的军事科研队伍。这方面我们有很好的传统和基础，以钱学森、邓稼先等为代表的老一代科学家为我们树立了崇高的榜样，并带出了一代又一代具有强烈责任感和使命感的军事科技队伍，我们应该在这一基础上，不断吸收新鲜血液，使这支队伍更大更强更有战斗力、突击力，掌握更多的学科和门类。尽管这是一支无私奉献、勇于牺牲的队伍，但我们理应给他们最好的待遇，创造最好的工作条件，让他们受到全民族最高的尊敬，从而聚精会神、心无旁骛地投入到科研事业中去。

要提高军事科技创新能力，还要建立一种有效的工作机制。我们是社会主义国家，有集中力量办大事的优势。对于一些关键项目、关键环节和关键技术，要集中人才攻关，要军军互动，军地互动，军民互动，争取跨越式发展，跨越式提升，能否以只争朝夕、时不我待的精神，尽快缩小与发达国家的差距，关系到民族复兴、和平崛起最后一道保障的坚固与否。可以说，悠悠万事，此其大也。不但军队要关注，各级领导要关注，而且全民族都应该要关注。

美军之强、俄军之强，归根结底，就强在它们的军事科技包括军事思想创新能力强，在这方面我们只能急起直追，迎头赶上。我军是一支不怕牺牲、勇敢善战的钢铁之师，如果又有了不后于人的武器装备，不后于人的创新能力，那就如虎添翼，可以让任何敌人都闻之胆慑！

（原文以远山的笔名发表于2012年1月1日的《广州日报》）

对美国新军事战略的一点思考

一月五日，奥巴马亲自到五角大楼发布新军事战略报告，这个报告，既表明了美国在国力日益衰落的形势下不得不调整自己军事战略目标和军队规模的一种无可奈何，同时，又强烈地表现出它要维护其超强军事地位和天下霸主的一种顽固不化；既企图要尽快地从一些它拖不起的战争中脱身而出，同时，又十分不明智地把战略矛头对准了以和平发展为理念的所谓“潜在对手”身上。

美国终于搞明白了，要打仗，要维持庞大的军事力量是要花钱的，而白宫确实越来越感到自己早已是寅吃卯粮，入不敷出，尽管不断地挖肉补疮，疲于应付，仍然是左支右绌，难以为继。这就迫使它不得不做出调整：由同时打赢“两场战争”，到确保参加并打赢一场战争，同时，在另一场战争中干扰和破坏敌人的行动。与此相对应，军事力量的规模也要做出不得已的“瘦身”：陆军和海军陆战队将裁员几万人，在欧洲的军事存在也要减少若干。但是，“百足之虫，死而不僵”，更何况美国这条“大虫”离寿终正寝还远着呢！它是绝不会放弃军事力量这一霸权主义的主要支柱的，正像它绝不会放弃金融手段、意识形态手段这些霸权主义的主要支柱一样，它仍然要顽强地保持其军事力量的绝对优势，想出手时它会毫不犹豫地出手，想威慑时它会毫无顾忌地“炫武”。

为了摆脱财政困境，美国的新军事战略明确表示要翻过十年反恐战争这一页，不期望再打耗时费力、开销巨大的伊拉克、阿富汗战争了，而代之以运用“巧实力”“巧战争”来解决问题。这是否会以美国的主观意志为转移，还需要我们拭目以待。德国有一位战略评论家赫尔弗里德·明克勒，他曾撰写过一本很有深度的著作——《新战争》。作者认为，虽然具有旧特征的国家间战争还尚未完全过时，但非常明显的是，近一二十年来，国家已不再是武装冲突的主角，取而代之的则是在一些国家形成尚不充分的地方，在一些大帝国崩溃的边缘区域，会产生一些宗教的、民族的、文化的、经济的各种矛盾交织在一起的内战，以及与此相联系的恐怖主义战争。这种战争有着极为深刻的经济根源、历史根源和时代根源，战争的实际垄断者包括地方军阀、遍及全球的雇佣兵公司、国际恐怖组织，对于他们而言，战争已成为一项经久不变的活动，“其中有许多人是战争企业家，他们为了自身的利益而进行战争，并采用不同的方式捞取战争所需的资金”。对于这种短期内不可能消失的战争，美国真的能够做到不干预不介入吗？这种新战争会按照美国的一厢情愿而改变形态吗？恐怕未必。

毋庸讳言，美国新军事战略还包含的一个主要内容是剑指中国，虽然并未点明，但实在是“司马昭之心，路人皆知”。这也毫不奇怪。在此之前，美国就曾高调宣示要重返亚洲，要把军事战略重点转向亚太地区；其后又抛出了一个针对性很强的“海空一体战”计划，这次只不过是老调重弹并加以强化而已。愚意以为，对此，首先，没必要采取视而不见的不承认主义。我们当然不希望美国如此对待中国，但它既然非要一意孤行，我们也没有必要为之掩饰。其次，不必惊慌。它无非是围堵和遏制，拼凑和拉拢同盟国，压缩我国战略空间，这一套以往我们领教过，今后我们仍然可以勇敢面对，没有什么了不起。还有就是要认真应付，高度重视。在高举和平发展旗帜的基础上，在坚持“与邻为伴，与邻为善”的主旨下，坚决捍卫我们国家的核心利益，敢于与任何对手进行有理有利有节的斗争，包括外交斗争和军事斗争。“城中桃李愁风雨，春在溪头荠菜花”，相信我们的日子一定会好过已现颓势的霸权主义国家。

（原文以远山的笔名发表于2012年2月12日的《广州日报》）

新的国际格局需要新的战略思维

当今世界，和平与发展的大趋势仍在继续，但由于新兴经济体的崛起和美欧日等几大经济体的衰弱，也由于美欧坚持以普世价值为名强力推行价值观输出，利用某些国家和地区的国内矛盾和区域矛盾，实行所谓人道主义干涉，恣意改变地区的政治格局，使世界的经济政治秩序发生了某些变化。这是一个多事之秋，是一个危机四伏而又机遇良多的时代，时移事变，对于这些变化，我们必须以新的战略思维加以应对。

我们的战略总目标无疑是要维护和巩固和平与发展的国际局势，为民族复兴和崛起创造尽可能长久的良好外部环境。为此，我们当然要看到国际局势在相当长的一段时期内仍然于我国有利的一面，而且可以说这是大江东去的主流。因为经济全球化的大趋势没有变，世界绝大多数国家、民族和人民维护和平、期望发展的要求没有变，反动荡、反干涉、反侵略战争的力量仍占压倒性优势的对比关系没有变。但是，我们同时也必须看到国际局势对我国已形成强大威胁和挑战的一面，万万不可掉以轻心。

首先，我们要坚持维护世界和平的坚定信心，坚持和平崛起的既定目标，但同时也要对美国等西方世界国家挤压我国战略空间的顽固性和长期性保持清醒的认识。它们是资本主义国家，资本逐利的本性决定了它们的扩张性、贪婪性和霸权性，尽管由于形势的推动，资本主义世界已经发生和将会继续发生一些相应的改进和改良，但其作为资本的本性是不会改变的，因而对我国实行损我利他的战略封堵也绝不会是他们的权宜之计，此其一。几个世纪以来，西方世界已经形成了根深蒂固的帝国思维定式，他们认为国强必霸，大国崛起不可避免地会带来新一轮的大国争霸，英国的崛起，德国的崛起，美国的崛起和苏联的崛起无不如此，因而他们决不相信会有史无前例的大国和平崛起，此其二。二〇一二年美国终于抛出了军事战略重点转移的方案，这是他们运筹多年、深思熟虑之举，决不会轻易收回，轻易改变，此其三。

其次，我们要坚持面向世界的开放心态，包括敢于同西方进行经济政治军事文化的全方位交往，但同时也要对西方的军事遏制和“民主”演变两手有充分的准备。我们姑且不去确定美国有没有一个遏制中国的第一岛链、第二岛链战略，也姑且不去论证美国有没有一个在亚太地区拼凑亚太小北约的计划。但是，十分明显的是，美国支持中国周边国家的任何反华举动和反华行为，对于毫无道理地侵占和企图侵占我国领土和领海的现象，美国一律为之撑腰打气，完全不顾事实和相关国际准则。美国还与一些国家频频在我国周边举行针对性不言自明的军事演习，“项庄舞剑”的意味非常明显。众所周知，美国历来把武力作为其称霸世界的根本支撑，特别是在一超独大的情况下，更是动辄就示以武力，近年几乎到了无所顾忌的地步。它要围堵中国，当然少不了军事遏制这一手。与此同时，美国还会祭起它似乎屡试不爽的“民主”演变战略，用所谓“颜色革命”之类的手段，企图兵不血刃就收不战而胜之功。这软手段，很可能威胁更大。我总觉得，美国近来对缅甸的种种所为，似乎就有在我国周边煽动“民主革命”，以期波及我国的祸心，对此，我们不可不防。这软硬兼施的两手，西方常常以人道主义拯救称之，因而使之具有更大的欺骗性和蛊惑性。

再有，我们仍要坚持积极防御的方针，决不与人争霸，但在忍无可忍之时，也要敢于“亮剑”。美国提出“海空一体战”的新战略，以期充分发挥其高科技的优势，空天技术的优势，海空力量的优势，从而使战争远离其国门之外。对此，我们不能不认真应对，我们也要锻造能制来犯之敌的杀手锏，也要有远距离的打击力量，也要有远距离的投放能力，还要有遂行远洋作战的能力。只有这样，一旦有事，才能做到你打你的，我打我的，你可以从此地来，我也可以从彼地去，才能真正捍卫住我们的主权、领土和利益。

此外，从我们自身来说，在国际斗争中，我们既要继续坚持维护国家利益的原则，又有必要重新建立和践行我国应有的国际道义制高点，以之作为我们立足国际社会和团结一切可以团结的国际力量的旗帜和根基。在国际舞台上，我们固然要以维护我们的国家利益和民族利益为出发点和落脚点，但由于我们国家的社会主义性质，我们完全可以做到道义的制高点和国家利益的高度统一，遵行我们的道义，也就是维护我国的根本利益和长远利益，如果让国际社会感到，我们时时处处都是在为自己的当前利益计较，而缺乏应有的道义秉持和原则立场，那就难有朋友，而这显然于我国不利。过去过于慷慨地超出自己国力的国际援助做法应该摒弃，但过去我们坚持与被压迫民族、与第三世界国家站在一起的国际立场却大有可借鉴之处。当然，这是一个大课题，要集中智慧，多加探讨，与时俱进。在这方面，美国就很高明，其本质上是汉斯·摩根索关于国际政治要奉行为国家权力和利益服务观点的忠实信徒，却一定要打扮成是国际正义和普世道德的捍卫者，似乎它就是“人权”“民主”和“人道主义”的化身，正义永远握在它的手里。

（原文以远山的笔名发表于2012年3月4日的《广州日报》）

经略南海需提到议事的日程

全国政协委员罗援提出在南海设特别行政区，以加大我国对南海区域的主权管辖力度，这是一个很好的建议。不管怎么说，现在我们也应该把经略南海的问题，提到国家的议事日程上来了。领土、领海无疑属于国家的核心利益，维护国家的核心利益，对于任何一个国家政权来说，都是责无旁贷、天经地义的事情，是退无可退的最后底线。

南海问题，理在我们，事实俱在，不容颠倒。对此，在过去相当长的一段时期内，无论是周边相关国家还是国际社会都没有任何疑义，只是由于石油资源的发现，才引起了邻近国家的觊觎既而出现非法蚕食和非法开发的现象。这一严重损害我国主权、利益和领土完整的行为，自始至终遭到我国的强烈反对和严正抗议，只是顾及与周边国家和睦相处的大局，才没有采取更为严厉的措施。但是，对于我们的这一克制，有的国家竟视为软弱可欺，近年大有变本加厉、得寸进尺的趋势。加上某些心怀叵测的大国，为了阻遏我国的发展，不惜歪曲事实实行偏袒政策，支持和鼓动这些国家向中国提出领土要求，从而愈发使得他们有恃无恐、胆大妄为。我们珍惜和平安定的周边环境，我们与邻为伴、与邻为善的睦邻友好政策不会有任何改变和动摇，但我们也决不能允许别人肆意侵占我国领土，攫取我国的合法权益。为此，我们理应在南海问题上有所作为，逐步收回被人无理夺去的岛礁和海域，使南海真正成为和平之海，友谊之海。

我国应舆论先行。用国家文告的形式，将南沙、西沙、曾母暗沙等地的历史沿革，属于我国的事实依据、国际法理依据和国际社会早已认定的依据昭示天下；将南海问题的由来演变始末，清晰明白，不容置疑的有关事实公诸世界。尽管这个世界并不公道，我们的话语权也很有限，但应当相信，归根到底，还是得道多助，失道寡助。因此做不做这样的舆论工作是大不一样的。

应加强海域的执法力度。要真正行使起我们对海域的管辖权，就要有一支有能力的执法队伍，从而既能保证我国公民和企业能够安全地在我国的海域中依法捕鱼、养殖、开发及进行其他相关作业、相关活动，又能有效制止和驱逐一切非法进入我国海域和专属经济区进行的经济活动、科考活动和侵害我国权益的其他活动，维护国家海洋权益的神圣性。

应力争在外交上有所突破。解决南海海域上的争端，外交手段还是应当作为首选，但这需要耐心和智慧。我们反对把南海问题国际化，主张与当事国进行对等谈判，心平气和地通过协商的办法解决问题，只要对方期望解决问题，这确是一个不伤和气的最好办法。然而我们必须看到，利益的诱惑力是非常强大的，相关国家不可能那么轻而易举就吐出自己的不义之利，其间少不了拖延、抵赖、胡搅蛮缠、倒打一耙、言行不一、颠倒黑白种种行径。一些大国也会借机生事，或作梗，或偏袒，或暗授机宜，或挑拨离间，唯恐局面不乱。对此，我们必须有所准备。但谈还是要谈的，舍此不足以表达我们的诚意，舍此不足以暴露某些国家的无理和不义。

应着手酌量开发。本来搁置争议，共同开发，不失为一步双方都可走之棋，而且对我国来说已经让出了一些利益，然而就连这一点当前都很难做到。我们不能眼睁睁地看着大量国家资源被人白白盗走，为补偿计，我们也应着手组织有能力的企业在我国所辖海域的边际地带开采石油和天然气，甚至也可以在国际范围内招标，与某些跨国公司合作开采，以其人之道还治其人之身。

最终解决问题还是要靠制海权。我们不想动武，但不能没有可以保证我们国家核心利益不受侵害的能力。所有这些方面都需要我们认认真真地筹划，依据知己知彼的原则，制定出可操作性强的方略和方案，力求在不影响利于我国和平发展的良好国际环境的大局下解决南海问题。

（原文以远山的笔名发表于2012年3月11日的《广州日报》）

美国『遏制性战略均势』现端倪

如何看待和适应当今世界这盘大棋局，是各国政治家、战略家们不能不关注和研究的问题。特别是近几年来，国际上热点频出，常常变生不测，忽焉于胶着中出新局，忽焉于无声处起风雷；有时某一大国突然剑走偏锋，似乎屡屡得手，与此同时，另一大国则针锋相对，大耗其对手“元气”。在这一理而愈乱、扑朔迷离的国际形势下，弄清当今仍然是世界上唯一“超级大国”美国的战略图谋，对于维护和发展我国和平与安全的国际环境，其重要性是不言而喻的。

美国的国际战略，历来有两大传统，一是以西奥多·罗斯福为代表，一是以伍德罗·威尔逊为代表，从而形成了被称为是现实主义和理想主义的两大派别。其实，纵观美国的历届政府，对于两者，他们实质上都是并行不悖，兼而用之的。区别似乎仅在于，在其力有不逮时，往往是偏于现实主义多一些，在其不可一世时，则又偏于理想主义多一些罢了。

今天，美国在不放弃其价值观输出的同时，似乎更加重视的是地缘政治的布局。美国的战略家们感到，随着新兴国家的兴起，亚洲经济的活跃，美国的综合国力已经相对下降，与冷战结束时如日中天的超强之势相比，已经不可同日而语了。尽管现在我们仍能看到它不时大秀“肌肉”、气势汹汹的一面，但它已经不能再像过去那样到处逞强，肆意挥霍国力了，这就迫使其不得不从所谓“历史终结”的那种全球胜券在握的狂喜中冷静下来，转而采取更为节省实力的国际战略，于是，基于地缘政治考量的现实主义战略开始逐渐上升为美国政府的主要选项。

美国的一些高级智囊人士，如亨利·基辛格、兹比格涅夫·布热津斯基等都十分欣赏哈罗德·麦金德在二十世纪初提出的谁控制了“欧亚大陆桥”，谁就有可能控制世界的地缘政治信条，认为欧亚大陆是美国最重要的地缘政治目标。在他们看来，欧亚大陆是全球面积最大的大陆和地缘政治中轴，主宰欧亚大陆的国家将能控制世界上最先进和经济最发达的三个地区中的两个（余下的一个是北美，美国毫无悬念地已经占有了它）。而且，控制了欧亚大陆就几乎自然而然地控制了非洲，并使西半球和大洋洲成为这个地缘中心的周边地带。

欧亚大陆拥有世界人口的四分之三以上，国民生产总值和已知能源、矿藏资源也不低于世界总量的四分之三，特别是其中的亚洲板块已成为当今世界最具经济活力的地区。因而决不放弃雄霸天下的美国，就不能不把争夺对欧亚大陆的控制权作为自已地缘战略的中心。当然，正如布热津斯基所说，“美国的霸权意味着发挥决定性影响”“与过去的帝国不同的是，它不意味着进行直接的控制”。这就需要运用十分高超的战略手段，并“深思熟虑地部署美国的力量”。

过去美国采取驻军其欧亚盟国，扼守欧亚大陆东西两端出海口的办法，取得对欧亚大陆经济政治的支配权。现在，时移世变，美国又做了一些相应调整，由于其力量的捉襟见肘，目前，它不得不更多地期望发挥其盟国的作用，并效法以往大英帝国对欧洲大陆实施均势战略的做法，运用“巧实力”外交，力求以“少少许”控制“多多许”。当然，此“均势”不是彼“均势”，美国采取的乃是一种有别于英帝国一般不选边站队，只着眼于维持地区战略平衡的均势战略，这里，我们姑且把它叫作遏制态势下的均势控制战略。

目前，其战略指向和战略部署的意图已经渐趋明朗，这就是它要主要遏制三个战略对象，形成三大地缘均势：

一是中国和亚太地区战略均势。中国是社会主义国家，一直坚决拒绝美国的制度模式和价值理念，坚持走具有自己本国特色的现代化强国道路，而且经过近四十年的埋头建设，经济总量已跃居世界第二，并直逼第一。尽管中国政府反复申明，无意挑战美国，永远不追求霸权，但仍然让美国感觉受到威胁，并因此坐立不安，十分焦虑。为此，它煞费苦心，双管齐下，一方面在军事上解禁日本，挑动南海声索国闹事，并企图拼凑日本、韩国、菲律宾、澳大利亚，也许还想加上越南等国，组成围堵中国的东北亚、东南亚安全体系；同时，支持印度在西南方向制衡中国。当然，要实现这些也绝非易事。另一方面，美国又在经济上极力推动跨太平洋经济伙伴关系，即TPP，断然把中国排除在外，企图在经济上迟滞中国发展。美国的如意算盘是，企图主要用亚洲的力量来应对中国的崛起，它则充当其盟友的后盾和拉偏架的仲裁者，以实现所谓的“亚洲再平衡”，即形成遏制中国的亚太地区战略均势。

二是俄罗斯和欧洲战略均势。俄罗斯在经济上虽然已经出局于一流强国，完全对美国构不成威胁，但在军事上则依然位居第二，特别是在核力量上与美国相去不远，是世界上唯一一个可以摧毁美国的核大国。加上俄罗斯有雄心勃勃的地缘政治目标，有称雄世界的大国情结和历史传统，普京又是一个敢于出手的政治强人，目前俄罗斯没有任何向西方靠拢的迹象。这一切都使得美国不能不在欧洲排兵布阵，要求北约的欧洲诸国要多承担责任，在欧洲形成对俄罗斯的围堵之势，亦即遏制性的战略均势。

三是伊朗和大中东地区战略均势。中东、北非和波斯湾地区，既是世界地缘政治的要冲，又是最为重要的能源产地，因此历来是大国角力、争霸的角斗场。这一地区政治生态极为复杂，这个地区的国家几乎都存在着多种民族和宗教，政治上极不稳定。有以色列与阿拉伯世界的矛盾，有穆斯林内部逊尼派与什叶派之争，有极端的宗教激进主义发起的基地组织和“伊斯兰国”势力的矛盾，各种矛盾错综复杂，各种派别犬牙交错，各种力量不断变动和重组，美国、俄罗斯和一些欧洲大国虽然在那里经营多年，也难以实现各自的战略目标。总结直接出兵伊拉克和利比亚的教训，为节省战略资源计，在初步解决伊朗的核问题后，美国企图支持海湾国家结成对付伊朗等国的战略同盟，形成在该地区对伊朗的遏制性战略均势。

在世界近代史上，前有黎塞留，后有大英帝国，都是玩弄均势战略的地缘政治高手，他们往往置身于构成均势的格局之外，当“跷跷板”发生严重倾斜时，再向弱势的一方投以砝码，以继续保持均势局面。美国则不同，在冷战的绝大多数时期，虽然客观上呈现出的是两极对峙的均势，但它要解决的却是“谁战胜谁”的问题。及至美苏中三极鼎立的态势形成后，尼克松倒是采纳和推行了一段均势战略，但归根到底他要建立的还是对苏联的遏制性局势，而不是典型的战略均势。今天依然如此，无论是“亚洲再平衡”，还是与俄罗斯在欧洲的再平衡，抑或是在大中东地区的再平衡，美国实行的仍然是剑有所指的遏制性均势，对此，我们不能不有清醒的认识。

（《南风窗》2016年第6期，2016年3月9日—3月22日刊发）

制海权是美国军事霸权的重要支撑

美国在国际关系中实行的是霸权主义，美国自己对此并不讳言，而且他们自有其一套道理在，这就是美国的自由主义的政治制度和价值观念是有史以来世界上最好的社会制度和意识形态，它必须由美国输出和扩展到世界各地，这是上帝赋予美国的天然权利和使命，是美国梦的固有之义。因此，美国不能不顺天命而行之，推行霸权政策。

要维持美国的霸权，在美国的战略精英们看来，关键还是要保持美国在军事领域中的绝对优势，其中最重要的又是，必须拥有在世界各大海域无可动摇的制海权。如果说，在欧亚大陆，美国还可以实行均势战略的话——虽然它更多的实行的是遏制性均势战略，那么，在海上它没有给均势战略留下空间，它要的是必须遥遥领先的优势地位，不允许出现任何可以与之比肩的挑战力量。

其一，美国是制海权理论的发祥地。近代以来，随着资本主义的发展和全球化时代的到来，人们日益发现，国家财富的增长主要不是源于陆权而是源于海权的扩张，无论是商品输出还是资本输出，都离不开海上运输和对海权的控制，于是美国人艾尔弗雷德·塞耶·马汉提出了著名的海权论，主张美国要想成为世界级的强国，就必须放弃“大陆主义”，采取更具有进取精神和竞争精神的贸易立国政策。这就要求美国必须建立一支强大的海军，占领世界各大洋上的关键岛屿作为基地，以保护美国在海外的商业利益。在马汉看来，海军的目标就是要打败一切海上对手，夺取制海权；同时海军又是一种最好的战略威慑力量。他指出：“以战争为其表现天地的海军则是国际事务中有着最大意义的政治因素，它更多的是起着威慑作用而不是引发事端，正是在这种背景下，根据时代和国家所处的环境，美国应给予其海军以应有的关注，大力地发展它以使之足以应付未来政治中的种种可能。”一百多年来，马汉的理论始终被美国历代的政治家、战略家和军事家们奉为圭臬。

其二，制海权的得失往往紧连着大国的兴衰。伴随资本主义的兴起和新航路的发现，先后崛起的几个殖民大国，无不是靠海上起家，葡萄牙对亚非各国的殖民侵略，西班牙对拉丁美洲的殖民扩张，都是如此。而他们的衰落，也与制海权的丢失有关。葡萄牙舰队与荷兰舰队几经较量，终于不敌后者，从而先是失去了对东南亚和马六甲海峡的控制，后又失去了对美洲和西非的控制。西班牙也是由于在海上与荷兰对抗的失败，而被迫让出对西印度群岛和美洲东岸的控制权。于是他们也就丢掉了对这些地区的殖民统治和贸易特权，霸权也就丧失了。大英帝国的兴起，更是典型的靠海崛起，它与荷兰先后爆发过三次殖民地争夺战争，打败了不可一世的荷兰舰队，攫取了海上霸权，其后才有日不落帝国的百年辉煌。近代法国、德国、俄国本是大陆国家，但也积极参与海上竞争，不断加强自己的海军力量。东亚岛国日本，自明治维新之后，海军战舰吨位飙升，从1880年的1.5万吨，上升到1914年的70万吨，增长近46.7倍，一跃成为世界海上强国。它先后发动了对中国的甲午战争，对俄国的对马海战，并取得了胜利，从而成为独霸东北亚的地区强国。这些历史上的经验教训，使得美国深刻认识到，谁赢得了海上，谁就赢得了胜利，赢得了霸业。

其三，只有具备对全球的制海权，才有资格在欧亚大陆实行均势战略。囿于实力，当前美国的战略精英们越来越倾向于在地缘政治博弈中采取均势战略，这不但有利于用“巧实力”制衡它认为的对手，也可以防止自己的某些盟友作大，从而达到一石二鸟的作用。对此，美国可谓深得大英帝国自《威斯特伐利亚和约》以来，对欧洲大陆长期采取的均势政策的精髓。英国之所以能够游刃有余地推行这一政策，十分重要的一点就是它有一支强大的海军，拥有对英吉利海峡及其周边海域的制海权。因而，美国要实现整个二十一世纪的全球霸权，要长期对欧亚大陆实行均势战略，它就要保持对各大洋海域的绝对制海权，以便随时相机投放自己的力量。

其四，美国的地理位置处于大西洋与太平洋之间，如果没有制海权，那对美国来说简直是不可思议和不可想象的事情。不但无法将遍及世界各地的军事基地联成一体，保障无处不在的美国利益，也不能做到永远把战火挡在国门之外。

正是为了保持绝对的制海权，美国才对中国正常的海军建设十分敏感，倍加关注，认为这是对美国海权地位的挑战。这实在是“只许州官放火，不许百姓点灯”的蛮横逻辑。中国本来就是海洋大国，有几百万平方千米的海洋国土，有一万八千多千米的漫长海岸线，目前国家尚未实现完全统一，且有众多历来有史可凭、有法可据属于中国的岛礁被他国侵占，为了捍卫祖国的领土、领海，实现祖国的统一，也为了保卫中国正当的海外权益，适当增强海军的力量，不是天经地义的吗？然而，美国感到不平衡了，它要对“亚太再平衡”，于是调兵遣将，要把三分之二的海外军事力量部署在亚太地区，用以加固它的岛链战线，阻遏中国的发展；于是它不断唆使相关国家在东海、南海挑动事端，对中国在自己岛礁上的建设说三道四，并大拉偏架，不论是非曲直，凡是与中国发生岛礁争执的，它一概站在与中国相对的一方。其实中国的海洋战略是十分清楚的，那就是“近海防卫，远洋护卫”，这完全不对美国的制海权构成威胁，只是为了保卫自己的主权和利益而已。为此，我们当然不会在它的威慑下屈服，不会停止在自己的岛礁上进行建设和布防，不会放慢加强海上力量的步伐，也不能不与之进行有理有利有节的斗争。

但是，与此同时，我们也一定要看到这一斗争的艰巨性、复杂性和长期性，因为这是由美国一贯的霸权逻辑所决定的，我们当然希望它能看清时代潮流，改弦易辙，但是恐怕很难。作为大国，还是要把主动权握在自己手上，只要我们沉着应对，保持应有的战略敏锐和战略定力，其又能奈我何！

（《南风窗》2016年第7期，2016年3月23日—4月5日以《制海权不容触碰》为题刊发）

基辛格眼里的世界新秩序

冷战结束以后，美国成了世界上硕果仅存的“超级大国”，一时独步天下，形成了以美国为主导的“单边主义”世界秩序。这在美国人看来，完全是顺理成章的事，国际社会似乎也只有无可奈何地接受。然而，形势的发展却并不以人的意志为转移，“9·11”之后的两次反恐战争，使美国元气大伤，外面的架子虽然没倒，内里却虚弱了不少，不大可能再像之前那样无所忌惮地号令天下了。也就是从这时开始，作为一名有远见的战略家、外交家，基辛格开始系统地思考美国应着手建立一个什么样的世界秩序的问题。二十世纪末，他撰写了《大外交》这一力作；二〇〇九年，他推出了《基辛格：美国的全球战略》一书；二〇一五，又出版了一部颇有分量的《世界秩序》，对在新的国际格局下美国应如何面对，应如何主导建立一个可控的世界秩序提出了他的判断和对策。这些虽不能说是未雨绸缪，但却是甚为敏锐和深刻的顺时应变之举。

当前的世界秩序是从过去的世界秩序中演变而来的。基辛格认为，地理大发现之后，人们才真正有了世界的概念，而《威斯特伐利亚和约》的签订，首次确立了以民族国家为基本主权单位的现代社会雏形，从而开启了真正有国际意义的世界秩序时代。第一个世界秩序是在欧洲大陆上形成的以均势格局为特征的国际秩序。它的开创者要上溯到十七世纪法国的黎塞留，在他的领导下，法国引进了以民族国家为基础，以追求国家利益为终极目标，不期望欧洲一统，但企求国与国之间依照实力实现相对制衡的近代国际关系风格。其后，十八世纪的大英帝国将"均势观念"发扬光大，使这个观念主宰了其后两个世纪的欧洲外交。再其后，德国的俾斯麦更是纵横捭阖，把均势战略运用得炉火纯青。由此终于形成了均势秩序的欧洲传统。

但是，这一传统被两次世界大战所中断。第一次世界大战后的凡尔赛会议，并没有恢复均势秩序，由于美国总统威尔逊的强力干预，会议以集体安全概念代替了均势概念，以国际联盟这个有名无实的集体安全机构来承担"全球政府"的角色，执行对世界和平的监管和对违反国际法行为的仲裁，这当然毫无可能，以至没过几年，战后格局即被打破，又爆发了第二次世界大战。以雅尔塔会议和波茨坦公告为标志，"二战"后建立了新的格局，并成立了联合国，原则上又回到了《威斯特伐利亚和约》这一以主权国家为基础的世界秩序中来。然而时过不久，即揭幕了冷战，于是开启了长达四十年之久的两极对立的世界秩序。冷战的终结，美国的衰退，国际权力的日趋多边化，使进入二十一世纪的国际秩序，发生了一些新的变化，呈现了一些新的特点。

这些新特点，在基辛格看来，最重要的有以下几点：首先，是美国的国力已经相对下降。"这是美国有史以来首次面临既不能退出又不能主宰世界舞台的困境"。美国仍然自命不凡，它不会也不可能心甘情愿地返回孤立主义状态，也不会自动让出国际社会领导者的霸主地位，但是，它又不能不感到此一时已非彼一时，国力已经从峰巅上明显回落，已经越来越力不从心。其次，是国际秩序一方面越来越分散，一方面又越来越全球化。政治权力日趋分散，世界起码存在六大主要力量，即美国、欧洲、中国、日本、俄罗斯、印度，再加上更多的中小型国家。同时，国际关系已真正全球化了，通信可以瞬间完成，经济活动早已跨洲越洋，许多问题都越来越依赖于全球合作解决，如核扩散、环境、人口爆炸、恐怖主义等。再次，是各国的经济、政治和军事实力将逐渐趋于一致。这本来是人类历史上的常态，但在冷战时期被扭曲了：苏联在军事上是超级大国，在经济上则无足轻重；日本在经济上是巨人，在军事上则是侏儒。新的时期或将实现均衡发展，过去受美国庇护的国家会感觉必须要为本国的安全负起更大的责任，其他一些国家也会因为挑战美国的风险已经缩小，从而随着经济的增长而加大对军事的投入。最后，则是国际社会将会出现一段动荡不安的时期。旧秩序的解体和向新秩序的过渡必然会引起一些政治力量重新组合，从而不可避免地会引发一些冲突和动乱。

面对这一形势，整个国际社会都没有相应的经验加以应对，而且还存在一些难以克服的殷忧。基辛格指出，其一，当前国家作为国际生活的基本正式单元，在一些地区已经遭到拆解和忽视。比如，欧洲开始走出国家范畴，正在向一体化的目标迈进，然而由于整个欧洲并没有被赋予国家特性，“这容易导致内部权力真空和边境地区力量失衡”；再比如，中东部分地区已经被分割成相互冲突的教派和族裔，他们甚至无视国家界限和主权，以至长期处于剪不断理还乱的混乱局面；世界还出现了一些“失败国家”和“无主空间”，在这些地区无政府主义大行其道。其二，这个世界的政治组织和经济组织不同步。国际经济体系已经全球化，而世界政治结构还是以民族国家为基础。“全球经济动力旨在消除不利于货物和资本流动的障碍，而国际政治体系依然主要基于各种迥异的世界秩序观，旨在调和不同的国家利益观。”因此，这一矛盾短期内似乎无解。其三，缺乏一个有效的国际机制，使大国能在重大问题上进行磋商和合作。联合国安理会应该最具权威，但在重大问题上往往陷入僵局而无所作为。其他一些组织和会议，如七国集团会议，二十国集团会议，大西洋领导人峰会，亚太经合组织和东亚峰会等，“顶多是讨论一下迫在眉睫的战术问题”，甚至沦为一场新形式的社交媒体活动。这些，都使得建立新的世界秩序步履维艰。

美国怎么办？在建立新的世界秩序中应当扮演什么角色？作为一位美国的战略思想家，基辛格仍然对美国信心满满，认为美国毫无疑义仍将是建立新秩序的领导者，但是，必须要改变一些观念，这涉及对美国外交政策传统的取舍。美国的外交政策历来有所谓理想主义和现实主义两大传统，前者以伍德罗·威尔逊为代表，后者以西奥多·罗斯福为源头。而且绝大多数的美国总统似乎都标榜自己遵从的是威尔逊主义。这是因为威尔逊主义，乃是在美国具有无可匹敌的实力，和自认为具有无与伦比的优越价值观的鼎盛时期产生的，它是美国例外主义所孕育出来的产物，因而，似乎选择了威尔逊主义就站到了国际道德的制高点，就体现出了美国的霸权地位。对此，基辛格认为，现在情况变了，美国虽然仍“将是最伟大、最强盛的国家，但是有其他强国并肩；是鹤立鸡群，但依然和其他国家一样”。也就是说，例外主义的基础没有了，所以威尔逊的外交政策在二十一世纪也就显得越来越不重要。取而代之的应是把美国价值和地缘政治的现实需要结合起来，当前和今后一个相当长的时期内，这一现实需要最重要的是建立均势秩序。在“同时存在着几个实力相近国家的世界，其秩序必须建立在某种均衡的观念上”，即从美国利益出发，以地缘政治的均势战略为选项。十九世纪的均势战略，有两种不同的模式：帕默斯顿·狄斯累里所主张的英国模式和俾斯麦模式。在基辛格看来，英国模式是一种消极的均势模式，它往往坐等势力均衡受到直接威胁后，才挺身而出，而且几乎永远站在弱者这一方。俾斯麦则不同，他总是想方设法防止挑战发生，主张尽可能与许多国家建立密切关系，建立交叉重叠的盟国体系，并运用影响力让竞争者知难而退。为此，基辛格认为，美国应效法俾斯麦，着手建立重叠架构的盟国体系，“有些是以共同的政治、经济原则为基础（如西半球），有些则结合共同的原则与安全考虑（如大西洋地区与东北亚），有些则大体以经济关系做基础（如东南亚）”，用以制衡（实际上是遏制）美国当前和潜在的竞争对手。基辛格的这些主张，在多大程度上被美国执政当局所采纳，我们不得而知，但从美国的许多现实做法中，确实是可以找到基氏学说的影子的。

有意思的是，基辛格自己曾指出，学者著书立说和从政者治国理政，是大不相同的两回事。“学者分析国际体系的运作，政治领袖则建立国际体系”。学者没有风险，结论错了，大可重新来过；政治领袖却只有一次选择，一旦失误便覆水难收。他从过政，当过美国国务卿和国家安全事务助理，这都是举足轻重的国家要员；他更是学者，勤奋研究，笔耕不辍。这种双重身份的经历，使他的分析和思考，既不缺少学术味，又较少学院气，在研究和分析美国的战略走向时，对于基氏的观点和主张，是应该引起我们关注和重视的。

（《南风窗》2016年第8期，2016年4月6日—4月19日刊发）

亚洲地缘政治的两个『三角形』

在美国国际关系领域的智囊团队中，布热津斯基无疑是一个重量级人物，他尤其精于地缘政治研究。二十年前，他在其撰写的《大棋局》一书中，对于一些容易发生冲突的地缘政治热点就做出了十分清晰的判断，后来时局的发展使之得到了近乎完满的验证。五年前，布热津斯基又写出了《战略远见》一书，其中有要美国注意处理好在亚洲地缘政治中以中国为中心的两个相互重叠的三角形的内容："第一个三角形是中国、印度、巴基斯坦。第二个是中国、日本、朝鲜半岛，东南亚在这个三角形中发挥支撑作用。"让我们看一看他的这一亚洲地缘政治思考。

应当承认，这两个三角形是对亚洲地缘政治格局一个比较客观的描述。这既是由亚洲诸国的地理位置决定的，也是由相关国家的历史渊源和经济发展决定的。布热津斯基认为，第一个三角形牵涉亚洲首席地位的争夺。谁将成为亚洲大陆的第一大国，是"龙"还是"象"？他认为，中印两个国家似乎都有这一愿望和可能，两国都幅员辽阔，人口众多，经济都处于快速发展阶段，中国已跃居世界第二，印度也后劲十足。但两国有着相互戒备和彼此不信任的心理，特别是印度，处处表现出挑战和敌视的态度，其媒体也热衷夸大两国间的矛盾和敌对，鼓吹复仇主义，并对中国发展与巴基斯坦、缅甸、斯里兰卡等国的友好关系深怀猜忌，认为这是在构建针对遏制印度的包围圈。第二个三角形更为复杂，它“不仅涉及中国能否在亚洲大陆充当主导性的强国，也涉及美国在太平洋的地位”。在这一三角形中，一方面中日韩之间有着非常密切的经济联系，另一方面中日之间、日韩之间又有着强烈的历史积怨、领土纷争和政治矛盾。还不止如此，东南亚各国也是这一三角形中的重要参与方，他们同中国既是经济上的重要合作伙伴，又在南海上存在着难以解决的岛礁和海域争执。这种异常复杂的局面，给美国提供了可以上下其手、辗转腾挪的战略空间。

布热津斯基认为美国在亚洲的地缘战略，首先理所当然的是，美国要成为亚洲地缘战略的操盘手。它要在这两个三角形中发挥不可或缺的主导性作用，从而动态地维持两个三角形的力量均势和战略平衡。然后，顺理成章的就是要遏制任何一个可能挑战美国在亚太地区霸权地位的国家出现。在《大棋局》一书中，他把整个欧亚大陆划分为中间地带和西部、南部、东部四大地缘战略区域，其中的南部和东部就基本上相当于其在《战略远见》一书中所强调的亚洲的两个三角形。在他看来，如果南部地区不被某个国家单独主宰，东部地区不联合起来将美国逐出近海基地，那么，美国就有把握把控整个亚太地区的战略格局。因而在第一个三角形中既不能让中国独占鳌头，也不应放任印度异军突起，出于这一考虑，他反对美国国内一些人士提出美国应与印度结盟以遏制中国的主张，认为这既结怨于中国，又有可能使印度壮大，更会使俄罗斯坐收渔翁之利，完全不符合美国的长远战略利益。同样，出于这一考虑，他也希望中国同日本保持一定程度的战略紧张，并能调动日本、韩国及东南亚一些国家，一起构成对中国的制衡，当然，这里也有防止日本东山再起，重新成为可以在太平洋上挑战美国的海洋强国之意。值得欣赏的是，布热津斯基主张美中应建立一定程度的伙伴关系，认为横跨太平洋两岸的美中是天然的地缘战略伙伴，两国历史上恩怨不大，美国对中国没有领土野心，中国的儒家文化传统也没有称霸世界的企望。两国的共同目标应该是妥善地面对和处理当前的矛盾和分歧，共同维护亚洲和世界的稳定。布氏还有一个战略指导原则是，美国应尽量不直接介入亚洲对立大国间的冲突。不管是可能发生的印巴之间的战争，抑或是中印之间的战争；但如果是发生在中日之间，或者是发生在韩国和朝鲜之间的战争，则又不同，因为美国与日、韩这两个国家是盟国关系，有条约义务。实际上，布热津斯基归根到底还是把与中国的关系定位为竞争性的大国关系，因而，他把日本看成是平衡与中国关系的关键同盟者，“美国与日本的联系表明美国是太平洋大国，就好像美国与英国的联系表明美国是大西洋国家一样。这两组联系使美国能分别实现与欧洲和中国的灵活可变的伙伴关系。”在倚重日本的同时，他还进一步主张美国要与印度尼西亚、新加坡、马来西亚、越南发展更密切的关系，要维持和发展与菲律宾的历史联系。可以看出，他还是对已经成为世界第二经济大国的中国，怀有深切的忧虑和不安。

美国高调推行的“亚太再平衡”战略，就其大者，应该说与布氏之见相去不远，但却更加强化了对中国的遏制。近来，更是公然频频示强，必欲压制、围堵而后快。为此，竟对日本有放虎出山之意，又强力促使日韩亲近，纵容日本发展与印度、东南亚诸国建立的以对抗中国为目的的更加紧密的军事、政治关系，甚至不惜直接走到前台，拉印度入伙围堵中国。这凸显了美国的战略焦虑，它一方面不能也不愿适应全球政治的多边化趋势，一方面又对不能迟滞中国发展而惶惶不安。就以布热津斯基来说，他就曾多次批评美国未能很好地利用冷战结束一家独大的局面乘势而进，却把宝贵的资源都用到了应对非传统安全威胁和非主要战略方向上，以致白白浪费了二十年的时间。对此，我们当然能读出其中的弦外之音、言外之意。最近，美国急于要从欧洲和中东同俄罗斯的缠斗中解脱出来，恐怕也与担心会影响其战略重心东移有关。

如此看来，形势有些严峻。窃以为，警惕一定要有，担心却可不必。毕竟和平与发展的天下大势没有变，全球化、多极化的发展趋势没有变，美国与中国的战略利益共同点还是多于分歧点，和则两利，斗则两伤，美国应不乏有此洞见之士。况且中国作为一个大国，遏制、恫吓、威胁过去都无奈我何，今天就更不可能奏效了。应对的首务，还是要把我们自己的事情做好，保持国家的安定团结，保持发展的蓬勃生机，保持经济的持续增长，保持综合国力的不断提升，保持人民生活水平的逐步提高，国内的事情做好了，也就造就了“先为不可胜”之势，就能够“任凭风浪起，稳坐钓鱼船”。其次，应对的关键，应在经贸领域上下功夫。善于打“一带一路”牌，打经贸牌，打合作牌，这是我之所长，又能给各方带来实实在在的好处，只要扎扎实实地做下去，就一定能化解各种危机，开辟出柳暗花明的新局面。对此，窃以为，当务之急应是排除干扰，着力推进中日韩三国经济自贸区的建立，这是一个可以和世界上任何一个地区的经合组织相匹敌的区域经济市场，其经济体能之大，相互促进利益之大，互利共赢前景之大，对战略格局的影响之大，怎样估计都不会过高。与此同时，还要进一步推进与东盟的经贸合作，与印度、巴基斯坦的经贸合作，与上合组织的经贸合作，也要继续加强与美国的经贸合作。在真金白银的利益面前，许多其他问题都会迎刃而解。应对的再一个重点，应加强睦邻外交。要着力密切与我国没有领土纠纷的东南亚邻国的关系，讲信修睦，固本奠基，建立经得起长时段考验的友好关系。对于与我国有领土争议和海洋权益争议的国家，则要区别情况，一国一策，该强硬的强硬，该搁置的搁置，该妥协的妥协，该管控分歧的管控分歧，总之，其要在于分化瓦解，不使相关国家扎堆抱团。同时，对于对我国怀有敌意的国家，也要注意把经济和政治区别开来，政府和民间区别开来，平时和矛盾凸显时区别开来，生意该做还是要做，文化该交流还是要交流，民间友好往来更不能停顿。最后，应对的保障，应是决不放松军事斗争准备。有备方能无患，这个世界还远不是一个有理走遍天下的世界，维护国家的领土主权和安全，保护我们的海外利益，没有一定的实力不行。我们不尚用武，但“人不犯我，我不犯人，人若犯我，我必犯人”，则是必须有的原则和勇气。因此，不管别人怎么议论，我们的强军事业都不能受到影响。当然，还是要坚持韬光养晦，不妨借鉴一下先秦策士司马错的战略思想：不与大国在热点地域角力以求虚名，而在不惹人注目之处争取实利，“利尽四海，诸侯不以为贪”这是最好的。

（《南风窗》2016年第9期，2016年4月20日—5月3日刊发）

大国间的政治只能有悲剧一途？

约翰·米尔斯海默是我很欣赏的一位国际关系理论学者，他好就好在直面国家政治的本质，剥去了一些资本主义政治家的虚伪假面，认为国家利益是国家行为的根本出发点，攫取尽可能多的国际权力是大国博弈的根本所在，由此他考察了美国二百多年的历史，认为尽管有许多领导人通常会运用“自由主义”的言辞来描述一些特殊的政策，但这本质上是对现实主义行为的一种掩护，是典型的美国式伪善。美国国际政策的制定者们从来都是把自己的国家利益放在首位，而根本不会在乎是否有违于道德原则和国际法律。“碰巧自由主义和现实主义的逻辑都指向了相同的政策。在这种情况下，美国很容易会遵循权力政治的命令，不过会给自己的行为披上自由主义言辞的外衣。但是，当两种逻辑相冲突时，美国领导者不可避免地会将现实主义置于自由主义之上。”（约翰·米尔斯海默为凯南《美国大外交》一书所撰写的序言）由是，我们知道，那个把自己打扮成“民主”“人权”“正义”的维护者，人道主义灾难的拯救者的国家，实际上是多么的虚伪！

米尔斯海默的理论属于进攻性现实主义国际关系学派，在他看来，国际体系有着先天性的结构缺陷，这就是在主权国家之上没有一个更高的权威机构来规范国际秩序，仲裁国际矛盾，国际体系本质上仍然处于无政府主义状态，因而它就不得不成为一个险恶而残忍的角斗场。国家要想在其中生存和发展，没有别的选择，只能为权力而相互竞争，不管你愿意还是不愿意，国际舞台不相信眼泪，不相信美好的言辞和说教。要想在这一国际体系中过得更好，更安全，理想的结果就是成为体系中的霸权国，只有拥有优势权力的国家，其生存才能得到保证，相反，软弱只能招致麻烦，而落后则必然陷入被动挨打的地步。

米尔斯海默认为，只要这一国际结构没有发生根本改变，那么，国家安全就必然处于国家价值链的最高端，于是小国弱国要么修好与某些强国大国的关系，以寻求保护和支持，要么以中立的面目出现，在八面玲珑中求得生存空间；而大国则毫无例外地会追求尽可能多的国际权力，于是大国之间的博弈最后必然导致战争，这是大国的悲剧，是绕不过去的“修昔底德陷阱”。

根据这一逻辑，米尔斯海默对中国的和平崛起表示质疑。其理由是，作为现实霸主的美国，必然要千方百计地阻止中国的崛起。已有霸主是决不会允许一个有可能挑战其地位的大国崛起的，历史上美国曾阻止过威廉德国、纳粹德国及苏联支配欧洲，阻止过日本支配亚洲，它也一定要阻止中国在亚洲崛起。这是没有什么道理可讲的，你发展了，你强大了，你就危害了我，妨碍了我，我就要找机会找理由找借口遏制你、打压你、削弱你。另一方面，他也认为，随着在经济上的不断发展，中国也必然会建立庞大的军事力量，从而谋求地区霸权，因为优势地位是生存的最好保障，中国也不可能违背这个逻辑。这样，两方的矛盾和冲突就无可避免。米尔斯海默甚至预想了一条中国的称霸之路，一条亦步亦趋地“踏着‘山姆大叔’的足迹”的路，也就是按照美国称霸西半球的办法来实现称霸亚洲。他设想，作为第一步，“中国将设法拉大与邻国的力量差距，特别是印度、日本、俄罗斯一类大邻国”，使得亚洲没有一国有条件威胁自己。接着，“就会尝试把美国赶出亚太地区”，实行中国版本的“门罗主义”。一个强大的中国怎么会接受美军在本国的后院活动？正像美国不能接受任何大国派兵到西半球一样。在解决了安全问题之后，中国还需要解决与邻国的领土和海域的纠纷问题，这在强大以后解决起来将更为便利。再其后则是维护亚洲之外的战略利益，一个大国怎么可能没有海外利益要保护？如此等等，美国就是这么走过来的，中国也不会不这样做。

为此，“山姆大叔”就必然要对阵中国龙。“美国一成为大国，就再容不下与之匹敌的竞争者”，它“会竭尽全力遏制中国，用一切手段使中国不能称雄亚洲”。按照米尔斯海默的分析，美国会采取遏制和非遏制这两种手段、两套办法来应对中国的崛起。上策或曰最佳战略仍是遏制，就是策划建立制衡联盟，并尽可能吸收中国的邻国参加。作为离岸平衡的老手，美国应尽量置身幕后，而让中国的邻国背起遏制中国的大部分负担，但这恐怕很难做到，理由是中国邻国的力量恐不足以制衡中国，因此美国必须亲自出马。非遏制手段是什么呢？一个是实行预防性战争，由于中国有核武器，有强大的陆军，大打不行，但发动一些目标有限、手段有限的战争还是一个可能的选择。一个是使中国经济减速，然而，在全球化时代，从经济上孤立中国是做不到的，除非中国经济自己出错。一个是所谓“挖墙脚”，即从中国内部颠覆或制造麻烦。米尔斯海默认为，中国人口众多，若经济继续快速发展下去，其潜力之大，终将难以遏制。再加上美国与之远隔重洋，军力投放大受限制，动武也不是一个好的选项。因而，通过遏制或其他办法，让中国经济增长大大减速最符合美国利益，“这种结果虽然不一定有利于美国的繁荣，更不利于全球繁荣，但会利于美国安全，这可是最重要的”。纵观近些年来，美国对中国的所作所为，其执政精英似乎是全盘照搬了米尔斯海默所提出的上述策略。

那么，大国间的政治就只能有悲剧一途？我们还是不能完全同意米尔斯海默的结论，在新的历史条件下，虽然中美之间建立起一个合作共赢的新型大国关系，肯定是一条充满艰辛、充满曲折的路，但仍有尝试的必要，仍有成功的可能。只要我们对美国的叵测居心保持足够的警惕，对它的阴谋伎俩予以针锋相对的斗争，中国的和平崛起就是不可阻挡的。

（《南风窗》2016年第10期，2016年5月4日—5月17日刊发）

霸权稳定还是机制稳定？

世界秩序将如何演进？今日的世界秩序将向何种方向变化？这与生于斯长于斯的所有地球人都密切相关，当然更是各国领导人、国际关系学者不能不关心和不能不研究的重大问题。国际关系领域的现实主义学派大都持均势稳定的观点，从修昔底德到摩根索到基辛格，从米尔斯海默到华尔兹到吉尔平，他们无不认为，国际社会是一个无政府结构的社会，国际社会最重要的行为体是城市国家或现代国家，它们由此行事的根本出发点和落脚点是利益和权力，于是，或是由一个支配性大国为主导建立起相对均势，或是由几个最有权力的大国和大国集团建立起相对均势，构成了常态性的国际秩序，在这一常态下，世界将是稳定的。但国家间权力的不平衡发展，必然会挑战和打破这种均势和平衡，于是就要通过非常态，即通过冲突和战争来打破这一旧的均势和平衡，建立新的均势和平衡。如此和平与战争，周而复始，循环不已，有史以来的国际秩序就是这样走过来的。

在研究世界秩序理论领域，还有一位独树一帜的大师级学者，他就是新自由制度主义的代表人物罗伯特·基欧汉，在二十世纪八十年代，他撰写了《霸权之后：世界政治经济中的合作与倾轧》一书，提出了与现实主义关于世界秩序的新思维、新视角、新理念。传统的现实主义学者认为，霸权是维持以霸权国家为核心的国际体系稳定的基石和保证，要使一个国际社会能够做到相互合作与发展，就必须提供诸如秩序、安全、汇率稳定等一系列相当于公共物品、公共服务、公共制度之类的东西，而国际社会在民族国家之上，并不存在一个强有力的中央政府，但如果有一个起绝对主导作用的霸权国家，它就可以承担起牵头提供上述这些东西的作用，并监督相关各国有序使用，从而保持这一国际体系的秩序与和平。而假如没有这样一个霸主国，或霸主国已经江河日下，不再具有昔日的权力和权威，那么，这一国际体系就有可能陷入混乱和瘫痪，甚至发生争夺霸主地位的战争。

霸权稳定论提供了一种建立在权力基础上的国际合作模式，霸权在则合作存，霸权去则合作亡。因此，霸权稳定论要求必须具备两个核心条件，其一是必须要有一个霸权国家，因为只有一个拥有绝对优势的经济和军事资源强国，才有能力根据自己的利益和对世界的看法，执行一项国际秩序计划。正如金德尔伯格所说："要使世界经济稳定，需要一个稳定者，而且只能有一个稳定者。"吉尔平则从反顾历史的角度得出相同的结论："同罗马治下的和平一样，英国治下的和平与美国治下的和平确保了一种相对和平和安全的国际体系；大英帝国和美国创造和确保了自由国际经济秩序的规则。"其二是国际秩序的维持需要霸权国家的持续存在。离开了创造国际秩序的霸权国家，国际秩序的持续是不可想象的。其道理正如我国三国时期的大政治家曹操所说："设使天下无有孤，不知当几人称帝，几人称王？"世界秩序也是如此，离开了霸权国家，天下就会生乱，就会失序。这几乎已成为主流国际关系学者不言而喻、不约而同的共识。然而，如同众多的优秀学者一样，于习焉不察中发现问题，于无可怀疑中大胆质疑，往往可以开辟出一条新路径，进入到一个新境界，从而收到"柳暗花明又一村"的成效，基欧汉就是如此。

在《霸权之后：世界政治经济中的合作与倾轧》一书中，基欧汉认为，霸权对于国际社会稳定的成效被大大夸大了，霸权的领导作用有助于产生一种秩序的模式，但这并不是世界秩序形成的一个充分条件，甚至都不能认为是一个必要条件，而毋宁说建立在利益考量基础上的合作更为基本。合作与霸权并不是相互对立的两极，相反，霸权要取决于某种非对称的合作，成功的霸主总是支持和维持这种非对称合作，这就需要霸主扮演这样一种独特的角色：为其伙伴提供领导，换取后者服从的回报。因此，国际合作可能通过霸权的存在而培育起来，但同时霸权也需要其他国家的合作来制定和执行国际规则。根据这一观点，国际秩序的建立和维持，重要的是各国之间要有共同的利益和合作的意愿，要遵循和执行共同认可的国际原则、规范、规则和决策程序，亦即国际机制；而霸主的作用只不过是利用其资源优势和权力优势，来促进国际合作的形成和国际机制的运作而已。因而霸权之后并不意味着秩序的失控和合作的不可能。“当共同的利益足够重要，以及其他的条件都满足时，没有霸权，合作也可以出现，国际机制也可以创设。”

从二十世纪七十年代开始，美国在经济上已经呈现出衰退的迹象，由此基欧汉意识到同罗马帝国、大英帝国一样，美国的霸主地位也是有限的，不可能长期持续下去，那么，后霸权时代将会怎样？西方发达资本主义集团会不会继续存在下去？《霸权之后：世界政治经济中的合作与倾轧》就是他的这一思考的产物。他的结论是，在一个日益相互依赖的世界政治经济体制中，“霸权的衰落并不必然对应性地引起这些机制的毁灭”，而只要国际机制得以维持，西方的国际秩序也仍会得以继续。基欧汉的这一思考是严肃的、认真的，也确实揭示了国际关系中的某些规律。但他的国际机制论也还是存在一些悖论和不足：机制是在霸主国主导下制定的，是“由体系中追求自身利益的那些最有力的成员所设计”的，那就毫无疑问要打上霸主国和最有力的成员国的利益和意志的烙印，而随着国际格局和权力关系的变化，原来的机制还能得到有效的执行和延续吗？还有，基欧汉的国际秩序只是西方世界的秩序，并没有把整个世界囊括其中，那么，后霸权时代的整个世界的秩序将是什么状态？是由机制决定还是由均势决定？这似乎更为重要，然而基欧汉没有谈及，当然这并不妨碍这本著作的卓越。他虽然主要是写给美国人和西方人看的，但对于我们认识国际关系的发展趋势，处理国际领域中的一些问题，也具有借鉴意义。

（《南风窗》2016年第11期，2016年5月18日—5月31日刊发）

全球化时代的危机管控之道

当今世界绝不能说是危机四伏，但确实是风险高发，一个很重要的原因是超级大国美国的战略焦虑。近几年来，美国自感自身实力在衰减，其霸权地位也从高峰滑落并呈日益下降的趋势，它认为这主要是由于有挑战国的存在，而为了逆转这一局面，就需要不断制造一些事端，以此达到干扰、阻遏和威胁这些国家发展的目的。

在欧洲，美国不断压缩俄罗斯的战略空间，以北约东扩的形式形成对俄兵临城下的局面，它深知乌克兰对于俄罗斯地缘政治和历史渊源的极端重要性，因而不惜采取街头政治的手段，颠覆亲俄政权，迫使普京不得不出手反击，把克里米亚重新划入俄国版图，并造成乌克兰分而治之的局面，从而形成了一次大的国际危机。在亚洲，美国倾力遏制中国，无论在东海，还是在南海，凡是与中国发生岛礁和海域争执的情况，不论是非曲直，它都要站在与中国相对的一方，并极尽挑拨离间、推波助澜之能事，化涟漪为轩然大波，唯恐天下不乱。最近，更是公然抛掉不选边站队的外衣，直接走向前台出手挑动事端，制造紧张局势。

对此，我们既要维护和平与发展的大局，又不能一味退让规避，让人欺负；既要敢于针锋相对，“该出手时就出手”，又要着眼长远，力求斗而不破。于是危机管控的问题就越来越突出了。

何谓危机？危机的本质在于它的不可预测性。托马斯·谢林说：“那些确定地不包含无法控制的危险的‘危机’并不是危机，无论事件本身多么地富有爆炸性，只要它被确信是安全的，它就不是危机。而那些被认为将一定会带来灾难或巨大损失，或者此种巨大转变完全可被预见的‘危机’也同样不是危机；这种‘危机’一旦开始就宣告结束了，不存在任何的悬念。危机的本质在于，参与者无法完全地控制事态的发展；他们采取措施和做出决定以提高或降低危险，但这些是在存在风险和不确定性的前提下做出的。”危机往往产生于博弈之中，并集中于某一事态上相互较力，正如对弈一样，甲方走出一步，乙方对应一步，如果双方的下一步都基本在对方的意料之中，那就不会发生危机，而只是一种通常意义上的博弈。然而，如果双方的每一步棋都存在很大的不确定性，那就有可能发生危机。这种危机也许是双方都不希望出现的，但却在博弈当中一步步地走到了它的临界点，这就是危机的不可预测性和难以控制性。正如谢林指出的那样：“任何从和平向战争的转变都将不得不穿越不确定的地带，包括错误的理解、错误的计算或错误的解读，以及具有不可预见性和难以控制其最终结果的行动。”于是博弈双方为了不致频发危机，形成两败俱伤甚至同归于尽的结局，就需要有一个风险管控机制，一旦危机来临，即可启动这一机制，各自管控风险，收枪勒马，使局面不致失控。当前的中美之间，应当说，就有这种比较有效的管控机制。

在国际舞台上，某些大国常常会制造风险以向别国发出威慑，从而胁迫别国做出让步，以谋求用正常手段不易得到的权力和利益。它不是不知道风险，而是乐于使用风险来恫吓别人，它经常会玩弄所谓“懦夫游戏”的手段：据说在三千多年前的特洛伊城外，在一条穿过峡谷的狭窄道路上，默奈劳斯驾驶马车在路中间行驶，安蒂洛克斯驾车尾随其后，并飞快行驶，企图在这一狭窄的峡谷地段上超越默奈劳斯，这使默奈劳斯吓得大叫："安蒂洛克斯，你驾车太鲁莽了！快拉住你的马。这个地方很狭窄，一会儿你就有更大的空间通过了。你会撞上我的马车的，那样我们两个就都毁掉了。"但安蒂洛克斯犹如没有听见一样，继续飞快前行，从而迫使胆小的默奈劳斯不得不停车靠边，让安蒂洛克斯超过。这里，博弈双方较量的不仅是实力，也不仅是精明的战略谋划和计算，而主要的是心理、意志和勇气。面对这种风险，固然不应任凭两车相撞，一同滚落峡谷，但也不能示怯于人，一味让步，让其认为自己软弱可欺。而如何做到有理有利有节，或退避三舍而果断反击，或处变不惊而凛然以对，那是需要因情制宜，随机应变的，"运用之妙，存乎一心"，对此可以有相关预案，但却不应僵守什么固定法则。

危机管控还有一个博弈双方彼此心照不宣的前提，那就是双方既是对手，在某种意义上又是合作对象。如果仅仅是对手，一方执意要发动一场战争，必欲易人之帜，裂人之土，灭人之国，那就只有"零和游戏"一个选项，只能进行你死我活的斗争，最终在战场上解决问题。但是，在全球化无远弗届、日益深入的今天，在有热核武器的条件下，大国之间要诉诸武力，即使是期望打一场有限战争，也将很难控制局面，最终将会发展成为全面战争甚至是世界大战。谢林说："有限战争就如同在独木舟上搏斗一般，任何一次足以给对方造成伤害的打击都有掀翻小舟的危险。"因此，一般来说，一旦危机发生，在都无力使对方屈服的情况下，当事双方都会有管控风险的愿望，这时的博弈无非是外交上的讨价还价和照顾彼"面子"的问题。因为"'面子'同一个国家的承诺相互依赖，它是一个国家的行动的声誉，是其他国家对这个国家的行为的预期。"是任何一个大国都不能不顾及的问题。而此时确有一方感到就此罢手会有失"面子"，往往另一方会心领神会，给对手提供一个台阶，让它看上去不那么丢份，这就是彼此的合作，也是风险管控中的一种特殊博弈。

（《南风窗》2016年第12期，2016年6月1日—6月14日刊发）

如何解读温特的三种世界无政府结构

人类社会已经有几百万年的历史了，不能不谓之久远。然而人类世界的秩序却仍然未能走出“丛林”状态——按照赵汀阳先生的说法，是“有世界而无天下”，因而，还不能摆脱乱世。由此，令人联想到亚历山大·温特所提出的国际无政府结构下的三种文化形态及其所表征的三种国家间的互动方式。建构主义国际关系理论是西方国际关系学界比较后起，但却成为几与新现实主义、新自由制度主义等主流学派鼎足而三的有着重大影响的学术流派，其代表人物就是温特。他在《国际政治的社会理论》一书中，就这个“有世界而无天下”即无政府结构的世界，从文化层面进行了探讨，提出了霍布斯文化、洛克文化和康德文化这样三种截然不同而又相互递进的文化类型，认为它们是左右国家间关系的深层次根据。

这一观点的提出既源于对历史的总结和考察，也同以华尔兹为代表的新现实主义学派的论战有关。新现实主义认为，世界是一个无政府状态的世界，无政府状态是本质上自助的体系，力量分配变化，必然会产生军事竞争、势力均衡和战争。温特认为不是这样，“无政府状态在宏观层次上至少有着三种结构，属于哪种结构取决于什么样的角色——敌人，竞争对手，还是朋友——在体系中占主导地位。”敌人在体系中占主导地位则为霍布斯结构，竞争对手占主导地位则是洛克结构，而朋友占主导地位则是康德结构。这里具有关键性意义的是角色结构，由于角色结构不同，国家间的互动方式也不同：“敌人的姿态是相互威胁，他们在相互使用暴力方面没有任何限制；对手的姿态是相互竞争，他们可以使用暴力实现自我利益，但是不会相互杀戮；朋友的姿态是相互结盟，他们之间不使用暴力解决争端，并协力抗击对他们的安全构成的威胁。”

最早出现的无政府结构是霍布斯结构，这是典型的“丛林”状态，它的行为逻辑是“所有人反对所有人的战争”，政治行为体的行为原则是不顾一切地保全自我，消灭敌人，这是真正的“自助”体系，生存完全依赖于自我的军事力量，安全是高度竞争的“零和游戏”，在这一结构中，安全困境十分严峻，政治行为体随时都处于生死存亡的紧张状态。因而它必然产生这样四种趋势：第一种趋势是常年处于战争和战备状态。不论欧洲抑或亚洲，古代社会都是冲突和战争频发，以中国为例，由于周王朝的衰微，中央政府名存实亡，自春秋时起，已经处于无政府状态，这在闭塞的古代，无异于是个小世界。而“春秋无义战”，兵连祸结，遍地烽火，是那几百年间的常态。第二种趋势是淘汰不适应的行为体，那些不适应战争和军事实力太弱的行为体会被无情地消灭。战争具有兼并性质，弱国死亡率很高，政治单位数量大幅度减少，权力日趋集中。据统计，全世界在公元前一〇〇〇年时有六十万个独立的政治单位，及至近代只剩下了几百个。我国春秋初年也有大小诸侯国近千个，到了战国时期就只有七个强国了。第三种趋势是国家间彼此难于被消灭时，就会出现权力相互制衡的情况，但均势状态非常不稳固，长期的趋势仍是权力集中。第四种趋势是所有体系中的成员都将被拖进战争状态，很难有置身局外的中立者和不结盟者。

第二个出现的无政府结构是洛克结构。温特认为自一六四八年威斯特伐利亚国家体系建立以来，霍布斯结构就开始让位于洛克结构了。此后虽然战争依然发生，权力依然重要，但战争发生的概率毕竟大为减少，并且会受到许多限制，而国家的死亡率则几乎为零，领土疆界受到尊重。“霍布斯自然状态中不是杀人就是被杀的逻辑已经被洛克无政府社会的生存和允许生存逻辑所替代。”这是由于洛克文化的角色结构是竞争，不是敌对。两者最重要的区别是对主权的态度，霍布斯状态不承认国家主权，而洛克文化的基底在于国家主权，而且这种主权还被国际法予以确立，因此竞争的基础是法治，虽然还只是一种弱法治。温特也分析了洛克结构的四种趋势：第一种趋势是战争既被接受也受到制约。战争虽然仍会夺取大量人员的生命，但却不夺取国家的生命。夺取国家生命的战争是“构成性”战争，不夺取国家生命的战争则是“位形性”战争，“位形性”战争是一种有限战争。第二种趋势是处于体系中的国家成员的低死亡率现象。被国际社会承认为主权国家的，有的尽管十分弱小，也能免于被消灭，所以自威斯特伐利亚体系形成以来，主权国家鲜有遭到毁灭的。第三种趋势是国家之间的均势。主权制度阻止了朝着集中权力方向发展的霍布斯趋势，从而使得均势真正得以成为秩序的基础。最后一个趋势是中立和不结盟可以得到国际社会的承认。

第三个出现的无政府结构是康德结构。温特认为，这是一个在西方新兴起的政治文化结构，它的基础是友谊或朋友的角色结构，在这一角色结构中，国家之间要遵守两条基本规则，其一是不使用战争和战争威胁的方式解决争端；其二是如果任何一方的安全受到第三方的威胁，双方将共同作战。他认为这种友谊不同于结盟，结盟往往是短暂的，而友谊则是长期的，长期的友谊实际上就是建立起了集体安全的共同体。洛克文化要防止的是国家的毁灭，而康德文化甚至连国家间的相互进攻都不允许。在他看来，北约就属于这种康德结构。而发展这种结构，有可能使国际社会逾越无政府状态，走向一个“后无政府体系”的世界。

温特的三种无政府结构说，把社会学引入了国际关系研究领域，把文化作为形成一种国际结构和改变一种国际结构的深层动因，它突破了现实主义的历史循环论的发展观，也能说明一些历史和现实的国际关系现象。但我认为这一学说也仍然存在一些显而易见的不足。其一，正是在威斯特伐利亚体系建立起来之后，二十世纪上半叶接连爆发了两次规模空前的世界大战，认为洛克式的竞争体系是此时世界的主体结构，是不是有些勉强？如果用马克思主义关于资本主义发展不平衡的理论来将其解释为后发资本主义强国和原有资本主义强国之间，为争夺霸权，争夺资源、市场和投资地而进行的不可调和的斗争，是不是更为合适？还可以进一步设想，假若在第二次世界大战中，获胜的不是反法西斯力量一方，而是希特勒德国和恶贯满盈的日本，他们还会给被他们武力占领的国家以主权地位吗？起码这是很值得怀疑的。如果仍用温特的三结构说来加以解释，那么应该认为，在同一历史阶段，很可能是三种结构或者是前两种结构并存，只不过有一种居于主导地位罢了，而且在一定的条件下，它们之间的地位还会发生转化。否则，就难以理解为何会发生如此丧心病狂、造成几千万人死伤的残酷战争了。其二，温特认为，在二十世纪后期，“国际体系正在经历着另一种结构变化，即向着集体安全的康德文化变化”。他指出这在西方已现端倪。他是太乐观了。北大西洋公约组织是个集体安全体系，但它原本就是冷战的产物，是名副其实的西方军事联盟，按说在苏联解体之后，它已失去了敌对方，理应退出历史舞台才对，但它不退反进，并在美国的操控下到处寻找新的敌人，将来会不会干出一些恃强凌弱、以众暴寡的事，世人将静观其变。但世界确是在发展的、进步的，和平共处，多元共存，合作共赢，反对强权，毕竟是历史发展的一个大趋势，虽然那还是一条十分曲折，甚至是障碍重重、荆棘丛生的路，因此，追求和平的国家还不能放弃军备，不能没有维护自身主权和利益的必要防御和反击力量。

“莫言下岭便无难，赚得行人错喜欢。正入万山圈子里，一山放过一山拦。”前途是光明的，道路是曲折的，秉持这种观念前行要比太过乐观会更坚定更扎实。限于篇幅，只能打住了。

（《南风窗》2016年第13期，2016年6月15日—6月28日以《敌人、竞争对手还是朋友》为题刊发）

世界是复合相互依赖的世界？

如何看待国际政治现象和国际政治走势，这是各国政治家、外交家和战略家不能不关心、不研究的问题，也是世界上众多国际关系学者不能不为之绞尽脑汁、殚精竭虑，以求取得比前人更进一步的认识的问题。对此，以肯尼斯·华尔兹为代表的新现实主义学派和以罗伯特·基欧汉、约瑟夫·奈为代表的新自由制度主义学派各有所长，他们互有所取而又互相辩难，指点世界，激扬文字，为我们留下了不少可资借鉴的理论分析和理论探讨。

就对世界的基本格局和对国际政治的本质认识而言，新现实主义的阐述似乎更为简洁扼要，切中肯綮。它认为，国际政治的实质是争夺权力的斗争，所谓权力，就是一个行为体促使其他行为体去做其原本不会去做的事情的能力。争夺权力，可以有很多资源和手段，但起主导作用的资源和手段是军事实力，而拥有最强大军事实力的国家将支配着世界事务，这就是国际政治。按照现实主义的观点，国家是国际政治中最重要的行为体；军事安全是国家最重要的关注点，在国际政治中处于最高等级；而行使权力和显示权力最有效的手段则是使用武力或以武力相威胁。这是对自近代以来全部世界政治的最本质概括。历史上几乎所有的资本主义大国，尤其是霸权国家，无不奉此为圭臬。特别是美国，按照米尔斯海默的说法，它的历届政府、历届总统，不管其是信奉理想主义的还是信奉现实主义的，本质上都是以现实主义行事，理想主义充其量不过是他们披上的一件好看外衣而已。弄清楚这一点，十分重要，它有利于我们认清霸权主义的本质，有利于我们丢掉幻想，准备斗争，在霸权主义图穷匕见、原形毕露的时候，有勇气有能力运用自己的军事力量去捍卫国家的主权、尊严、领土完整和利益。

对于新现实主义关于权力和安全的上述观点，新自由制度主义并未加以否定，他们只是认为，在全球化日益强化的条件下，新现实主义的上述设想有些过于极端，或过于“理想”化了。在更多情况下，国家间的相互依赖或复合相互依赖更应引起重视，虽然这种复合相互依赖也不是国际关系的全部，甚至它并没有“完全真实地反映了世界的政治现实”，“复合相互依赖与现实主义的观点一样，都是理想模式。大多数世界政治的实际情况往往介于这两个极端之间”。因此，它并不能完全取代现实主义的分析框架和分析模式。何谓复合相互依赖？相互依赖是指国家之间或不同国家的行为体之间互相关联、互相影响的情况，相互依赖既可以有合作、和谐，也可以有博弈、冲突，既可以是平等的伙伴关系，也可以是不对称的霸权和依附关系。而复合相互依赖，更强调的是联系的多渠道和多元化。它有三个基本特征：一是行为体间联系渠道的多元化。既有传统的以国家作为整体单位的国家间联系，也有以政府部门互相间的联系为渠道的跨政府联系，还有以跨国组织为渠道的跨国联系。二是国家间关系包括多种问题和多种议程，问题之间没有等级之分，也就是说军事安全并不如同现实主义认为的总是国家间关系的首要问题。三是当复合相互依赖普遍存在时，一国政府不会在本地区内或在某些问题上向另一国家动武。即是说解决区域联盟或跨区域联盟内部相互之间的矛盾不会使用武力，然而，对联盟之外的国家，特别是对敌对国家或潜在敌对国家，仍不排除使用武力。

复合相互依赖的存在，既表明了全球化时代各国之间千丝万缕的复杂联系，也表明了国内事务和国际事务损益与共的不可分割关系，许多问题都具有国际性，必须更多地依赖国际组织和国际机制去协调、去处理、去解决。传统的如经贸问题、货币问题、金融问题、海洋问题，更加突出的如环境问题、气候问题、外太空问题、疾病扩散问题、移民问题、跨国犯罪问题、贩毒制毒问题、恐怖主义问题、减灾救灾问题、国际维和问题，等等，无不需要国际治理。于是，在过去看来一些原本微不足道的国际组织，一些原本可有可无的国际机制，其功能和作用日益突显了；一些原本不存在的国际组织和国际机制，也相继建立并风生水起地运作起来。于是在很多领域武力的作用下降了，动武往往成为代价太大甚至是得不偿失的行为，虽然在许多问题上，强国的影响力还或明或暗、或多或少地存在着，但毕竟时境不同，而且许多问题并不属于零和游戏范畴，并不关涉国家的兴亡成败、盛衰荣辱，因此，无需用武力来显示自己的存在。

二十世纪七八十年代，美国的霸权已呈衰落之象，于是罗伯特·基欧汉和约瑟夫·奈等一批学者，开始思考美国霸权之后的国际政治问题，提出复合性相互依赖理论并相应探讨国际治理、国际机制等这样应势而生的理论。这一理论并不否定美国在国际社会的核心地位，也无意主张削减美国的军备能力，限制美国的武力使用，而毋宁说是为延缓美国的霸权衰落服务的。但是，它的提出毕竟顺应了和平与发展的大趋势，对于解释国际政治经济秩序的一些现象和实质，提供了某种新的视角和路径，是应该认真对待的。

（《南风窗》2016年第14期，2016年6月29日—7月12日刊发）

地理能在多大程度上塑造世界历史的格局？

在美国，地缘政治研究的再度兴起，与美军在伊拉克和阿富汗的两场战争中左支右绌、焦头烂额有关，正是这两场让美军吃尽苦头的战争，迫使他们的一些精英人物头脑冷静下来，开始放弃力不从心的所谓“理想主义”的主张。而理想主义的退潮，也就意味着现实主义重新占据上风，而地缘战略作为现实主义的一个支撑，顺理成章，又被一些学者所重视，罗伯特·D.卡普兰就是其中的一个。

地理的作用究竟何在？在卡普兰看来，首先，地理将决定“自然”边界，而自然边界的作用要比人为边界的作用更为持久。卡普兰是记者出身，为采访曾走遍世界各地，从中他形成了这样一个认识：居住在一个共同地理单元的人民必然会形成共同的文化性格，正所谓一方水土养一方人，而且，这一现象正是塑造历史并最终起决定作用的因素。他很善于用事例来说明问题。一九八六年，伊拉克正处于萨达姆统治的巅峰时期，卡普兰坐车在伊拉克境内穿行，司机是库尔德人，当汽车正要向前攀爬群峦叠嶂的高山时，他们回过头去看刚刚离开的平原，“阿拉伯斯坦，”司机不屑地说，而对前面，他则兴奋地说，“库尔德斯坦！”脸上竟泛出光来。从政治版图来说，它们都属于伊拉克，但是，这里的高山大岭阻断了萨达姆的统治，它是库尔德人的天下。在阿富汗和巴基斯坦的交界处则有相反的情况，它虽然名义上有国界，但实质“历史上根本没有界”。因为，印度波斯和印度伊斯兰版块的“心脏”是不可分割的，所以巴基斯坦和阿富汗能够形成一个有机整体。我们认为，这种强调地理、民族和文化对塑造世界、社会和政治的作用自然有一定道理，但却不应由此得出必须改写一些民族国家的领土版图，使之与自然疆域相一致的结论。否则，必将引起天下大乱，使这个世界更为失序。

地理是智慧的开端，如果用长远的眼光来审视问题，就能够从地图中看出发展的玄机。卡普兰认为，应对当前眼花缭乱的事件，要靠个人的判断和选择；“而当我们跨越百年历史审视问题时，地理则会起到更重要的作用”。考察地理，准确地说，是考察一定地理范围内的历史，将使我们洞悉这里的发展趋势和逻辑，从而推测出下一步可能出现什么。譬如，他认为，德国处于欧洲的心脏地带，夹在北海、波罗的海与阿尔卑斯山之间，这样的地理位置容易滋生动荡不安的突围和扩张意识，因而在这块土地上，发生频繁的战争和争斗、分裂和重组就是完全可以理解的事情。而柏林墙的倒塌，两德的统一，不过是早晚都要发生的历史必然而已。循着类似的逻辑，卡普兰断言，凡是人为形成的国家分裂，不管分裂多久，坚持统一的力量都终将会取得胜利，没有例外。鸿沟总会被填平，从大历史的角度看，一切人为的割裂都是不符合自然轨迹的，所以注定是暂时的脆弱的，只有文化和地理的力量，才可能在某个时刻战胜一切，而许多看似固若金汤的政权，实际上并不长久，“唯一持久的，是人民在地图上的位置”。

地理与经济和军事实力的分布一样，是国家行为的主要制约和推动因素。英国地理学家约翰·布赖恩·哈雷说：“地理是国家权力的金字塔赖以确立的相对稳定的基础。”一个国家的政权总要建立在一块国土之上，总要从这块国土中索取各种物质资源，而这个国家的人民也要世世代代生活和繁衍在这块土地上，这块土地不可避免地会对其人民的生产方式、生活方式、风俗习性等产生影响。所有这些都将对这个国家的塑造具有深远的意义。地理又是人类自身历史的背景图。在卡普兰看来，一个国家在地图上的立场，是立国的首要大事，这要比执政理念重要得多。因为地缘利益是国家最大的利益，地缘政治是国家分量最重的政治。也是在这一意义上，麦金德才认为，地图能令人“一眼知乾坤”，从一个国家的地形地貌、地理位置上，就可以推断这个国家的长远意图。地理还是构成许多国际格局和国家政策选择的基础。德国是陆权国家，它的东西两边均无山脉保护，为了应对这一危险的地理位置，它选择的道路过去是军国主义，现在则是新型和平主义。地理位置又是决定国家地位的一个重要因素。卡普兰写道：“为什么中国无论如何都比巴西更重要？是由于地理位置。即使巴西与中国经济增长保持同一水平，人口同等规模，它也没有像中国那样掌握着连接海洋和大陆的主要海上交通线……”卡普兰完全接受了麦金德和斯皮克曼的观点，认为世界各地的重要性是有等级和层次之分的，北美和欧亚大陆构成了“世界政治的基本线”，而南半球各大陆的重要性则相对要小得多。

卡普兰的这些地缘政治观点，我们当然不能完全认同，尽管他多次申明不能陷入地理决定论，但他对地缘政治的作用还是有过分夸大之嫌。实际上最值得注意的还是他对二十一世纪全球地缘战略格局的分析，限于篇幅，只能留待以后再述。

（《南风窗》2016年第5期，2016年7月13日—7月26日刊发）

『心脏地带』和『边缘地带』孰轻孰重？

罗伯特·D.卡普兰作为一位美国的地缘政治研究者，其主要目的当然是要服务于美国的世界战略，虽然与布热津斯基等一批头脑清醒的政治家一样，他也预见到美国不可能长期地称霸世界，但仍然要千方百计使之尽可能久地保持全球霸主的宝座。

卡普兰对麦金德的地缘政治理论是烂熟于心的。麦金德地理枢纽论的核心思想就是其被众多研究者反复引用的几句格言："统治东欧者，必将统领中心地带；统治中心地带者，必将统领世界岛；统治世界岛者，必将统领世界。"在麦金德看来，欧亚大陆是世界经济政治文化的重心所在，在地球表面，十二分之九是海洋，欧亚大陆加上毗邻的非洲，则占有余下三分中的二分，是名副其实的世界岛，谁控制了这个世界岛，谁就控制了整个世界。因此，欧亚大陆将主导地缘政治的大棋局。麦金德所说的这个世界的"心脏地带"，既包括中亚的"枢纽"地区，又包括位于西藏与蒙古高原的大河源头和从斯堪的纳维亚到安纳托利亚的广阔地域。其大小基本上接近于冷战时期的苏联加上挪威、土耳其北部、伊朗和我国西部。

那么，这个“心脏地带”对于世界强国来说，真的有那么举足轻重吗？对此，卡普兰并不完全认同，他认为，这一心脏地带最好被视为世界岛的权力缓冲器，而非决定性力量。事实上，麦金德也有同样的主张，他一直对俄罗斯心存惧意，早就提出东欧和中亚应建立起一系列的独立主权国家，如白俄罗斯、乌克兰、格鲁吉亚、亚美尼亚、阿塞拜疆、塔吉克斯坦等，从而隔开俄罗斯和海上欧洲，成为欧俄博弈的缓冲区。这一设想，已经成为冷战后的现实。为此，卡普兰写道，“麦金德一个世纪前提出的理论，竟然构成了我们这个时代地缘政治的主要剧本之一”。莫非地理真的有决定世界历史大格局的魔力？

继麦金德之后，卡普兰也许更为欣赏的是尼古拉斯·J.斯皮克曼的地缘政治观点。斯皮克曼是个海权主义者，他认为，美国最初的繁荣，主要是得益于东海岸密布的河口提供的“无数有利于建设港口的位置”，以及蜿蜒悠长的海岸线。同样，美国之所以能够成为一个世界强国，则在于它自一八九八年美西战争之后毫无悬念地控制了加勒比海，从而才无可争议地坐上西半球霸主的宝座。按照斯皮克曼的观点，雅典之所以能称雄希腊半岛，是因为它控制了爱琴海，罗马之所以能号令西方世界，是因为它控制了地中海。不仅如此，斯皮克曼还进一步认为，对于世界强国来说，关键的是大陆边缘地带，而不是麦金德的心脏地带，“心脏地带虽可主宰欧亚大陆，但面向海洋的大陆边缘地带，才是与外部世界联系的中心”。在斯皮克曼眼里，彼得大帝是真正的地缘政治高手，他懂得边缘地带的重要。彼得大帝排除干扰，不惜血本在彼得堡建都，就是为了把俄罗斯的边界推进到海洋。而冷战时期，美国对苏联的遏制战略，归根到底也是为了防止苏联将控制范围从心脏地带扩展到大陆边缘地带。

也是这个斯皮克曼，在“二战”尚未结束，中国还是个贫穷落后的国家时，他就从地缘战略的角度预言中国以后有可能会成为美国在东半球的战略对手：“一个现代化、军事强大、生机勃勃的中国……不仅会对日本构成威胁，还会向西方列强在‘亚洲地中海’的地位提出挑战。

中国幅员辽阔，控制着广大周边海域，它在亚洲占据着类似于美国在‘美洲地中海’的主导地位。”尽管此时美国与日本还在进行着殊死的战争，斯皮克曼依然建议战后美国应与日本结成联盟，以遏制大陆强国苏联，特别是将会崛起的中国。他特别看重日本所具有的悠久海军传统，认为这个东亚岛国在远东完全可以发挥同英国在欧洲一样的作用。今天看来，美国似乎是全盘演绎了斯皮克曼的建议。

麦金德的“心脏地带”说，其精髓是北半球由欧亚大陆和非洲大部分组成世界岛，北美则是边缘地带海洋中最重要的卫星大陆，二者共同组成世界“地缘政治的基本线”，欲争霸世界者，就必须关注这一“基本线”。而斯皮克曼的大陆边缘地带理论看起来与之十分不同，但实质上却殊途同归，相互吻合。这就是，欧洲、中东、印度次大陆和远东的边缘地带，将凭借其人口、经济和资源优势，一起控制围绕欧亚大陆的印度洋和太平洋的连绵海岸，并对欧亚大陆的心脏地带形成制衡。基于这一地缘格局，美国怎么办？卡普兰显然赞同斯皮克曼的意见，即美国应采取与相关边缘地带的国家结盟和在要冲部位建立军事基地的办法，牢牢掌控这一横贯太平洋和印度洋的世界最大海上交通线的控制权、支配权。然而，谁又能挽住“无可奈何花落去”的颓势！

（《南风窗》2016年第16期，2016年7月27日—8月9日刊发）

美国有三个地缘政治困境？

罗伯特·D.卡普兰在其所著《即将到来的地缘战争》一书中，曾十分称许二十世纪三四十年代法国年鉴派的历史学家费尔南·布罗代尔，称赞他把地理学、人口学、物质和环境因素引进历史学，开辟了历史学的新天地。认为布罗代尔虽然与麦金德、斯皮克曼和马汉不同，没有创立专门的地缘政治理论，但是，他却更富于远见，取得的成就更大，“从某种意义上说，他是迄今为止所有战略思想家的集大成者”。卡普兰引用牛津大学巴里·坎利夫教授所概括的布罗代尔对历史认识方法上的重要贡献：他提出了“时间波长变化”的概念，即把历史分为“长时段”、“中时段”和“短时段”的不同周期。“长时段”是地理意义上的变化，最为缓慢而又最为基本；“中时段”是人口、经济、社会和政治等诸多方面的系统性变化，时间通常限制在一个世纪；而“短时段”则是“历史小事件”，它是政治和外交的流水账，也是媒体报道摄取的主食。布罗代尔用大海作比喻：在海底最深处，庞大的水体缓慢流动；再往上面是潮汐涌动；而最终浮在海面上的则是“惊涛拍岸的瞬间，浪花四溅，转瞬即逝”。观察历史，更重要的是要从长计议，关注“长时段”和“中时段”那些表现出人类生活“基本结构”的东西，因为那才是最终对历史走向起决定作用的因素。卡普兰之所以推崇布罗代尔，就是因为布罗代尔的这一观点，为他从地缘政治角度分析世界格局提供了理论支撑。

二〇〇九年，卡普兰参加了在华盛顿由新美国安全中心主办的一次战略研讨会，聆听了一些学者对美国外交政策和军事政策的批评，并从“21世纪与美国相关的地理问题”的角度，综合了沃尔特、米尔斯海默等一行著名学者，包括已故的亨廷顿在内的观点，得出了这样一个结论：“美国面临三个主要的地缘政治困境：一个是中东混乱的欧亚大陆腹地，一个是崛起而自信的‘超级大国’——中国，还有一个是墨西哥面临的失败困境。”他认为，这应是决定美国对外政策最基本的因素，是长期起作用的东西。在他看来，美国应尽早从中东抽身，以便集中精力应对中国和墨西哥提出的挑战。中东地近欧亚大陆腹地，是麦金德所说的控制世界的枢纽，美国当然不会放弃。但是，发动对伊拉克和阿富汗的两场战争，却得不偿失，既耗费了大量资源，又搞乱了中东政局，以致后来又接连发生了利比亚和叙利亚战争，一发而不可收，美国由此深陷其中而不能自拔。他认为，这是美国一个不小的战略失着，把大量的军事力量和资源分散投放到中东这些“无用的战争”上面，坐视中国国力和军力迅速发展而无法遏制，实在是令人痛心疾首的本末倒置。

为什么中国一定要被视为是美国的世纪对手？是社会制度的原因？是价值观的原因？都是，但不是主要的。在卡普兰等人看来，最根本的是中国的发展挑战了美国的地位，中国在东半球的地缘优势对美国继续称霸全球构成了障碍。作为一名学者，卡普兰也承认中国历史上是一个不那么好战的国家，“现在也没有要传播的意识形态，也不想把自己的政治系统扩展到其他地方；在国际政治中推动道德进步是美国打出的目标，中国人不玩这个”。中国是用经济和商业的办法融入世界各地的，但这也会误撞误入其他大国的势力范围，动了别人的奶酪；即使中国只是确保自己经济的发展，也会自然而然地改变东半球的力量平衡。尤为重要的是，中国的地缘政治影响力在不断增强，这更为美国所不容。“北京凭借在地图上的有力位置以及在地缘政治上的优势，其影响力正从中亚向俄罗斯远东地区，从南中国海到印度洋逐渐发展”。他引用拿破仑的话说：“某些国家的政策扎根于地理”，中国正是这样一个扎根于地理的“迅速崛起的大陆力量”。在卡普兰眼里，中国的地缘政治虽然面临诸多问题和诸多挑战，但总体上实在是太优越了。中国既可以从自己的西北方向由陆路也就是沿着“丝绸之路”经济带直接辐射到中亚、中东、东欧，又可以从海上沿“海上丝绸之路”影响到西太平洋和印度洋沿岸的国家和地区。对此，卡普兰写道：“中国在向麦金德所谓的中亚心脏地带进取的同时，也可能对斯皮克曼所谓的大陆边缘地带施加重要影响。”对“心脏地带”和大陆“边缘地带”可以一手挽之，同时施加影响力，这怎么得了？于是中国“犯下”了地理上的原罪，这是典型的让中国躺着中枪，躺着被当作敌人！对此，我们无话可说。

至于卡普兰指出的美国另一个地缘政治困境，它与墨西哥的问题，那离我们太远，事不关已，不议也罢。但要多说一句的是，美国的地缘政治困境恐怕不止这三个，起码还包括横跨欧亚大陆的俄罗斯。

（《南风窗》2016年第17期，2016年8月10日—8月23日刊发）

布热津斯基的地缘战略之忧

在美国的众多战略思想家中，布热津斯基无疑是出类拔萃的一位。他绝少做学院式的清谈，而善于从纷繁复杂的现实国际关系中，抓住肯綮，条分缕析，进行深邃思考。这可能与他辗转于大学和政府高层的任职经历不无关系。做教授，需要平心静气，埋头书斋，从博采众长中成就一家之言；而为总统做顾问、当助手，却必须直面现实和难题，去除一切玄想，务求切实可行而又棋高一着。因而他的著述既恢宏又深邃，既不乏高远之见，又具有精细分析的特色。这在他的地缘战略代表性著作《大棋局——美国的首要地位及其地缘战略》一书中体现得十分充分。这部写于二十世纪末的著作，从维护美国的霸权利益出发，以“锐利的眼光和坚实的思维”，综合运用历史、政治和地理的分析方法，提出了美国应采取的近期、中期和远期的地缘战略设想。在国际局势复杂多变的今天，重新审视其中的一些观点，仍能使我们受益。

《大棋局——美国的首要地位及其地缘战略》眼光之犀利，从其对乌克兰和土耳其的地缘政治作用的分析中，就可略见一斑。布热津斯基早已预见到，乌克兰势必会成为美俄地缘战略争夺的一个重要焦点，这是因为乌克兰对于俄罗斯来说，实在太重要了。虽然没有乌克兰，俄罗斯仍然是一个大国，然而却只能是一个以亚洲为主的大国，它将被阻截在欧洲之外。而俄罗斯，虽然其版图在亚洲蔓延，但它的人口版图，却向着欧洲，它的政治、经济、文化重心在欧洲，因此，俄罗斯也绝不会心甘情愿地放弃向西发展的战略目标。而美国和其他西方国家，则定将认准这一死穴，必欲把乌克兰置于自己的阵营或控制之下，于是围绕乌克兰的一场地缘政治之争势不可免。今天，这一预言已经应验，而且争夺还在继续。对于土耳其的问题，布热津斯基也是独具只眼，在他看来，土耳其的地理位置使它对高加索国家具有重大影响，一个亲西方的土耳其将打开高加索国家联系欧洲的通道，并对以伊朗为代表的伊斯兰国家的扩张形成牵制。而土耳其如果离开了西方，不管是倒向俄罗斯还是成为一个完全意义上的伊斯兰国家，都将使美国在中东和欧洲的地缘战略受挫。现在土耳其重修与俄罗斯的关系，已经使美国紧张，它派出副总统访土，无疑是企图修补美土关系，继续让土耳其成为美国地缘战略的一枚重要棋子。

最值得我们重视的还是布热津斯基对美国地缘战略可能出现几个意外的推断，他认为，如果有朝一日发生了这种情况，那就会使美国提前结束世界霸主的地位。对此，我把它称之为是布热津斯基之忧。布热津斯基始终是麦金德地缘战略的信奉者，认为要掌控世界，必须首先掌控欧亚大陆这一世界心脏地带，它既是世界的地理中心，更是世界经济的重心所在。由此出发，根据他对世界形势的展望，认为在一个可见的未来，不会有任何一个大国能够取代美国的霸主地位，如果说美国终将会不得不结束对世界的霸权，那美国也将是世界上的最后一个霸权国。因此，他认为，今后美国面临的危险，将主要是如何对付谋求将美国赶出欧亚大陆的地区联盟的问题，因为只有这种联盟才有可能威胁到美国的全球性大国地位，而任何一个单独国家都没有可能挑战美国的这一地位。其一，也是最大的潜在危险是，中国与俄罗斯或许再加上伊朗所结成的大联盟。他承认这种可能性微乎其微，但也并非完全是杞人忧天。

他指出，一九九六年，中俄就曾一起签署过批评“霸权主义”的共同宣言。而且，如果美国采取十分短视的同时对中、俄、伊实行敌视政策，这种局面就不能排除。事实上，在一九九五年到一九九六年前后，“美国的所作所为看来几乎就在贯彻要同时与德黑兰和北京敌对的思想”。在他看来，这显然是极不明智的。当前，美国似乎又在重复这一不明智的政策。其二，“中日轴心可能会带来一种在地理上比较有限，但潜在后果却更为深远的挑战”。这无疑是一种过度考虑，他接着就指出，由于两国的近代历史经历，中日不可能在可预见的将来结成联盟，美国的远东政策也完全可以阻止这种联盟的出现。但作为一个有远见的战略家，他需要警示美国，在非自民党执政时期，中日关系不是曾经走得很近吗？而一旦这两个有着非常巨大的生产能力的国家联结在一起，再加上一个有着同样巨大生产能力的韩国，那将使美国在远东无立足之地。也许这就是美国千方百计阻挠中日韩自贸区建立的根本原因。还不止于此，美国在对日政策上处于十分纠结的状况。它既要鼓励日本扩充军备，加强军力，用以对冲中国的发展；又不能放开对日本的约束，使魔鬼出笼。布热津斯基指出，“日本迷失方向，或者走上重新武装道路，或者单独同中国搞妥协，都会导致美国在亚太地区的作用寿终正寝”。其三，是出现大欧洲联盟，即欧洲和俄罗斯的联盟。在历史上，德、俄联盟和法、俄联盟都有先例，如果欧美关系严重恶化，这种小概率事件也不能完全排除。这当然也是美国地缘战略的梦魇。

布热津斯基虽然不认为中国是美国的友好国家，但却不主张美国对中国一味采取敌对和遏制政策，他认为处理好与中国的关系，是美国地缘战略的一个关键，其要是有斗争，有博弈，有合作，“美国对欧亚大陆的一项有效政策必须具有一只远东的锚”，而在“地区内举足轻重的中国则应该成为美国的远东之锚”。然而，处于极度焦虑状态的美国似乎与布热津斯基设计的大棋局、大战略越来越远了。

（《南风窗》2016年第18期，2016年8月24日—9月6日刊发）

今日全球化水平还不如『一战』前高？

自二十世纪八十年代以来，经济全球化日益成为一种席卷天下的大势，影响所及几乎无远弗届，“任是深山更深处”，也不能置身局外。然而，在国际关系学家罗伯特·吉尔平看来，这一波的全球化浪潮，不但称不上是开天辟地的新事物、新现象，而且从某种意义上来说，还尚未达到第一次世界大战前的全球化水平。他指出：“世界经济全球化的程度，相对于世界经济的整个规模来说，十九世纪中期比今天的高。”

吉尔平绝不是信口开河。以国际金融为例，二十一世纪初的金融流量不能与十九世纪末的金融流量相提并论。第一次世界大战前，英国大约把国内储蓄的一半投资于国外，一八八〇至一九一三年间，英国资本输出平均占其国民生产总值的5%，最多时达到10%。相比之下，尽管在二十世纪八十年代和九十年代初，全世界对日本的资本输出惊叹不已，但实际上它只输出了相当于其国民生产总值的2%～3%的资本而已。

再以劳动力流动来说，十九世纪末以前的几十年间，几百万欧洲人横跨大西洋，到北美永久定居下来；西欧人还大批移民到澳大利亚和阿根廷这些“新拓展地”；印度人和中国人也大批移民到东南亚和非洲，从而成为推动世界经济结构变化的强大动力。而现在的移民数量与当今的世界人口相比较来说，其比例则要低得多。

即使是最为发达的商品贸易，相对于今天的各国经济和国际经济的规模而言，也要逊色于十九世纪。虽说美国是当今经济全球化程度最高的国家，但美国进口商品额一般也只占到其国内全部产品额度的10%左右，与十九世纪的几个主要发达国家不可同日而语。

这是什么原因呢？罗伯特·吉尔平认为，有经济本身的原因，但最重要的则是政治的因素，第一次经济全球化就是因政治原因而夭折，两次世界大战无情地打断了这一趋势。而第二次经济全球化潮流，也不能不受制于国际政治，“尽管导致一体化程度增加的技术是不可逆转的，但是曾作为经济一体化进程动因的国家政策在过去逆转过，到将来还可能重新逆转”。也就是说，经济全球化作为一种历史发展的大趋势，它是不可移易的，然而它的道路是充满了崎岖和曲折，不会是一帆风顺的。

影响经济全球化的因素有哪些呢？吉尔平并没有专门加以分析，但阅读《全球政治经济学——解读国际经济秩序》全书，我们倒可以从中至少概括出这样一些国际矛盾，制约着今天的国际经济秩序。

首先，经济全球化和以国家安全为中心的国家行为的矛盾。在国际关系方面，吉尔平是个现实主义者，他认为，在国际体系总体上处于无政府状态的情况下，国家最关心的利益是军事安全和政治独立，它的任何行为都将会以这一点为中心，尽管在很多时候安全和经济是相辅相成，紧密联系的，但却常有不相一致、相互冲突的情况发生。譬如今天就有很多国家经济上依赖中国，安全上却投靠美国；即使美中这两个目前世界上最大的国家经济体之间也有矛盾，两国本来在经济上有着千丝万缕、互有你我的联系，但美国却执意要把中国视为一个威胁。这种坚持以政治作为首要因素的行为取向，当然会对国家间的经贸往来造成不利影响，同时也必然会给经济全球化带来一定的迟滞和制约。

其次，经济全球化与民族国家中由不同利益集团所代表的国家利益的矛盾。在吉尔平看来，国家利益并不是一个纯客观的抽象概念，不同的执政精英代表不同的国内利益集团，因而会影响到对国家利益的主观界定，并由此选择和执行一些有所偏好的国家政策，或激进，或稳健，或保守。而且，不同的国内经济利益会产生不同的经济主张，“出口企业对汇率十分关注，以国内市场为销售对象的企业则首先考虑本国政策的自主性。投资者喜欢资本流动自由，而劳工往往反对资本流动自由，除非资本的流动能增加对本国的投资”。这种不同的利益偏好无疑会对经济全球化产生迥然不同的作用。

再有，经济全球化与区域经济一体化之间的矛盾，发达国家尤其是霸权国家与新兴市场国家、经济欠发达国家的矛盾，经济中心区和依附地区、边缘地区的矛盾，等等，这些都会对经济全球化产生一定程度的制约，也影响着国际经济秩序的稳定和发展。

（《南风窗》2016年第19期，2016年9月7日—9月20日刊发）

经济重心转移与权力格局变动

研究国际关系的芸芸学者中，不能不提及罗伯特·吉尔平。这位曾先后担任过普林斯顿大学国际关系学教授、洛克菲勒基金会研究员、美国总统技术和经济顾问团成员的当代西方著名国际政治经济学家，多年来，孜孜不倦，潜心钻研，写下了《国际关系政治经济学》《全球政治经济学——解读国际经济秩序》等多部著作。在这些著作中，他对近代以来一些典型的国际经济政治理论，包括马克思主义理论都有所吸取而又有所批判，从而形成他的一家之言。于九鼎中尝其一脔，或可对我们认识当前的国际经济秩序有所裨益。

市场与国家的矛盾是国际经济关系的基本矛盾，是当代国际政治经济学研究的一个主题。在吉尔平看来，对于国际经济关系，“国家或市场都不是主要的，至关重要的是它们的相互作用、相互关系及其周而复始的变化”。

市场是一切以效率为转移，国家则是将安全置于最高位置；市场遵循的是经济规律，国家则主要考虑国家间的政治。因而，由市场导致的全球性经济及技术相互依存关系的发展，与由主权国家所构成的世界政治体系的持续分化的冲突，就成为形成和制约国际经济秩序和政治秩序的最基本因素。

世界经济中心区和外围区的形成及其变动，是国际格局稳定或动荡的深层原因。物之不平，物之性也。世界经济的发展总是不平衡的，“在市场力量的影响下，（国内或国际的）社会被改组为一个富有动力的中心和一个依附于中心的外围两部分。中心地区的主要特征是其具有更先进的技术及经济发展水平；而外围地区，起码在最初阶段，要依附于中心地区……”这一中心和外围的格局一旦确立，就会使建立在这一格局基础上的国际经济秩序在一个时期内相对稳定，包括国际分工、贸易网络、国际货币和金融体系，以及支配经济活动的种种规则和制度，都会在这一时期持久地发挥作用。

然而，“春秋有代谢，往来成古今”。随着时间的推移，事情总会起变化，“从长远看，由于生产技术和发展过程的逐步扩散，新的中心将会在外围地区形成，这些新兴区域凭借自己的实力而一跃成为发展中心”，这就是中心转移。高岸为谷，深谷为陵，国际经济发展的历程，深刻地告诉我们，中心转移迟早会发生。近三个世纪以来，中心所在地在全球经济活动的分布状况就已发生了几次大的变化，经济重心最先是在地中海，接着是北大西洋，现在又开始向太平洋转移。而每一次转移，都将引起世界经济政治秩序的深刻变动，引起世界权力格局的深刻变动，引起世界财富分配的深刻变动。今天，世界正处于这一转移的过程中，因而许多国际事件和动态，都可以从这一转移中找到原因。

霸权秩序是一把正负兼有的双刃剑。吉尔平是基欧汉和金德尔伯格“霸权稳定论”的赞同者，他认为，在世界仍处于无政府状态条件下，国际社会不能没有霸权国的存在。由于现代主权国家首先是一部战争机器，是在国际关系激烈竞争情况下，为谋求国民生存和军事安全的产物。如果没有霸权国家提供有序的政治经济环境，势必难以避免频频发生弱肉强食的国家间战争，难以保证市场的扩大和相互依存的世界经济一体化的出现与发展。一言以蔽之，“一个居霸权地位的自由国的存在，是世界市场经济充分发展的必要条件（尽管不是全部条件）”。这些条件主要是：为国际市场供给必不可少的“公共产品”；为国际市场建立不可或缺的规则、制度和机制；为国际市场提供极为重要的安全环境。霸主国虽然不能不是一个实力超强的军事大国，但其主要的影响力还是来自经济，从而才能掌握领导其他国家经济的手段。霸主国的存在应当有益于市场制度的建设，应当有益于其他国家经济的发展，这样才能为世界大多数国家所接受。

毫无疑义，霸主国可以利用自己的地位为本国民族主义目的服务，为自己的货币霸权、科技垄断、意识形态歧视服务，特别是在霸主国实力相对衰落的情况下，它往往会从一个“慷慨的霸主变成掠夺的霸主”。因此，霸权秩序绝不可能是一个大小国家一律平等的秩序。只是吉尔平不愿多加批判而已。

（《南风窗》2016年第20期，2016年9月21日—10月4日刊发）

不会终结但会改变的『美国世纪』？

桌面摆了两本书，一是约瑟夫·奈撰写的《美国世纪结束了吗》，一是加里·J.斯密特主编的《中国的崛起——美国未来的竞争与挑战》。约瑟夫·奈认为，现在说美国世纪结束未免为时太早，能够挑战美国的对手均尚不足以取代美国的地位，其中当以中国最为逼近，但理性视之，中国的经济实力、军力和软实力都还远逊于美国，要超越美国或取而代之绝非易事。而斯密特组织下的几位作者，却大多对中国崛起显得忧心忡忡，并带有强烈的意识形态偏见，因而力主要加大对中国的遏制，他们可能是“美国焦虑症”在学术领域的代表。

约瑟夫·奈的分析显示出其具有驭繁于简、从容裕如的学术功力。全书既大开大阖，展示出全局在胸的战略视野，又纵论古今，给人以丰富而又深刻的历史意蕴。掩卷而思，以下几点印象颇深。

首先是，如何理解“美国世纪”？如果说有一个“美国世纪”的话，那么，它的起点应从美国参与“二战”的时间，即一九四一年算起。不仅是因为在这一年，美国著名报人卢斯在《生活》杂志上第一次用“美国世纪”为题发表了一篇社评，从而创造了“美国世纪”这个概念，更重要的是，美国当时已经占有了世界经济约一半的份额，是名副其实的第一强国。但“美国世纪”并不意味着美国在全球具有说一不二和无远弗届的霸权，而毋宁说，这是一种“主导地位”或“居高临下”的位势，奈把它称作“半霸权”。其依据是美国做不到让世界完全按自己的意志行事，它不能阻止苏联获得核武器，不能阻挡新中国的诞生，不能打赢朝鲜战争，甚至对毗邻的小国古巴建立起共产主义政权也无可奈何。美国也并没有控制全球，在冷战时期，世界是相互对峙的两极，而不是美国一家说了算；在冷战结束后，美国提供的所谓“公共产品”和“公共服务”，也主要是限于西方资本主义俱乐部的成员，而不是普惠全球，像中国、印度、印度尼西亚等第三世界国家都受益有限。这是客观、公允的。但还有奈不愿涉及的另一面，即在此期间，美国挟王霸之势，也做了许多自私自利、损人利己、恃强凌弱的事情，这也是不能否认的。美国之所以需要这一“霸权”，很大一个原因，就在于有这些“利益”和“实惠”，有这些为所欲为、威风八面的特权。对此，奈却要么讳莫如深，要么惜墨如金，不愿做任何批评了。

其次是，“美国世纪”凭什么还会持续一个相当长的时期？在约瑟夫·奈看来，决定一个国家盛衰的主要因素是军事实力、经济实力和软实力的强弱，由此出发，他对可能挑战美国的几个大国和国家集团（主要是欧盟）逐一进行分析，得出它们在可以预见的几十年内，起码是在二〇四一年以前，都没有可能取代美国。这里，对美国最能构成威胁的是中国，在此期间，中国的经济规模很可能会超越美国，但军事力量和软实力则仍差距甚远，因此综合来看，美国的头号强国地位仍然不可动摇。此其一。从历史经验来看，美国的国力下降不是“绝对衰落”，而是“相对衰落”。在历史上，曾经主宰欧洲大陆几个世纪的罗马帝国，其最后衰落是从内部腐败开始引起的发展停滞和倒退，是千里长堤溃于蚁穴式的无可救药的“绝对衰落”；而曾经威加四海的“日不落之国”的大英帝国，其失去霸权则是由于“相对衰落”，在“一战”前后，它的国力并没有衰减，但却被一些国家，主要是被美国大大超越了，因而不得不交出霸主的“交椅”，但却仍然能够体面地保留住其世界强国的位置。而今天的美国，如果说其国力有所下降的话，那也是一种相对下降，是由于其他一些国家的发展和崛起而形成的下降，美国的综合国力还是逐年有所提升的，这与大英帝国的情形有些类似。所不同的是，尚没有一个国家能像当年美国超越英国那样，对于今天或今后二三十年内的美国居于绝对优势的地位。此其二。约瑟夫·奈从国力出发解释“美国世纪”的可延续性，是有说服力的。但他似乎有些过高地估计了军事实力和软实力的作用，认为美国的军力领先于其他大国几十年，美国的软实力也保证了它与世界几十个国家都有结盟关系，而中国连一个盟国都没有，因而不可能与美国相匹敌。中国当然不想与美国为敌，无论它的国力强大到何种程度。但如果一个国家的经济实力不济了，它又怎么可能支撑其庞大的军费开支呢？即使短期可以，长期下去无论如何也是难以为继的；而盟国关系那更是一个可变系数了，不是说“没有永恒的盟友，只有永恒的利益”吗？

再有，权力转移和权力扩散问题。约瑟夫·奈认为这两种现象都可能是历史发展的大趋势。他提出一个国际权力格局的运行“类似于三维国际象棋比赛的模式”。有同时对弈的三副棋局：最上面一层的是军事对弈，这将是美国一家独大的单极世界，没有可以与之较量的对手；中间一层的是经济对弈，美国虽然仍有一定优势，但明显的是一个多极化的局面，它的主要棋手是美国、欧洲、日本和中国，将来还会有一些国家加入进来；最底下的一层则是非国家行为体所采取的行动，“如银行间的电子化资金转移、恐怖分子的武器转移、黑客对网络安全的威胁、流行疾病和气候变化对人类生存的威胁等”。这是一个立体的权力角力模式，简单地用“单极”、“多极”和“霸权”来加以描述和概括都是没有意义的。这一复杂的局面，“确实显示了可能不会终结美国世纪的重要趋势，但肯定会改变美国世纪”，这大概就是约瑟夫·奈写作这本书的最终结论。

（《南风窗》2016年第21期，2016年10月5日—10月18日刊发）

要警惕『修昔底德陷阱』，也要警惕『冷战陷阱』

《中国的崛起——美国未来的竞争与挑战》是一本能够代表美国新保守主义对华政策的典型著作，该书的研究成果虽然形成于几年以前，但其基本观点在美国学界、政坛仍然具有相当大的影响力。现在，美国下届领导人的竞选已经到了最后阶段，希拉里·克林顿有望胜出。而该书的作者之一，美国著名保守主义学者罗伯特·卡根，就曾在希拉里担任国务卿期间出任过她的外交政策顾问，无疑，他的一些思想和观点将会继续对希拉里发生影响。

我们常说，新兴大国在崛起的过程中，往往难于绕过与守成大国的冲突，这就是所谓的“修昔底德陷阱”；而在这本书里，最显著的特色却是充满了对中国的意识形态偏见，以致中央党校国际战略研究院的刘建飞先生在为译书作序中郑重地提醒人们：“在关注中美关系陷入‘修昔底德陷阱’的时候，绝不应忽略另一个同样重要的陷阱——‘冷战陷阱’。”

该书作者有这样一个观点：美国“忧心”的不是中国崛起，而是中华人民共和国崛起。他们认为，美国在二十世纪之交以新兴大国之姿崛起时，也是雄心勃勃，而当时的守成霸主英国，却能够容忍美国的这种鹊巢鸠占，原因就在于两国在政治和文化上有着基本的共同点。同样，今天由于有政治上的共同点，所以美国的战略家和政策制定者们就不会在午夜辗转反侧，为如印度那样的国家崛起而担惊受怕；由于没有政治上的共同点，美国就必然会为中华人民共和国的崛起而忧心忡忡。作者的意识形态思维实在顽强，他们觉得，美国能够不可思议地拖垮苏联和东欧，取得冷战的胜利；能够随心所欲地发动“颜色革命”，轻而易举地让一些国家改旗易帜；能够用“人道主义”干预的手段，无所顾忌地发动对不喜欢国家的侵略战争；因而也一定能够迫使中国改变政治体制，听命于美国霸权。为此，他们对美国政府过往实施的接触加演变的政策效果非常失望，认为执政当局说得多做得少，因而未能使中国如其所愿地发生“变色”或崩溃。由此，他们还得出中国共产党“不是一个会自行退出历史舞台或者有意识重复苏联戈尔巴乔夫‘错误’的政党或者领导层”。他们认为有必要在继续坚持“接触加遏制”既定方略的基础上，进一步把重心转移到加大遏制上来。

美国要遏制，首先就举起“民主”的旗帜，意图建立一个亚太版的“民主共同体”，使之成为抵御和制衡中国崛起的中坚力量。他们深知，亚太国家文化多元，政体多元，又已形成了数个相互交错的双边机制、多边机制，在这种极为复杂的格局下，企图一下子就建立起一个北约式或者欧盟式的组织，毕竟不太现实。为此，他们提出了一个自认为是具有可操作性的“路线图”。一是巩固日美同盟。作者认为，日本的安全，离不开美国的保护，而美国要继续成为亚洲的主宰，也离不开日本的支持，美日彼此相互需要，这是美国亚太战略的基石。二是建立“亚洲版的安全与合作会议”。参照欧安会的模式，在东盟及中国、印度、日本、巴基斯坦、俄罗斯、韩国和澳大利亚等都已签署的《东南亚友好合作条约》基础上，塞进民主与人权这种价值观导向，尝试建立亚洲安全与合作会议，迫使中国要么接受，要么遭到孤立。三是更进一步建立“亚太民主共同体”。采取“软刀子”伤人策略，不尝试取代亚太地区现存的双边安全条约，以免刺激中国，同时，也避免一些国家在美中之间选边站队的为难，但却在实质上构建起一个以美、日、韩、印、澳为骨干的民主共同体。作者认为，这在本质上是不可避免的。“构建一个能够发挥我们已经掌握的民主国家力量优势的多边机制要比在一个临时性、应急式的机制中进行大国博弈更为明智。”有了这样一个机制，一方面有利于促使中国向民主国家演变，一方面也更能够强有力地遏制中国崛起。

打台湾牌是这些美国智库人士更为居心叵测的一着。他们企图推动美国政府修改“一个中国”的政策。这些人士认为原来“一个中国”政策的背景是为了平衡苏联，现在早已时过境迁，因此美国不需要再打中国牌了；当前美国“一个中国”的政策既与台湾地区的现实相冲突，更与美国“宏大的民主和平视角”不相符，因此必须采取行动加以改变。首先，是要把台湾当局纳入地区外交与多边机制中去，甚至考虑要让台湾重新加入联合国；其次，是提高美国、台湾的接触级别，允许国务卿和防长访台；再有，就是加大舆论力度，让美国政界和社会认同台湾已是一个“成熟的民主政治实体”。如果这一主张被采纳，那将严重损害中国的主权，使当下中美新型大国关系的基础崩塌，后果不堪设想。尽管任何美国执政者都会对此三思而行，但我们却不能不予以高度警惕！

（《南风窗》2016年第22期，2016年10月19日—11月1日刊发）

美国帝权与多孔化地区

对于后冷战时代世界秩序与世界格局的认识与概括，可谓众说杂陈。其中，美国著名建构主义学派的代表人物之一彼德·卡赞斯坦认为，当今世界是一个在美国帝权治下由不同地区所构成的世界。在他看来，二十世纪后半期，是“两个对抗的超级大国塑造了世界政治”，现在，则“是多孔化地区和美国帝权之间的互动塑造了世界政治”。

要理解这一美国帝权治下的由“地区构成的世界”，首先，需要搞清何谓“美国帝权”。在卡赞斯坦看来，美国帝权包括互相联系的两个方面：领土权力和非领土权力。他把美国在冷战和反恐中所建立起来的庞大的全球基地网络都作为美国的领土权力。包括美国在一百五十三个国家所部署的二十五万军事人员，在三十八个国家所设立的重要军事基地等。非领土权力则包括经济影响力、政治和意识形态影响力、文化影响力等。前者大体上相当于在综合国力支撑下由遍布全球的军事力量所形成的硬权力，后者则大体上是一种软权力。按照卡赞斯坦的说法，“即一方面是物质性、领土性和以行为体为中心的特征，另一方面是象征性、非领土性、体系层面的特征”。两种权力同时发挥作用，但却会随着国内外形势的变化而交替消长。卡赞斯坦认为，美国帝权虽然与在它之前的英国帝权、冷战时期的苏联帝权有相似之处，但其差异却更为明显。这就是“美国帝权的范围更广，渗透更深”。大英帝权始终未能控制作为“大国政治心脏”的欧洲大陆，苏联帝权的主要影响则基本上不出其周边，而美国帝权则控制了世界六大权力中心的四个，即除苏联和中国之外的美国、英国、西欧和东亚。而且美国帝权延续的时间更长，直到二十一世纪之初尚未显示出衰退迹象。这种帝权，在过去和将来都会对世界各个地区、各种事务发生无所不在的影响。

其次，需要搞清何谓全球化和国际化。这本是人们早已用得烂熟的概念。但卡赞斯坦却认为，学界往往把这两者混为一谈，而其实它们所表达的意思是有很大区别的：“我将全球化定义为超越空间和压缩时间的进程，全球化对于世界政治来说具有全新的变革性作用。我还将国际化定义为以领土为基础的跨国界交换进程，国际化是国际范围内国家体系进化的基本延续。全球化彰显了世界政治中新的行为体的兴起和新的关系的出现，国际化则表示原有行为体持续的重要性和原有关系的进一步加强。”具体而言，全球化往往是指基于科技进步而创造的新的跨国事物和跨国行为，如基于卫星技术、数字技术和光纤技术而形成的全球信息网络，基于金融进步和跨国公司而形成的全球金融和跨国生产、跨国经营、跨国服务，以及在此基础上产生的数不胜数的各类非政府组织及个人，他们所从事的各种跨国行为和建立的各类跨国制度，等等。而国际化所表明的是，国际交易在世界经济中的作用日益重要，各国间货物、服务和人员的流通在不断增长；同时，国际化的过程又是一个典型的政治过程，在这一过程中，国家依然是国际体系的基本行为体，政府依然是搭建政治舞台的核心实施者，安全依然是各国首要考虑的问题，而参与国际化的国家依然是为了谋求自身的利益和权力。

国际化和全球化相互依存又相互作用，从而打破了地区的封闭性，形成了多孔化的地区。所谓多孔，指的就是开放性和通透性，这是由国际化和全球化的互动为地区带来的时代特征。卡赞斯坦不同意弗里德曼关于取代冷战体系的新国际体系就是全球化的著名论述，认为“全球化和国际化共存互补，使地区成为深嵌于美国帝权框架中的多孔化地区”，才是新的国际体系。这一新的国际体系，实际上是美国帝权同全球化、国际化和地区化四种作用力而形成的平行四边形。全球化促使各国的经济、文化更加紧密地联系在一起，甚至一个产品都由多国多地制造，是名副其实的国际性生产。而在一个地区内，国与国彼此靠近，更容易形成相对独立的经济区和文化区，特别是有核心国家存在的情况下。因此，全球化、国际化与地区化看起来有点南辕北辙，其实却是相辅相成的共生体。卡赞斯坦认为，在这种地区化的体系中，美国帝权如水银泻地般渗透其中，甚至欧洲和东亚，其核心国家德国和日本，都是美国长期培植的产物，而围绕其周围的整个经济和政治共同体，都与美国有着千丝万缕的联系，他们需要美国帝权为之提供支撑，提供保护，提供秩序，提供公共产品和服务，这就是当今处于支配地位的世界秩序和世界体系。那么，中国呢？俄罗斯呢？无论从什么角度看，这两个国家在世界抑或在亚欧地区中，也不应该是无足轻重的吧？我不知道这是卡赞斯坦的学术傲慢还是意识形态偏见。

（《南风窗》2016年第23期，2016年11月2日—11月15日刊发）

美国帝权的非领土权力维度浅析

卡赞斯坦对美国帝权的研究可谓鞭辟入里，入木三分，他既指出美国帝权包括领土权力和非领土权力这两个维度，又进一步指出这两个维度在不同的历史时期、不同的时代条件和不同的国内政治联盟状况下会有不同的表现形式，从而呈现出一主一辅，交替突出，轮番充当主角的现象。但他也明确认为，就总体而言，美国帝权的非领土权力在大多数的时间和范围里发挥着核心作用。

在卡赞斯坦看来，这是因为，美国是世界政治中的一个例外，推行普世主义的美国制度和价值观，是它神圣而不可移易的独特使命。因而它的着眼点就不是要日益扩大自己的国土和建立大量的海外殖民地，而是要“普世共国”，开启所谓世界民主国家不断扩展的新纪元。正由于此，在美国历史上，曾因完成了在美洲大陆开疆拓土事业，被称为是“美国俾斯麦”的詹姆斯·波尔克总统，居然在华盛顿广场上连一座纪念他成就的纪念碑都没有，并在美国的集体意识中几乎完全被忘掉。而世代相袭的却是美国要“给人类树立一个崇高的新榜样”，要建立“一座人权的丰碑”，让圣火“从这里出发点燃地球上的其他地区”，从而使美国成为这个世界新的“耶路撒冷”，新的“山巅之城”的这些理念。

我们还真不能低估这种价值观和目标指向对美国政治的影响力。诚然，在美国，历来存在所谓现实主义和自由主义两种政治传统，现实主义毫不掩饰地声称，一切以美国的利益为取向；而自由主义则表明，他们要站在道德的制高点上，以美国的价值观为最高原则。以往，我们总觉得后者有些虚伪，是挂羊头卖狗肉。现在看，这种根深蒂固的意识形态，无孔不入地渗透进美国非领土权力的方方面面，成为它在世界各地攻城略地的一个利器。这已经是一种货真价实的政治目标，而不能简单地把它看成是一种可以随时转向的政治手段和政治策略。

这种非领土权力本质上具有无限的向外扩张性。卡赞斯坦认为，根据美国《宪法》，“大众主权可能会产生不同的结果，有两种结果尤为可能：内向的民主自制和外向的扩张性。‘普世共国’的思想是无限制扩张倾向的核心，目的是开启世界民主国家的和平与繁荣的时代”。对此，杰斐逊说得更为彻底：扩张是“稳定、安全和繁荣的自由帝国不可分割的伴生物”。那么，如何扩张呢？由于时移世变，美国将不能再仿效昔日大英帝国用直接军事控制和建立殖民地的办法来维持帝权，而更多的是采取根植相似的价值观于他国，并相应地建立一些体现美国意志的国际制度来实现。

向他国根植价值观，当然不能无足而行、无翼而飞，它要依赖于一定的渠道和载体，这就是美国无所不在的各类跨国组织，正是它们承担着价值观传播的使命。“这些跨国组织都是从美国的各种政府和非政府组织演变而来的”，从这一意义上，“与其说美国扩张的基础是对外国人民和资源的控制，还不如说是对美国人员和资源的部署”。现在我们应该明白了，打着各种旗号在世界各地进行各种活动的诸多美国非政府组织，它们的核心使命是什么了。我们当然无须对它们一律拒之门外，但在同他们进行交流和交往的过程中不应失去应有的警惕。卡赞斯坦说得十分清晰：“美国扩张一般不谋求获得外国领土和控制权，而是要渗透到外国社会，并获得在那里自由活动的能力。这种形式的扩张是美国扩张的精髓，呈流散状和多元化。”在使用领土权力的时候，美国最强调的是所谓海上通行自由，而在使用非领土权力的时候，美国需要的则是非政府组织在别国的活动自由。可以说，两个自由相互配合，彼此援手，共同保证美国帝权的实现。

建立国际制度，是实现美国帝权的又一重要支撑。过去大英帝国在帝权制度上投资甚少，以至在维持其帝权秩序的时候，要么成本太高，耗力太大，要么捉襟见肘，力不从心。美国总结了这一教训，在制度建构上十分用力，企图用制度规范帝国秩序。这些制度包括世界贸易组织、国际货币基金组织和世界银行等，有学者甚至将这些制度称为美国的“宪政秩序”，它们是美国帝权在国际层面的基础架构。卡赞斯坦认为，“通过这些制度，世界政治中最重要的民主资本主义国家‘应邀’加入了美国帝权”。由于它把“自由主义价值观和帝国统治融合在一起”，因而把它称之为“帝制共和国”也是“非常恰当”的。对此，我们应当用两分法的观点来看，既要看到这些国际组织和国际制度为美国帝权所操纵、所服务的一面，也要看到它在维持当下国际经济和政治秩序方面尚有不可缺少的一面。作为后发国家，我们只有加入其中，利用其于我有利的一面，才能更好更快地发展自己，只是与此同时不要忘记它的本质属性就是了。

（《南风窗》2016年第24期，2016年11月16日—11月29日刊发）

从特朗普约见基辛格说起

当选美国总统的特朗普不久前约见了具有传奇色彩的资深外交家、国际关系学者基辛格，这当然是就外交政策问题征询这位智者的意见。至于他们之间究竟讨论了些什么，基辛格提出了哪些建议，我们当然无从得知。但基辛格对于美国外交战略的多年思考，对于世界进入二十一世纪以来国际格局及其走势的分析和判断，却有其著作在，我们通过分析，似也可以做一些管中窥豹式的猜想。

基辛格对于美国的外交传统了如指掌，在他看来，由西奥多·罗斯福所开创的现实主义外交政策理念和由威尔逊所开创的理想主义外交政策理念各有千秋，虽然就其影响来说，威尔逊可能更为深远，但基辛格却在赞扬之余多少有些微词，他更服膺于西奥多·罗斯福，并对罗斯福未能来得及系统阐释和传承他的外交理念而深为惋惜。基辛格认为，此后，出色地继承和发挥了罗斯福外交路线的总统则非尼克松莫属。他们都是在美国历史上的关键时期敢作敢为的伟大政治家。据此推断，基辛格有可能期望特朗普能够秉持现实主义传统，承续西奥多·罗斯福和尼克松的衣钵，在国际关系领域以美国利益为取舍，而不是过多地依据价值观行事和决策，从而在外交上革故鼎新，有所作为，担当起领导重建国际体系的重任，成为一代杰出的美国总统。

基辛格认为，重建国际体系是构建一个稳定的世界秩序的关键。对此，在进入二十一世纪后，基辛格可谓念兹在兹，反复申论，这在他的两本最新著作《美国的全球战略》和《世界秩序》中有充分体现。他指出："重建国际体系是对我们这个时代政治家才能的终极挑战。"基辛格所要重建的国际体系是一个什么样的体系呢？他在《世界秩序》一书中有一句言简意赅的概括："在当前的历史时刻，这意味着根据当下的现实实现威斯特伐利亚体系的现代化。"我们知道，威斯特伐利亚体系的精要和基石是主权国家平等共处。即构建一个国家无论大小强弱，无论实行何种制度，无论秉承何种宗教或价值观，都要相互包容的国际体系。这一体系把多样性作为起点，把彼此情况各异的国家作为客观存在的现实；这一体系把主权国家作为世界秩序的基石，而不是把帝国、王朝或宗教信仰作为基石；这一体系的实质是要建立一个各方实力彼此制约的战略均势，而不是一个缺乏制衡、动荡不安的无序世界。基辛格认为，这一体系仍将是当今国际秩序的骨架。只是还必须加以发展，使之现代化，以适应日新月异的国际社会现实。所谓现代化，我以为就是，一方面要充分发挥美国的主导作用，一方面要充分考虑到核力量的存在，考虑到互联网和数字时代对国际事务和外交活动的影响。这些重建国际体系的思想会不会是基辛格的一个建议内容？

当然，当前最切要、最关键、最棘手的几个国际问题，应该会是他们交谈的重点。这里少不了如何认识和处理大国之间的关系，其中主要是美国和中国、美国和俄罗斯之间的关系。基辛格认为，大国既可以是构建国际秩序的骨干，也可以是破坏国际秩序的元凶，在拥有热核武器的情况下，大国之间的争斗如果失去控制，轻者是现有秩序遭受破坏，重者甚至会危及人类生存。因此，他主张要缓和大国之间的冲突。其中最重要的是要处理好崛起大国和老牌大国之间的关系，亦即中国和美国的关系。"老牌大国和崛起中的大国之间存在潜在的紧张因素，这一点自古皆然。崛起中的大国不可避免地会涉足之前被老牌大国视为禁脔的某些领域，同样，正在崛起的大国怀疑对手会在它羽翼未丰的时候试图扼制它的成长壮大。”特别是，作为一个重要国家在二十一世纪的国际秩序中如何发挥作用，中国没有先例可循；美国也从来没有和一个在国土面积、影响力及经济实力与其相似、但国内制度却迥然不同的国家长期互动的经验。因而矛盾不可避免，关键是要防止误判和保持克制。为此，基辛格对于中美关系有这样一个定位：双方既是对手，又是伙伴。是对手就会有竞争，有博弈，甚至有对抗；是伙伴，就要有交往，有合作，在某些方面还可以有默契。这看来是一种矛盾和模糊，然而在基辛格看来，正是这种矛盾和模糊反而维持了均势的弹性和灵活性。因此，处理中美关系必须把均势与伙伴关系的概念结合起来，必须运用精明睿智的政治技巧来找到两者间的平衡，否则，就会酿成大祸。基辛格对于俄罗斯的认识，似乎是警惕和防范多于信任，他认为俄在历史从来没有离开过扩张。他的这些观点会对特朗普有所影响吗？让我们拭目以待之。

他们还可能谈到欧洲问题、亚太问题、中东问题、朝核问题，限于篇幅，就此打住。

（《南风窗》2016年第25期，2016年11月30日—12月13日刊发）

最大限度地占有世界权力是美国从未改变的国际政治目标

约翰·米尔斯海默在国际关系领域是进攻性现实主义学派的代表，他好就好在摒弃任何伪装，将历届美国政府在国际关系领域所秉持的基本原则，不加掩饰地告与世人。在《大国政治的悲剧》一书中，他指出，美国从来都是把获取尽可能大的世界权力，作为其国际行为的根本出发点和追逐的根本目标，没有例外。区别只是在于有的执政者非要为这一目标披上一件政治正确和道德高尚的外衣，而有的则不屑于或不刻意这么做而已。这就告诉我们，这一目标，它绝不会因美国领导人的改变而改变，也不会因美国领导人或动听或粗野的言论而有什么不同。这是由美国利益（确切而言是美国统治阶级的利益）和其大国地位所决定的，任何领导人都只能在这一既定前提下决策行事。如果一定要说他们之间有区别的话，那也不过是九十步和一百步的不同，其基本方面完全是一脉相承、一以贯之的。

为揭示美国从未因重视理想主义价值观而忽视权力政治的法则，米尔斯海默引用历史事实来加以论证。他对一些人认为在历史上美国曾有两次完全可以占有更大的世界权力但却并没有去追求和占有的事例，加以详尽分析，他指出，这并不是美国人受高尚的道德意图所驱使，而主动不去选择追逐更大的世界权力，而是别有隐衷。第一次，通常认为是在十九世纪下半叶。此时美国已经具有成为世界大国的经济实力，它赢得了美西战争，控制了古巴、关岛、菲律宾和波多黎各，它已经把自己的触角从大西洋伸到了太平洋，似乎完全有能力与欧洲列强在全球进行角逐。但这只是事情的一个方面，从更有长远战略的眼光来看，在整个十九世纪，美国国际政治的一个更为重要的目标是要获取在西半球的霸权，为此，它要使自身更为强大，它要能够应付裕如地支配其他独立的南北美洲国家，它还要能够有效地阻止欧洲大国将军事力量投放到美洲，因而不宜在基础不牢和羽翼未丰之时过早地参与大国角力。事实上，美国的这一战略极富远见，十分成功，它使美国从此可以独享西半球霸主的宝座，一个多世纪以来没有任何挑战者能够觊觎这一地位。

第二次则是在进入二十世纪的前几年，此时，美国已经拥有世界上最强大的经济并获得了巩固的西半球霸权，但它并没有倚势而进，得陇望蜀，试图征服欧洲和东北亚的领土，这同样不表明美国不期望取得更多的权力和利益。在米尔斯海默看来，事实上，每个大国都想支配世界，然而却没有任何一个大国仅凭自身的军力就可以成为支配世界的霸主，迄今为止，所有的大国霸权都是地区性霸权，而没有全球性霸权，美国在冷战结束后的最初几年，差几近之，但也不是。即使在美国最强大的时候，它也没有跨越太平洋和大西洋投送足以长久维持霸权利益的军事力量的能力，美国只能做到不允许欧洲和亚洲出现地区性霸权国家以挑战美国霸权地位的事情。一旦发现苗头，它就会毫不犹豫地充当离岸平衡手的角色予以干预。这就是美国之所以不在欧洲和东北亚追求更大利益的真实原因，它不是不想为，而是不能为。这是一种明智而不是高尚。

米尔斯海默不认可在国际政治中有所谓单纯出于良好动机的美国行为。在他看来，如果完全无损于美国的权力和当时的国际均势，美国可能会愿意做些人权干涉的“好事”，而如果一旦出现其所追求的目标与其所标榜的价值观相悖的情况时，那美国将毫无疑义地按权力原则和利益原则行事，而把所谓的价值观抛在一边，这是势所必然的事情，毕竟最大限度地占有世界权力才是真正的铁则。

米尔斯海默认为，要最大限度地占有世界权力，必须抓住以下四点：一是追求全球唯一的地区霸权；二是尽可能多地控制世界财富；三是有支配所在地区的地面力量优势；四是拥有核优势。概而言之，即政治上要有尽可能大的国际权力，经济上要有尽可能多的物质财富，军事上要有不容挑战的核力量和常规力量。而归根到底，则是要维持全球唯一的地区霸权。这就意味着，它不允许再出现一个与之实力接近的大国，不但卧榻之侧不容他人酣睡，就是远隔重洋也不行。然而大国兴起，毕竟是世界发展的题中应有之义，于是它就要打压，就要“再平衡”，就要构筑一个遏制之网。米尔斯海默认为，大国和平崛起颇难，这是大国的悲剧。然而难则难矣，在历经磨难、饱受忧患的中国人民面前，就没有过不去的火焰山，只要我们高举和平发展的旗帜，脚踏实地地建国兴邦，既不惹事也不怕事，就一定能够于山重水复之中，走出一条柳暗花明的道路来！

（《南风窗》2016年第26期，2016年12月14日—12月27日刊发）

应准备与山姆大叔进行新一轮过招

美国候任总统特朗普最近的一系列表现，已经比较充分地暴露了他对中国政府和中国人民的深刻偏见，他的这些颇不友善的言行，虽然早在意料之中，却也有些过于出格。然而我们没有选择，不能不与之打交道。个人认为，特朗普的上任，很可能会在一段时期内使进攻性现实主义大行其道，因此，看看该学派的代表人物米尔斯海默所设想的中美之间的争霸斗争，对于我们成竹在胸地应对挑战，也许不无裨益。

米尔斯海默有一个坚定不移的认识，这就是国际体系的基本结构决定了“大国的最终目的都是尽可能攫取世界权力，最终支配国际体系”。在他看来，这已为历史所反复证明，迄今没有例外，也不可能有例外。他由此做出进一步推论：“中国经济如果继续增长，就会像美国支配西半球一样支配亚洲”，与此同时，美国也一定会“全力以赴阻止中国取得地区霸权”。这就是说，中国的发展绝无可能不走地区称霸之路，而美国也绝无可能不阻止中国取得霸权。于是，“修昔底德陷阱”将无可避免，这是大国政治的必然逻辑。

那么，美国将如何阻止中国呢？对此，值得注意的是，米尔斯海默用了“全力以赴”和“竭尽全力”这样的词汇来表明美国在这一问题上必然会采取的立场、决心和态度。也就是说，美国一定会调动一切可以调动的资源，动用一切可以动用的手段，使出“浑身解数”来阻挠中国的崛起。对于这一现实主义观点，我们决不能等闲视之，因为这实际上是美国整个政治界、军事界和外交界居于主流的观点，他们的世界观和价值观使之无论如何也不能理解与相信中国走和平发展道路的真诚性和必然性，也不能理解与相信在新的历史条件下，中美之间还能够另辟蹊径，建立新型大国关系，走一条和平发展、互利共赢的路。在他们眼里，大国之间只有对抗，只有争霸，别无他途，期望中美之间合作建立世界新秩序，那无异于是天方夜谭。面对这一现实，我们只能扎紧自己的篱笆，树立忧患意识，以枕戈待旦的精神，做好应对未来斗争的充分准备。

进攻性现实主义毫不掩饰地认为，“确保中国做不成地区霸主明显符合美国的深层利益”，而美国对付中国崛起的最佳战略依然还是“遏制”，就像冷战时期美国及整个西方世界对待苏联那样。而“遏制”的关键则是要建立一个制衡联盟，这个联盟的成员“应尽可能吸收中国的邻国”。米尔斯海默罗列了一些国家，其中包括韩国、日本、印度尼西亚、菲律宾、新加坡、越南、印度甚至俄罗斯等。他认为这些国家都对中国的崛起感到恐惧和担心，都有意愿参与制衡，美国的作用就是要穿针引线，把他们组织起来，建立一个亚洲版的“北约”。他的逻辑是这样的：第一，在国家关系中安全永远是第一位的，在强邻面前，弱国不能不产生芒刺在背的感觉，所以，任何国家都不会希望邻国强大，它们都是强邻现实或潜在的对手，都有可能成为制衡联盟的成员。第二，中国的邻国，特别是其中对中国有明显担忧的国家，互相之间距离遥远，譬如日本、越南和印度之间就是这样，因而需要美国居中协调和组织。第三，中国的邻国处于相对弱势的地位，许多时候并不能完全制衡中国，这时就需要美国亲自出马，变“离岸平衡”为“上岸平衡”。因此，如何防止美国建立起围绕我国的制衡联盟，无疑将是中国外交最为重大的课题。

米尔斯海默还提出可以代替遏制的以下三种战略：一是实行预防性战争；二是执行旨在减慢中国经济增长的政策；三是“挖墙脚”。对于前两种，米氏自己就作了否定。因为他认为美国不能发动对有核国家的预防性战争，况且中国是一个面积庞大、人口众多，且又有着强大陆上力量的大国。对于迟滞中国经济发展，米氏也意识到，这很难做到，因为美国的经济制裁或中止对华贸易，只会为其他国家腾出与中国合作的机会和空间，是划不来的蠢事。但这也提醒我们，要实现和平崛起，没有一个足以令战争狂人缩手的核威慑和核还击力量不行，没有一个稳健而快速发展的经济也不行，实力毕竟是归根到底起决定作用的东西。而对于“挖墙脚”，米氏认为这具有现实的可操作性。所谓“挖墙脚”，就是在我国国内通过各种方式制造麻烦，如支持分裂势力，支持“民主运动”等；在我国国外则通过颠覆亲华政权的办法来削弱我们的国际支持力量，譬如使巴基斯坦发生政权更迭，树立亲美领导人等。这实在是有些无所不用其极了，但他绝不是危言耸听，美国是完全做得出来的。

总之，凡事预则立，不预则废，把形势估计得严峻些，把准备工作做得更好些，才能在新一轮过招中立于不败之地。

（《南风窗》2017年第1期，2017年1月1日—1月10日刊发）

简议美俄关系的四次重启

安琪拉·斯登特曾是克林顿和小布什两任美国总统的俄罗斯问题顾问，也曾在该两届政府的国务院规划办公室中任过职，并担任过乔治城大学欧亚中心、俄罗斯及东欧研究中心主任，集学者和官员于一身，对俄罗斯和俄美关系有着系统而透彻的研究。她的最新著作《有限伙伴——21世纪美俄关系新常态》，对冷战结束以来的美俄关系做了详尽的回顾和剖析，指出在此期间，俄美关系经历了四次重启，但每次都以渐行渐远而告结束。这是魔咒还是宿命？现在美俄关系已经走到了苏联解体以来的冰点，然而似乎应了“物极必反”这一古训，特朗普的胜选，又预示着新一轮合作关系的再次重启，那么，此次重启的前景又将会怎样？

让我们先随着斯登特的著作回顾一下此前四次美俄关系的重启过程。一九九二年苏联解体伊始，美国在任总统老布什开始启动建立新的美俄关系。他主要做了这样几件事：一是确定支持俄罗斯总统叶利钦，以防止共产党人卷土重来；二是决定承认脱离苏联的十五个加盟共和国为独立国家；三是协助处理苏联留下的庞大核武库，保证不发生核失控和核扩散；四是提供经济援助。这最后一点本来是俄罗斯最为需要的，但美国却口惠而实不至，实际提供的援助可谓微不足道，让处于艰难竭蹶之中的俄罗斯大为失望。这次美俄关系的启动，是俄罗斯处于极为弱势的地位，它有求于美国，希望加入西方世界并得到美国的认可，希望继续以一个大国和独联体当家人的身份得到美国的尊重。美国则从现实主义原则出发，一方面不希望俄罗斯国内失控、失序，一方面则乐见苏联解体，使俄罗斯的国力和势力范围大幅削弱。而对于俄罗斯的政治和社会经济转型，美国当时却持相当保守的态度，因此并不愿拨出巨额资金予以资助，只是画了一个好看的大饼，事后多数都未兑现。

第二次启动是在克林顿总统任期内。克林顿推行自由主义的对外政策，认为民主国家之间不可能发生战争，因而积极推动美国对俄罗斯的国内转型施加影响，企图用美国的价值观和政治体制来重塑俄罗斯。在双边关系上，一方面将俄罗斯拉进七国集团，使之成为富国俱乐部的成员，成为主导世界的第一方阵中的一员。另一方面，则推动北约东扩，继续压缩俄罗斯的战略空间；并且拒绝承认独联体，不认为俄罗斯与“独联体”国家有特殊关系，更不认为这些国家属于俄罗斯的势力范围。这样，到了克林顿八年任期即将结束的时候，美俄两国实际上已经相当疏远，特别是以美国为首的北约强行介入科索沃战争，发动对塞尔维亚的轰炸，使得俄罗斯有上当之感；而俄罗斯在伊朗核计划上，在镇压车臣分裂分子的恐怖活动上也与美严重龃龉。以至在二十世纪末的伊斯坦布尔欧洲安全与合作组织峰会期间，克林顿与叶利钦勃然翻脸，叶利钦在克林顿发言时几乎拂袖而去，而克林顿更是在两人单独会晤时，傲慢地还以颜色，把脚翘到了桌面上。曾经像一对兄弟的两位领导人，终于变成了互不买账的对手。

第三次启动发生在小布什和普京之间。这次启动颇具戏剧性。布什就任后，双方并没有互相示好，而是首先进行了一场剑拔弩张的外交战，互相驱逐对方五十三名外交人员，使两国关系罩上了一片阴云。然而“9·11”事件的发生，却一下子使事情峰回路转，精明过人的普京马上抓住这一难得机遇，第一个给小布什打电话，表示慰问和支持，并提出在反恐斗争中，美俄应并肩作战。于是俄美再一次迎来了一段蜜月期。此时，俄罗斯的诉求主要是，希望美国接纳俄罗斯为决定世界事务圈子中与美国平起平坐的一员；俄罗斯是美国“全球反恐战争”中的一个重要合作伙伴；并让俄罗斯国内打击北高加索地区分裂势力的斗争，与美国打击基地组织的斗争得到平等的对待；此外，还应确保美国承认俄罗斯的核心利益，包括承认苏联各加盟共和国属于俄罗斯的势力范围。而美国也需要俄罗斯同意美国通过中亚地区实施对阿富汗境内的塔利班进行打击；需要与俄罗斯共享有关塔利班的情报。而对于俄罗斯的一些政治要求，则采取一种事实上的默认态度。作为回报，美国还答应加快实施俄罗斯加入世界贸易组织的谈判，并答应帮助俄罗斯尽快实现经济现代化和融入全球经济体系。然而，在相互握手的同时，美俄却也并没有停止角力。小布什政府不遗余力地推进北约东扩，且不顾俄罗斯的强烈反对，执意把波罗的海三国接纳为北约成员国；而俄罗斯也不理睬美国的反对，继续向伊朗提供核援助。特别是美国在悍然发动伊拉克战争时，事先完全没有把俄罗斯放在眼里，从而引起了普京的强烈不满和反对。更有甚者，从二〇〇三年开始，在美国的支持下，在俄罗斯的后院，一些国家相继发生“颜色革命”，使亲西方的领导人上台执政；再加上美国一直拒绝考虑俄罗斯在伊拉克和伊朗的利益，也未让俄罗斯加入世贸组织。从而让俄罗斯大为失望，普京与小布什的朋友之交也就基本结束了。

第四次重启是在奥巴马和时任俄罗斯总统梅德韦杰夫手中开始的。有意思的是，当美国国务卿希拉里·克林顿与俄罗斯外长拉夫罗夫举行首次会晤时，希拉里交给拉夫罗夫一个小礼品盒，在记者们急切目光的注视下，拉夫罗夫拿出了礼品，是一个红色的圆形按钮，上有英文“重启”二字和相应的俄文一词，尴尬的是，俄文的翻译竟误为“过载”一词。应该说，在奥巴马和梅德韦杰夫执政期间，美俄似乎都有重塑和改善关系的愿望，但实际情况却是不冷不热，波澜不惊。及至普京再次返回克里姆林宫之后，双方关系更是举步维艰、步履蹒跚了，又由于克里米亚事件和俄罗斯在中东力挺叙利亚的巴沙尔政权，就彻底形同水火，日趋对立了。

时移世变，现在特朗普来了，美俄关系的第五次重启已经呼之欲出，它会成为全面的战略伙伴还是仍然只是一个“有限伙伴”呢？且让我们静以观之。

（《南风窗》2017年第2期，2017年1月11日—1月24日刊发）

如何估量美俄关系的再一次重启？

特朗普就任后将会重新修复美国与俄罗斯已经非常糟糕的关系，并试图“联俄制华”，让世界格局发生异乎寻常的变动，这是一段时间以来的一个舆论热点。然而，特朗普真有那么大的神通，可以玩天下于股掌之中吗？

应当说，让剑拔弩张、全面对立的俄美紧张关系缓和下来，双方可能都有这一需要。美国既要反恐，又要拒俄，还要围堵中国，早已感到捉襟见肘，左支右绌，力不从心；加上同时与中俄两个大国较劲，势必将两国逼成抱团还击的战略伙伴，这对美国的地缘政治来说，简直就是一场噩梦。布热津斯基等一些有识之士，早就认为如果形成这样的局面，那美国将在欧亚大陆这一“世界岛”上没有立足之地。现在政府换届，正是美国战略调整的一个时机。而俄罗斯呢，由于以美国为首的西方列强的长期制裁，以及世界经济下行，能源价格不断走低，其国内经济已跌至谷底，再加上近年出手克里米亚，又在叙利亚用兵，虽是妙棋连连，但毕竟是勉力为之，不堪重负，也亟须休养生息，恢复元气。它在二〇一六年后几个月抓紧帮助叙利亚政府军发动攻势，力求抢在美国新总统上任前在叙利亚形成不可逆转的战略优势，这实际上是在为新一轮政治解决叙利亚问题奠定基础，预做准备。因而，美俄关系出现某种和解、某种改善，这几乎是可以预见的，总不能一直高强度地对抗下去吧。

但缓和绝不意味着两国可以化敌为友，结成同盟。两国可能会互相做些让步，譬如在中东，双方也许会各自放弃一些非当务之急或非根本性的利益，做出某种妥协；在双边关系上，美国也许会承诺取消对俄制裁，不在俄和原独联体国家从事支持和怂恿类似“颜色革命”性质的颠覆活动，不进一步在俄周边部署北约部队和新建军事基地等；俄罗斯也许会在核武器开发上做些让步，并承诺尊重乌克兰除克里米亚外的现有主权等。这种妥协和缓和，可以使美国在欧洲和中东多少松一口气，相应腾出一些力量和精力，打理国内问题和经略亚太。同样，俄罗斯也将抓住这一机遇，着力解决多年不振的国内经济问题，并借助能源价格的逐渐回升，使经济复苏并恢复增长。但俄美之间的根本矛盾不可能得到解决，两国之间长期形成的互不信任更不可能涣然冰释。美国无论如何也不会放弃它在欧洲和中东的巨大利益和所谓的“领导力”，那是它称霸世界分量最重的一个砝码，哪有舍弃之理！同样，俄罗斯也不会停滞其对生存和发展空间的扩展，不会中止自己的欧亚战略，更不会降志辱身，放弃成为世界一流大国的雄心。它们之间的利益冲突将是长时期的、宽领域的，此一时的“伏”不过是准备着彼一时的“起”而已。

况且，企图挑唆俄罗斯和中国反目，如果特朗普真有这种考虑，那也只能是他的一厢情愿。且不说这些年中俄之间彼此交好，在许多重大国际问题上见解相近，相互支持，形成了很好的合作关系，就是从自身利益出发，也完全没有疏离中国更遑论翻脸的理由。中俄之间经济上互补性强，贸易和经济合作空间相当大；中俄国土相连，良好的关系将大大减轻两国的安全压力；中俄在对待恐怖主义问题上立场接近，都反对在“反恐”上实行双重标准；中俄两国人民和军队有传统的友谊，两国领导人联系紧密，彼此高度互信。还不止于此，只有在维持中俄之间友好关系的基础上，才能使俄在与美对话中居于更为有利的地位，而一旦远离中国，投入美国怀抱，那就难免会变成美国的一个小伙计，不可能受到它的尊重。俄罗斯在叶利钦时代有过类似的前车之鉴，以弱者的地位期望得到美国的平等相待，那只能是自取其辱，是完全不可能的事。以普京总统的睿智，当不会出此下策。

换个角度来看，美国的政治精英和智囊人物，也对俄罗斯的战略文化存在着根深蒂固的不信任。在他们看来，俄罗斯传统上就是一个扩张型的国家，包括与普京总统有着良好交情，据说为特朗普谋划和牵线“以俄制华”的著名外交家基辛格，也曾在《世界秩序》一书中这样写道：“几百年来，俄国的政策遵循着自己的特殊节奏，在一个涵盖了各种气候和文明的大陆板块上不断扩张，只有当需要调整国内体制以适应其庞大的新疆土时，扩张才会暂时中断，之后又如同漫上海滩的潮水一般卷土重来。从彼得大帝到普京，时过境迁，然而俄国的扩张节奏却惊人的一致。”另一位著名战略家布热津斯基在其《战略远见——美国与全球权力危机》一书中，也对俄罗斯怀有类似的疑虑，他指出，在俄国，“许多政治精英希望俄罗斯能迫使美国离开欧洲，从而使俄罗斯成为欧洲占主导地位的国家，甚至希望俄罗斯成为与美国对等的世界强国。还有一些俄罗斯人似乎沉醉于几个迷人的概念，譬如‘欧亚主义’‘斯拉夫联盟’‘俄中反西方同盟’”。还有那位撰写《有限伙伴——21世纪美俄关系新常态》的作者，俄罗斯问题专家安琪拉·斯登特也持同样观点，他提醒说：“俄罗斯长达一千年的历史本来应当让西方国家记起，俄罗斯一向都是根据它对邻国的掌控程度来界定本国安全的。”“对于俄罗斯这个国家来说，在其附近地区进行殖民统治并且征服邻近民族，是一个从未间断的过程。”在美国，这绝不是少数人的看法，试想，一个主流政治家具有如此认识的国度，怎么可能与俄罗斯建立起长期的战略同盟呢？

（《南风窗》2017年第3期，2017年1月25日—2月14日刊发）

当今世界会重复一个世纪前的历史？

“时乎时乎不再来”，历史也是如此，历史是社会的过去时，它不可能重演，但是，我们总能在不同的历史时代中看到某种前后相继性，甚至会有惊人相似的现象复现，于是为吸取教训，昭示未来，人们又往往乐于回顾历史，类比历史，以史为鉴。伦敦政治经济学院国际关系教授克里斯托弗·科克尔在其大作《大国冲突的逻辑——中美之间如何避免战争》一书中，就对今天的世界与一个世纪前，即第一次世界大战前的历史做了一个多角度、多方位的对比，当然，进行这一类比的西方学者和政治家远不止科克尔一人，但科克尔确实用力颇多。“奇文共欣赏，异义相与析”，就让我们从分析科克尔的这一类比中收获一些有益的历史经验吧。

“往事可顾而不可塑，未来可塑而不可顾”，科克尔说得真好。他认为在回溯历史的时候，今人有后见之明的优势，因而往往自以为比古人聪明，其实并不如此。许多在今天看来是显而易见的事情，身在其中的古人却难识“庐山真面目”，其原因只是他们无法看到未来，而今后的人们将来再来回看我们时也会有同样的感慨。因此，一切对于未来的展望和预言，我们都不能对之估计过高，毕竟“展望未来犹如雾里看花”。因此，他不赞成从历史类比中简单地推测未来，但他同时又认为，鉴古以观今、鉴古以开来还是必要的。

那么，今天的世界与一九一四年前的世界相比有哪些相似之处呢？展读全书，似有这样几点。

首先，与今天类似，一九一四年前的世界已经是一个全球化的世界了。各地区紧密联系，互通互融，很难分割。无所不在的商品经济已经把整个世界联结为一个统一的市场。商品已在全球范围内流动；世界金融体系已经形成；一国的经济波动会迅速蔓延至整个世界；百万欧洲人移民美洲。因此，他认同一些学者的看法，彼时的全球化程度与现在相比有过之而无不及。科克尔认为，一个世纪前全球化未能阻止大国战争的发生，今天恐怕也是这样。这是有道理的。但我们也不能忽略二者间的不同，毕竟彼一时此一时也，今天的全球化，无论在深度上和广度上都远不是往昔所能相比。最突出的是，今天的世界经济已经成为一个由价值链之网编织起来的一体化经济，绝大多数产品都需要各国各地相互配合才能完成，才能实现效率和效益的最大化。这就使得各国经济从来没有像现在这样“剪不断，扯不开”，“你中有我，我中有你”，“一损俱损，一荣俱荣”，成为名副其实的“命运共同体”。因此，逆之而行，坚持对抗，势必彼此受损，两败俱伤；顺势而为，秉持合作，才能两全其美，互利共赢。

其次，守成大国与崛起大国的冲突成为占支配地位的冲突。科克尔认为，一九一四年的大国冲突有一个主旋律，它发生在英国和德国之间，是“一个崛起的大国为追求自身利益而企图改变国际体系时引发的冲突”。在他看来，一九一四年前的国际体系是英国在拿破仑战争中取得胜利的成果，在与拿破仑战争之后到一九一四年之前，英国的实力虽然逐渐衰落，工业产值被美国和德国超过，但其支配性的大国地位依然还在，英国所确立的一些国际制度和机制，所信奉的生活样式，仍对世界具有强烈的吸引力。然而德国咄咄逼人的崛起，追求“阳光下的地盘”，主张生存竞争，最终导致了大国冲突的不可避免。科克尔认为，今天美中之间的矛盾也是如此。中国势将成为现有世界格局和世界秩序的修正者，中国不大可能继续遵守由美国为主所制定的各种规则和制度，而美国则定将全力捍卫这一国际秩序，这样冲突就很难避免。其实，科克尔真的错了。事实上，恰恰相反，中国在积极推进全球化进程，强力维护和守望包括“世贸原则”“雅尔塔协议”所确定的战后体系和各种经济、政治规则；而美国却在“美国优先”的前提下，不断地破坏和消解它主导建立的那些国际制度和秩序。当前，在中美之间所发生的矛盾和冲突中，中国都不是挑事的一方。

最后还有一点类似，就是各大国主观上都不希望发生战争。在一九一四年前，很多有影响的学者、作家和政治家都断定大国之间的战争不大可能发生，认为“文明国家之间的战争就像决斗一样过时”。列强的领袖们也大都持这种观点，他们都想当然地认为大国冲突不大可能发生，因而当战争真的来临的时候，各大列强要么是“昏昏沉沉地误入战争”，要么是“跌跌撞撞地陷入战争”。在科克尔看来，今天的世界与之相似，没有哪个大国想挑起战火，没有哪个人相信，在核武器能够摧毁整个世界的情况下，大国会愿意冒险一战。但这恰恰是危险的。如果说在“一战”前，各国能有所警惕，共同预防战争，制止战争，战争就有可能不会发生。那么，这在今天也是适用的。而对于我国来说，我更赞同书中援引的一句古罗马格言：“想要和平，就去备战。”这是制止穷兵黩武国家战争冒险的不易逻辑。

总之，科克尔以“一战”前后作历史类比，他要表达的是这样一种观点：全球化所形成的相互联系的世界，并不能保证大国战争不会发生；守成大国与崛起大国的冲突将是引发大国战争的一个重要动因；而人们对战争的漠视和乐观，也不利于制止可能发生的战争。他认为，起码在这三个方面，当今世界应当吸取一个世纪以前的教训。这确实发人深思，而如何避免大国战争的发生，则应成为当今国际政治的重大课题。

（《南风窗》2017年第4期，2017年2月15日—2月28日刊发）

战略思维等同于社交智慧？

克里斯托弗·科克尔在《大国冲突的逻辑——中美之间如何避免战争》中关于战略思维的论述，在全书中占有不少的篇幅，且颇有耐人琢磨之处。尤其是他认为战略思维本质上是一种社交智慧，在其他国际关系学著作中，似乎鲜有这一说法，起码是鲜有这样表达的。但仔细阅读下来，还是会给我们以启发。

一个大国有没有战略思维，能不能确立起符合国情、世情，高瞻远瞩的大战略，将关乎这个国家的前途命运。那么，应当如何建立这种战略思维以及如何通过这种思维建立起明智的大战略呢？在科克尔旁征博引、夹叙夹议的阐述中，有这样几个观点值得我们重视。

一是大战略本质。一言以蔽之，“大战略要评估哪些利益至关重要，哪些利益不是”。这似乎异常简单，谁都清楚，但实际上却最不容易把握。在历史和现实中，把次要利益当作主要利益者有之，把当前利益当作根本利益者有之，把所有利益都作为根本利益来争取者更有之；还有，虽然已经弄清了自己国家的根本利益所在，却在实际行动中常常置诸脑后者，也为数不少。而真正厉害的角色，则始终明晰哪些利益是必须坚决维护，任何时候、任何情况下都不动摇的；哪些利益是需要尽量争取而又能够得到的；哪些利益则是可以与对手谈判、协商，必要时甚至可以放弃的。牺牲一些暂时利益、局部利益、眼前利益，换取国家生存和发展的根本利益、长远利益、全局利益，应该说是大战略的要旨。

二是一国的地缘政治考量是确定该国利益的基础。这里，科克尔说的有些过了，如果是基础之一当无疑义。一个国家就其国内来说，有政治核心区，有经济发达区、经济次发达区、经济欠发达区，有边疆地区，有滨海地区，有海洋国土和海洋专属经济区等，它们的安全与发展在一个国家中是处于不同层级的。而就国家的周边来说，情况就更为复杂。将这些地缘政治情况综合起来加以分析，自然有助于厘清国家的根本利益是什么。

三是趋势分析是制定大战略的最佳方法。科克尔一方面认为趋势分析不具有预测性，“趋势是正在展开的事件或者倾向，但我们对它的方向和速度一无所知。趋势分析也不一定准确，因为这个世界是相互联系的，各种影响以复杂和惊奇的方式相互作用”。但另一方面他又充分肯定趋势分析在制定大战略中所具有的重要方法论意义。也许他是英国人的缘故，在书中他不惜笔墨，详细阐述了二十世纪初期，大英帝国是如何十分明智地放弃了与崛起大国——美国在美洲的争夺，毅然放弃在美洲的巨大利益，而集中力量捍卫在欧洲的利益，与另一崛起大国——德国相抗衡的。他认为，这就是当时的英国政府首脑在分析了美、德等国的发展趋势，并结合英国的战略利益和国家实力的走势所作出的正确决策。

四是制定战略要善于利用“力量之源”。这是科克尔援引理查德·鲁梅尔特在《好战略，坏战略》中提出的观点。鲁梅尔特认为，一国在制定战略时应该寻找利用两种力量之源。第一种是连贯性，第二种是重构竞争态势以使自己具备新优势的能力。由此，科克尔指出美国对于中国的战略就缺乏连贯性。自一九八〇年以来美国“用多种不同的眼光审视中国”。先是强调中国是美国政治上的对手，但同时又实行贸易合作政策；“9·11”事件后，美国又视中国为反恐战争中的合作伙伴，但却不放弃使中国“政权更迭”；其后又期望中国成为G2世界中的潜在全球伙伴，然而紧接着就在亚太实行“支点”战略的遏制政策。这种互相矛盾而又前后多变的政策损害了美国的战略效果。科克尔认为在重塑自己战略新优势方面，二十世纪初的英国是做得最好的，当时它果断放弃均势战略，将头把交椅让给美国，从而使它能够在欧洲争得主动，最终赢得战争，甚至在退出经济霸主地位很久后仍保持着相当的政治影响力。为此，它认为奥巴马提出“支点”战略后并没有真正转移自己的注意力，高明的做法是，应该相应地减少对中东的军事投入，并与“重新强硬起来的俄罗斯达成某种共识”，运用俾斯麦善于纵横捭阖的谋略，这“或许会从中国手中夺走一张关键的战略牌”，因而使美国重新获得战略优势。当前特朗普政府似乎正在这么做，对此我们应该有所应对。

最后必须说到社交智慧了。科克尔指出，“社交智慧是大战略的第一个必要条件”，因为具有高明的社交能力，才“可以帮助一国选择正确的敌人和正确的盟友”，而分清敌友无疑是国家立足和发展的首要问题。要运用好社交智慧，就要克服“战略自闭症”。他认为“一战”前后的德国是患有“战略自闭症”的典型案例。它自我膨胀又自我封闭，结果却是“挥刀自宫”，在国际上把自己孤立了起来。科克尔又引用美国学者沈大伟的看法，认为“中国也染有此疾”。并用勒特韦克的分析告诫中国，刚刚走进世界权力中心的中国要接受的挑战，正是“一个社会的社交智慧”。对此他提出中国面临三个挑战。第一个挑战是评估自己的实力，尽管中国现在是第二大经济体，但人均生活水平还很低，并有陷入人口困境和经济停滞的可能，不能太过自信。第二个挑战是如何将实力转化成影响力，尽管在国外有四百余所孔子学院，但中国文化还远没有被世界所接受，最重要的是“世界上任何国家都没有‘中国内核’”，与美国的文化软实力相差甚远。第三个挑战是中国要学会与他国分享权力。在他看来，中国缺乏与别国密切合作的历史经验，只是最近才开始有一些建立多边机制的经历，而与伙伴国打交道，就要与人分享权力。科克尔对中国的国际关系学界非常了解，在这本书中，他就引用了多位中国学者的观点和议论。但他对中国患有“战略自闭症”的看法，我们仍然不能同意。事实上，在当代世界，正是中国，其开放的胸襟、开放的领域、开放的程度、开放的诚意堪称为最，我们的“一带一路”倡议就是要走出去广交朋友，何来“自闭症”？但“他人之言，予忖度之”，对于其提出的三个挑战，我们仍应认真对待。

（《南风窗》2017年第5期，2017年3月1日—3月14日刊发）

军事上的强化和经济上的保护主义能否成就美国的『再次伟大』？

特朗普上任后的美国内政外交仍然还有许多不甚明朗和扑朔迷离之处。但在很为明显和已经出台的举措中，大幅度地增加军费以进一步强化军力，和在对外经济中坚持“美国优先”，实行贸易保护主义则是确定无疑的了。然而这就能挽救美国经济的衰退？这就能确保美国长期占有独步天下的霸权？

让我们结合闻名于国际战略学界的杰出学者，美国布兰代斯大学赦脱国际关系学教授罗伯特·阿特在本世纪初撰写的《美国大战略》中的一些观点，来加以对比分析，这也许会更有说服力。顺便说一句，该书是一本不可多得的力作，全书逻辑严密，观点清晰，说理透彻，数据准确，视野宏阔而又见解独到，很值得一读。

为了为美国探讨二十一世纪初最为适宜的大战略，作者首先认为国际环境状况是制定这一大战略的前提。在他看来，世纪之交的世界形势发生了许多值得注意的新情况、新特点，从美国的视角看来，最为显著的有这样五个：美国没有一个势均力敌的军事竞争者；大规模恐怖主义兴起；世界经济相互依赖程度加深；民主政治不断扩展；全球环境日趋恶化。在这一世界形势的基础上，明确美国在世界上的利益是大战略思维的逻辑起点。为此，他提出美国有六项首要的国家利益：一是防止对美国本土的进攻；二是防止欧亚大陆上大国之间爆发战争或军备竞赛；三是保证美国的石油供应通道安全畅通；四是维持一种开放的国际经济秩序；五是促进世界范围的民主化和人权尊重；六是保护全球环境。其中，第一项是至关重要的国家利益，第二、第三项是非常重要的国家利益，后三项则是重要的国家利益。

保卫国土安全和政治主权，对于任何一个主权国家来说，无疑都是生死攸关的首要问题，但对于具有超强综合国力和军事实力，又有两洋屏障地缘优势的美国来说，世界上并没有任何一个国家行为体可以对之构成威胁，即使是在可以预见的几十年内这一威胁也不存在。阿特已经把中国崛起估算在内了，他不否认一些学者认为中国有可能在二〇一五或二〇二〇年国内生产总值达到与美国旗鼓相当的水平，但由于人均收入的巨大差异，他断定即使如此，在二〇三三年以前，也就是在该书出版后的三十年里，中国也不可能对美国构成挑战。其间唯一有可能在美国本土造成巨大伤害的是非国家行为体的大规模恐怖主义袭击，这才是必须高度警惕、着力防范的。

那么，阿特是否不赞成美国要不断扩充军备了？非也。同美国众多的战略家一样，阿特主张美国必须保持相当数量的海外驻军，美军必须是全世界最强最有战斗力的军队，这就是优势战略。在他看来，没有这一军事优势，就将无力维护欧亚大陆的和平，无力防止和制止可能发生在大国之间的战争，也无力保证石油通道的畅通无阻和油价的平稳合理，而这是美国非常重要的国家利益。但是，优势战略不是霸权战略，“霸权战略只有一个问题：它不可能实现。在当今世界上，它是一种幻想，它的追求将会耗尽美国的实力”。阿特指出，对于霸权战略，美国有着周期性的冲动，自“二战”结束以来已经出现过四次：“冷战爆发的时候、冷战即将结束的时候、冷战刚刚结束的时候，以及迈入二十一世纪的时候。”如果说以往的霸权战略都未能取得相应的成功，那么今后就更加不可能。今天特朗普如此大手笔地增加军费，是不是美国的又一次霸权战略冲动？如果是，那么阿特预言在先，这“是一种自己打败自己的政策”。它会产生“逆火效应”，“越是猛烈地追求它，阻止的力量就越大”。换句话说，想用这一政策让美国重新伟大起来，无异于是南其辕而北其辙。

对于经济上的保护主义，《美国大战略》一书也是旗帜鲜明地持反对态度。阿特认为，世界经济的深度相互依赖是当今世界的一个显著特点，他从出口活动、资本流动、资本的日流动量三个方面论证了今天世界经济的相互依赖，绝非历史上任何一个时期可比。首先是发达国家的深度相互依赖，然后如同滚雪球一样不断扩展，拉丁美洲、东欧和亚洲的一些发展中国家也相继加入这一相互依赖的俱乐部里来。这是经济规律使然，是浩浩荡荡的历史潮流。阿特认为，美国是提倡经济开放的领导者和先行者，“维持开放的国际经济是美国的第四项国家利益，也属重要国家利益”，它在三个方面对美国有利：开放比不开放使美国变得更加富裕；开放比不开放会使更多国家变得富裕，从而为美国商品提供更为广阔的市场；开放还有强化其他国家民主性质的功能，有利于美国的价值观输出。他批驳了在这一问题上的三种反对意见：由于其他国家的贸易保护主义比美国更强，因此美国处于不利地位；美国不能与低工资国家竞争，这会把工业和就业输给它们；美国向其他国家输出资本和技术，会给自己制造未来的竞争者。他认为这些问题有的是误导，有的是错误，有的是不自信。对于美国来说，开放的利要远远大于弊，而实行保护主义，对于繁荣美国经济则是开错了药方，是缘木以求鱼。从历史上看，只有“采取了正确战略”，即坚持增强国家竞争力，避免向海外过分扩张，才有可能使美国在“世界权力之巅”上停留更长时间。如此看来，特朗普的经济保护主义很可能是一种损人而不利己的行为。

（《南风窗》2017年第6期，2017年3月15日—3月28日刊发）

中美能否由纠缠而走向合作？

特朗普就任以来，中美关系向何处去，已成为一个世界瞩目的大问题，现在，缔勒森来了，习特会在即，中美关系不但有望走出其不确定的浑水期，更有可能会增加一些相互合作的砝码，这恐怕是历史发展的大势使然。于是，我们想到美国学者沈大伟在前几年主编的一本著作《纠缠的大国——中美关系的未来》。在他为那本书所作的序言中，作者描述："这两个纠缠的巨人会发现，它们越来越难以共存——但它们不得不那么做。无论多么复杂和令人担忧，这是一场不能拆散的婚姻。"他还进一步预言，"两个巨人将继续纠缠下去"。

之所以会如此纠缠，是因为两个大国既深度相互依赖，又深度相互戒备；既有广泛的相互合作需求，又有诸多的矛盾、竞争和对立。沈大伟认为，可以把这种状态的中美关系七喻为一道光谱，处于光谱两端的一极是"冲突"，一极是"和谐"，而居于中间的则是"竞争"与"合作"，"如今的中美关系则正处于光谱的中央——'竞争'与'合作'之间，既没有触及冲突的危险，也没有达到真正的和谐"。竞争与合作是共存的，而且是一种动态的共存，有时竞争多一些，有时合作多一些，此消彼长，此起彼伏，这就形成了两国关系的波动：竞争激烈了，两国关系就相对紧张；合作发展了，两国关系就相对和缓。

站在和平与发展的大局上，站在全人类共同利益的立场上，中美两国理应谋合作、谋发展，实现互利共赢，而不应该以零和的思维方式来对待彼此，这也是中国政府和人民的良好意愿。中美两国有深切的共同利益，两国经济早已互相契合，深度依赖，目前，中美经贸总额已稳定在每年六千亿美元上下，中美的相互直接投资也逐年增长。这种经济上的你中有我，我中有你，一损俱损，一荣俱荣，是两国间最基本的共同利益。两国在安全上也有共同关切，恐怖主义是目前唯一有可能在本土上对美国造成重大伤害的现实威胁，中国则明确表明，反对一切形式的恐怖主义。在防止核武器和生化武器扩散方面，在保证国际航运安全畅通和打击海盗方面，中美彼此也有相似或相近的立场。两国在文化方面也有密切交往，中国是好莱坞无可争议的最大海外市场，迪士尼和NBA［（美国）全国篮球协会］在中国可谓家喻户晓，拥趸众多；而来自中国的留学生和旅游者，对于美国的旅游业和教育业来说，更是不可或缺的一大份额。这些日益发展的共同利益，奠定了中美合作的根基，而合作的结果必然是互惠互利，使双方都得到实实在在的效益。

毫无疑义，中美之间也有竞争，如产业上的竞争、商贸上的竞争、科技上的竞争等。竞争是市场经济的题中应有之义，有竞争，才有激励，才有进步，才有发展，应当说，这对双方都有好处。但现在，有一些美国人认为，同中国的经济关系正在削弱美国的利益：中美经贸严重不平衡，美国每年有几千亿美元的贸易逆差，这不公平；中国低成本制造的产品，出口到美国，使美国的传统制造业遭到破坏，本土失业率不断增加，产业日趋空心化；中国的高科技产品也开始与美国竞争，一旦在这一领域也取得了优势，那对美国将是一场灾难。美国是一个时刻具有忧患意识的国度，事实上，在与中国的经贸往来中，美国的受益绝对不会比中国少，以贸易来说，顺差逆差只是一个表象，中国出口到美国的产品，相当大的一个数量是美在华企业的产品，大钱还是被它拿走了，中国只是赚了一点小钱；况且美国坚持不对中国出口高科技产品，这就使得中企有钱花不出，采购不到自己所需要的商品。至于所谓掏空制造业的指责，更是无从谈起，美国的产业处于产业链和价值链的高端，它以科技取胜、品牌取胜，常常是以少少许就获得多多许。况且，无论是产业转移还是失业增长，其原因都非常复杂，把它归咎于中国，显然有失公允。但不管怎样，这些问题都可以谈，前提是要讲道理，讲规则。

中美之间最大的问题，还是在军事和安全领域上。其实，这实在是“天下本无事，杞人自忧之”。中美之间远隔重洋，相距何止万里。正如《左传》所说：“君处北海，寡人处南海，惟是风马牛不相及也。”在安全问题上，真可以这样看。中国是一个防御型国家，从没有称霸的愿望，中国的社会制度和文化传统，决定了它绝不会走扩张道路，但作为一个大国，保持一定的军备，使自己的军队现代化，是自我防卫的需要，是实现国家完全统一、保卫国家领土完整的需要，也是保护国家海外利益的需要，完全是合情合理的事情。美国的战略家们都知道，中国绝无可能对美国构成威胁，美国的核心利益中最为重要的无非是本土安全、欧亚大陆大国间的和平、波斯湾石油通道的安全等，对此，中国肯定不是惹事者。说到底，他们的忧虑是担心霸权地位的巩固，首先是保证在东北亚和东南亚，进而是整个亚太地区霸权的巩固，为此，甚至不惜挑战中国的核心利益，在中国的周边制造事端，这就不够厚道也不甚明智了。如果美国能少用一点霸权的逻辑思维，多用一点合作的逻辑思维，使中美之间纠缠的大国关系向合作的方向推进，则中美幸甚，世界幸甚，让我们期待之。

（《南风窗》2017年第7期，2017年3月29日—4月11日刊发）

大国盛衰的根本之道

“人世几回伤往事，山形依旧枕寒流”。站在时代的制高点上回溯人类历史上一些大国兴衰的历程和教训，不能不感到既发人深省，又让人嘘唏！一个个如斯强大的王朝和帝国，却终究不能避免无可奈何的衰落命运，其原因何在？继保罗·肯尼迪的著名之作《大国的兴衰》问世近三十年之后，格伦·哈伯德和蒂姆·凯恩又联手写出《平衡——从古罗马到今日美国的大国兴衰》一书，着重从经济学的视角剖析了最具代表性的几个大国和经济体之所以走向衰落或呈现衰落的根源所在。这对于奋力前行在强国征途中的中国来说，也不无借鉴意义。

美国确实是一个具有忧患意识的国度，二十世纪七八十年代，冷战正炽，其国内就不乏忧虑之士，认为美国在同苏联的竞争和对抗中，已露衰象，恐有落败之虞；九十年代，面对日本咄咄逼人的经济发展态势，更有众多专家学者发出美国将会让出第一经济大国座席的警告；而二十一世纪初以来的又一轮美国衰落的声音，则主要是针对中国崛起而出现的“危言”。但危言归危言，他们的本意则只是要发出警示，提出对策，并不是真的认为特别得到“上帝眷顾”的美国会重蹈历史的覆辙，《平衡——从古罗马到今日美国的大国兴衰》一书的著者亦是如此。

那么，大国兴衰的决定因素是什么？毫无疑问是国力的消长，而决定国力的归根结底是经济，是促进或阻碍经济发展的制度。大国兴衰既不在于一两个杰出人物的出现与否，也不在于外部力量的支持和打压。而主要是内部经济发展的好坏，经济蒸蒸日上，财富泉源涌流，则国力必盛。反之，经济江河日下，财富入不敷出，则国力必衰。霍布斯说得好，“财富就是力量”。历史上所有大国无一例外，它们都是奠基在强大经济的基础之上的，失去了这一基础，则势必大厦倾颓，分崩离析，最后只能留下帝国的废墟供人凭吊。正如作者在本书的开篇就引用雪莱的如下诗句所描述的那样：

看那石座上刻着字句：
“我是万王之王，奥西曼提斯
功业盖世，强者折服。”
此外，荡然无物，
废墟四周，惟余黄沙莽莽
寂寞荒凉，伸展四方。

（雪莱：《奥西曼提斯》）

那么，如何才能比较准确地评估出一个国家的国力大小呢？作者认为，在这一问题上，常常会出现一些误读，就是过分看重经济增长率，而忽视国内生产总值和人均国内生产总值。比如，关于当代中国经济，他随机抽查了美国最著名的五家媒体的五十篇文章，又抽查了最著名经济评论家的十二篇文章，结果发现，都存在这样的问题。这就造成过分高估了中国的国力，夸大了中国的超越之势的情况。为此，作者给出了一个计算一国经济实力的公式：经济实力=国内生产总值×生产率×增长率的平方根。根据这一公式，他计算出二〇一〇年五个国家和欧盟（十七国）的经济实力情况：如果以美国为100%的话，则欧洲为73%，中国为40%，日本为15%，南美为7%，印度为6%。因此可以看出，尽管中国已经成为世界第二大经济体，但与美国相比，国力差距仍然较大。他还进一步展望了二〇三〇年的情况，设想美国的增长率为年均1.8%，中国为5.3%，日本为2.3%，印度为6.9%，欧洲为2.4%。届时，美国仍为100%，欧洲则为80%，中国为77%，日本为22%，南美为22%，印度为38%。而此时中国的国内生产总值已经超过美国约三分之一（美国、欧洲和印度的国内生产总值则大体相等），是名副其实的世界第一大经济体，但综合国力仍然逊于美国。这一计算方法可能会有一些不足，如不能反映社会主义制度能够集中力量办大事的优越性，也不能反映中国作为人口大国和国内生产总值大国，一旦有事，其社会动员力、应急保障力和物质支撑力将会更大一些的情况，但总体上还是比较客观和公允的。

作者还有一个重要观点，就是落后国家与地区的追赶性发展，其速度理所当然会快一些，但一旦达到一定限度，就不可避免地会趋缓。因此，二十世纪五十年代后的日本，二十世纪六十年代后的韩国，二十世纪七十年代后的中国台湾、中国香港、新加坡，以及二十世纪八十年代后的中国内地，共同创造亚洲经济奇迹并不奇怪。这是因为，追赶型国家可以免费享用世界已有的先进技术、管理和经验，省去了大量的开发、实验和试错的时间及成本，从而能够迅速向发达国家靠拢。但追赶型国家与地区的增长轨迹表明，它们虽然会逐渐接近但却很难超过领先型国家与地区的边界水平。欧洲诸国早就接近美国的发展水平了，但几十年来，却仍与美国保持20%左右的差距，日本也是如此，它也遭遇了这一增长上限。在作者看来，中国也不会例外。

这是因为，增长模式的三大支柱：规模、投资和创新，一旦到了最后的爬坡阶段，即要突破领先国家的上限，已再无别的捷径可走，只有在创新上超越才行。而这是至为艰难的，它需要不断地进行体制、机制改革，从而最大限度地调动人才积极性，释放科技生产力。而在这一方面，领先国家的人才集聚和科技积累将会长期保持优势。这些观点，对于我们的经济发展和改革创新是不是也有所启迪，对于我们保持清醒头脑，树立锲而不舍的长期追赶韧劲是不是也有帮助？

（《南风窗》2017年第8期，2017年4月12日—4月25日刊发）

半岛危机出路何在？

二〇一七年注定是多事之年，而最近半岛危机更是愈演愈烈，已经到了一触即发，几乎失控的边缘，成为除中东叙利亚乱局之外的又一世界热点。但事情往往是物极必反，一旦矛盾发展到近乎不可收拾的地步时，也许就到了解决问题的拐点。半岛在近期如果出现走出山重水复困局的情况，也未尝就不可能。

这是因为，首先，半岛生乱，对所有相关方都是百害而无一利。朝鲜不用说，尽管一再示强，其实一俟事发，将会伤其国本，对此它心知肚明，它要的是轩然大波效应，但决不想在惊涛骇浪中倾覆。半岛生乱，对其他相关方也有不同程度的负面作用。毫无疑问，它必将对东北亚的经济发展和经贸秩序造成诸多不利，在世界经济尚未走出谷底状态的情势下，这无疑会进一步拖延经济复苏的进程。在整个世界经济体系中，东北亚既是最有活力的地区，也是举足轻重的地区，是与欧洲、北美鼎足而立的最大区域经济体之一。而经济的发展，经贸秩序的稳定，离不开和平的国际环境和区域环境，破坏了这一环境，东北亚各方，包括远在大洋彼岸的美国，都将蒙受损失。在这一点上，可以肯定，中、日、韩、俄、美有着共同的利益。

它将对东北亚原有的战略平衡格局构成破坏。现有的东北亚战略平衡，是在长期的历史发展过程中形成的，无论其合理与否，它都是相关各方力量均势的体现，维持这一均势，符合各方的现实利益，而破坏这一均势，势必会造成相当程度的动荡和震动，甚至有可能出现为各方所始料不及的变化。于是，要形成新一轮的战略均势，将不能不经过或长或短的相互博弈、相互妥协、相互适应的过程。这显然有悖于和平与发展这一世界的主流趋势。

其次，半岛无核化应是不可动摇的目标。这既为核不扩散条约所规定，也是参与六方会谈中相关五方的共同意志和要求。在这一问题上，日、韩作为邻居，首当其冲受到威胁，它们持不能容忍的态度，自是理有固然的事情。美国也没有退让的余地，因为它关系到美国最重要的国家利益，美国绝不可能允许一个不对称的敌对国家拥有能够有可能对美国本土造成重大伤害的大规模杀伤性武器。半岛有核，对俄罗斯也不是一个无关痛痒的问题，且不说作为联合国安理会的常任理事国，核不扩散条约的签约国，本来就有责任和义务反对半岛核扩散，就其即将启动开发远东的雄心勃勃的计划来说，这也是一个绝对不可小觑的负面因素。还不止于此，半岛有核，将会使在技术上和国力上完全有能力拥核的日本和韩国，有了研发核武器的理由，产生研发的冲动，如果这样，在东北亚地区，未来将会有数个有核国家存在，这无疑将会使地区的安全环境变得异常复杂和严峻，各种变数和不确定性必然会陡然增加，对地区乃至整个世界都将形成现实的和潜在的巨大风险。这当然不符合中国的利益，也不符合美国和俄罗斯的利益。可以说，半岛有核其危害之大、之巨、之深、之长久，怎样估计都不会过分。

要解决半岛的核问题，理应解铃还须系铃人。既然当事方是朝美两国，那就应该负起责任理智地权衡利弊，理性地选择解决问题的道路和途径。为朝鲜计，其当务之急是，切勿一意孤行，在拥核这条道路上越走越远。拥核本是为了国家安全，而实际带来的却恰恰是不安全，事实证明，企图用拥核的方式来谋求自身利益，谋求在国际舞台上的话语权，实在是一种“负土而浚川，添薪以救火”的行为，愈行而与目标距离愈远，况且当前似已到了“茕茕孑立，形影相吊”的孤立境地，在如此强大的国际压力下，朝鲜还能坚持多久呢？何不勒马以求他途，以“冻核”“弃核”为伊始，顺应潮流，打开国门，融入东北亚不断发展的区域经济之中，融入世界和平与发展的大潮之中，这才是改善民生、兴国强国的不易之道！

对美国来说，由于过去多年的拖延和推诿，已经丧失了多次解决半岛核问题的时机，而虚张声势的威慑战略已经被证明无效，且使对方认为其招数不过尔尔，以致全然不为所动。现在，新的执政者拿出不惜以武力解决之态势，但这显然也不是上策。为保持半岛的和平与稳定，最好的办法，当然还是和谈，走政治解决之路。然而，需要防止的是，让谈判重复过去的故事，坐到谈判桌前没完没了地讨价还价，延以时日，最后形成生米煮成熟饭的结局。须知，在半岛“冻核”实属不易，“弃核”则更是难上加难，究竟采取多少措施，讲多少道理，方能使当事方明白，拥核是一条不可能走通的路，是一条完全得不偿失的路，那绝不是一件轻而易举的事。然而我们还是希望和平解决之路最终能走通，如此最有利于相关各方，最有利于东北亚的稳定，也最有利于国际大局的平衡。

（《南风窗》2017年第9期，2017年4月26日—5月9日刊发）

相互依赖的全球化岂能逆转？

黄河万里走东海，那是一道不可遏止的浩荡之水，然而其间却不可避免地会遇到千峰万岭拦阻，于是乎形成了“九曲黄河”的壮观。黄河如此，历史也是这样。今天，已经持续了七十多年的全球化浪潮，就遭受到了力度不可谓小的贸易保护主义的逆袭，它会给世界带来什么？翻开罗伯特·基欧汉和约瑟夫·奈几十年来长盛不衰的经典之作——《权力与相互依赖》，该书在二〇一二年第四次再版时，作者又进一步将全球化、国际机制与相互依赖的概念相整合，提出了一些颇具启发性的见解。分享这些见解，或许有助于我们扩大视野，透过纷繁复杂的国际现象，把握全球化演进的历史趋势。

与其他众多学者一样，两位作者也认为，全球化并不是“全新现象”。在他们看来，研究全球化应从“全球主义”开始，如果说相互依赖指的是“以国家之间或不同国家的行为体之间相互影响为特征的情形”，那么，全球主义则是相互依赖的一种表现形式，而“全球化”和“去全球化”则指的只是全球主义的增减。全球化和全球主义都不能只定义为一种经济现象，它具有多维的属性，其他表现形式也同等重要。

全球化最古老的形式是环境性的，由于环境的变迁，古人类不得不长途跋涉，从非洲远涉重洋，漂泊到世界各地；而军事全球化至少始于两千三百多年前的亚历山大大帝横跨三大洲的征服，接着还有文化和宗教的跨洲传播。即使是从单纯的经济角度看，也有“丝绸之路”这一穿越欧亚大陆的全球化现象，只不过这些古时代的全球化是一种“弱全球化”而已。为此，作者认为，全球化或全球主义应有如下四个维度：一是经济全球主义，“它指的是商品、服务、资本及伴随市场交换的信息和观念的长距离流动”。二是军事全球主义，“它指的是使用、威胁或承诺使用武力的长距离相互依赖网络”。三是环境全球主义，“它指的是物质在大气层或海洋中的长距离运送，或者影响人类健康、福祉的病原体或基因物等生物实体的长距离运送”。四是社会和文化全球主义，“它指的是观念、信息、意象和人员（即观念和信息的载体）的流动”。它们从不同的方面对人们的生产生活、健康福祉，对国家的实力兴衰、安危存亡发生着影响，是所有卷入全球化大潮的国家和行为体都不可不认真对待的大事。而各个维度的全球化都具有各自不同的特点和规律，既不能以偏概全，也不能顾此失彼，更不能眉毛胡子一把抓。

全球化虽然古已有之，但真正意义上的全球化还是从一八五〇年前后开始，伴随着资本主义扩张而兴起的近代全球化，只是由于两次世界大战的爆发而夭折了。而从一九四五年开始的此次全球化和全球主义，根据作者的描述，似可归纳出这样几个特征：其一，它是由美国主导的全球化。“是美国政策、国际制度在第二次世界大战结束半个世纪以来有意培植的”，美国既是规则、制度和机制的主要制定者，又是各相应主要国际组织的实际操纵者（如国际货币基金组织，世界贸易组织等），还是在各个维度上具有最大硬权力和软权力的国家。其二，信息革命处于经济和社会全球化的核心。光纤通信和因特网的发明和不断进步，使信息传递的费用大为降低，传递的范围空前扩大，传递的方式更为便捷，传递的效率大为提高，在地球上任何偏僻角落发生的事情，都可瞬间传遍全球，地球已毫不夸张地成为地球村。其三，相互依赖的深度和广度前所未有。具体表现为网络密度今非昔比，不同的相互依赖关系在更多的环节上交织在一起，你中有我，我中有你，从而使得联系性、复杂性和不确定性不断增加，“蝴蝶效应”日益突出。还表现为促进了全球范围内诸多领域中复合相互依赖的加深。所谓复合相互依赖，它指的是这样三种情况的综合：（1）军事力量不再起主要作用；（2）问题之间的等级制不再存在；（3）不同社会之间的多渠道联系。由于复合相互依赖范围的扩大，从而有利于问题的和平解决和相互合作的开展。除此之外，在我看来，还有一个重大的特点就是，由于新兴经济体国家，特别是中国积极参与到全球化之中，这极大地改变了世界的经济、政治和文化格局，也强有力地冲击了以往的权力格局，使全球化的规模和范围得到史无前例的扩展，为全球化增添了生气勃勃的生力军。由此，我们说，今天的全球化才真正称得上是名副其实的全球化。

真是此一时，彼一时也，当年中国以壮士断臂，甚至是破釜沉舟的勇气，加入世界贸易组织，而西方国家既希望以此来约束和规范中国的发展，也希望以此来打开中国的市场，改造中国的经济和制度。现在，中国终于基本适应了由西方国家主导的秩序的时候，它们自己却感到不舒服不自在起来，要实行保护主义和修正主义了。然而，在一个相互依赖的世界里，如果过于利己，如何合作共赢？全球化毕竟是大势所趋，倒退非但不可取，也不可行，君不见，“一带一路”风光何其好也！

（《南风窗》2017年第10期，2017年5月10日—5月23日刊发）

刍议结盟与结伴

何谓结盟？为什么要结盟？怎样结盟？美国国际关系学者斯蒂芬·沃尔特在其《联盟的起源》一书中对此做了十分深入的研究，他以二十世纪五十年代至七十年代中最为复杂的中东地区作为案例，在大量事实的基础上阐释了建立联盟的相关逻辑和理论。今天，面对动荡而多变的世界，为了保证我国周边的和平与安宁，为了给国家建设和改革开放提供更好的国际环境，我们必须善于见微知著，防止以制衡我国为目的的某些联盟出现，使崛起之路少一些障碍和阻力。

我国古代的战略家孙武说过："上兵伐谋，其次伐交。"在国家军事安全问题上，最重要的当然是建立富于远见的大战略，尔后则是开展外交活动，以求让自己的朋友越来越多，自己的对手越来越少。在这方面，古人确实为我们留下了非常丰厚的智慧遗产。譬如，两千多年前的春秋战国时期，在天下体系日趋解体、"礼崩乐坏"的大背景下，各诸侯国为了生存和扩展，几百年来演出了一幕幕纵横捭阖、结盟拆盟的历史活剧，从而为我们提供了至今仍然闪烁着睿智之光的历史经验。

西方的联盟理论与中国传统的纵横家言论有相通之处，但毕竟别是一家。西方联盟理论，似乎大体可以分为以均势理念为指导和以威胁制衡理念为指导的两大类型。按照斯蒂芬·沃尔特的分析，均势的结盟理论可以说明许多结盟现象，但却不足以说明全部结盟现象。诚然，为数不少的西方政治家都笃信均势秩序是最为稳定的地区秩序和世界秩序，只有让参与博弈的各方实力大体均衡，而不出现明显的倾斜，才有可能使地区和世界维持和平的局面而不致陷入一霸独大或长期战争的状态。在近代史上，欧洲比较典型。比如，法王弗朗西斯一世同英王亨利八世与土耳其缔结的联盟，就是为了阻止哈布斯堡王朝查理五世的势力扩张。摩根索认为，这是“近代历史上在一个联盟与一个企图建立世界帝国的国家之间建立大规模权力均衡的第一个例子”。其后，十七世纪后半期，法国路易十四取代了哈布斯堡王朝的角色，于是，欧洲各国又建立了以英国和荷兰为中心的联盟，以形成新的权力均衡。而众所周知，普鲁士的俾斯麦和大英帝国的政治家们都是运用联盟手段以谋求欧洲权力均衡的高手。但是，有些结盟现象却明显地不是为了维持均衡，而是为了战胜对手，如两次世界大战中打败德国及其盟友的联盟，就远比德国组成的联盟要强大得多；在冷战后期，以美国为首的北约集团也远强大于以苏联为首的华约集团，这就不是均势理论所能解释的了。于是沃尔特提出了一个威胁制衡理论，作为对均势理论的一种改进。

威胁制衡理论修正了认为国家组成联盟主要是从综合实力出发来关注问题的这一均势联盟理论观点。提出国家建立联盟不仅仅是为了制衡实力，更是为了制衡威胁，制衡威胁要高于制衡实力。因此，国家就不能不考虑地缘的毗邻性，考虑相关国家的进攻能力和进攻意图的情况。这就是中东地区的绝大多数国家长期以来，并不把实力超强的域外大国美国和苏联看作是直接威胁，从而形成对它们的制衡联盟。而是使埃及和以色列频繁地成为制衡联盟针对的对象，其原因无他，就在于这两个国家长期以来一直是中东地区最有影响和最具威胁性的行为体。因而在一九四八年到一九七九年间，以色列面临了一系列阿拉伯国家联盟的制衡；埃及在一九五五年到一九七〇年间，也引发了至少六次的对抗性联盟。依据这一理论，中东地区域内的国家，大多数并不十分关注大国在世界范围内的争霸、竞争和博弈，而是更注意中东地区国家间的实力消长情况，有关国家的进攻能力情况、进攻意图如何，并根据自身的状况，确定选择制衡结盟还是选择追随强者。

要而言之，结盟思维是一种对敌斗争的对抗性思维，结盟行为是一种以军事行动作为其主要内容和主要依托的行为。一个联盟集团的结成必然是为了针对一个战略对手或是对手结成的集团，一旦对手不存在了，联盟也就失去了存在的意义。然而苏联解体了，华约解散了，北约不但不退出历史舞台，反而还要继续东扩，这只能说明他们认为其对手仍在，仍需要不断加以遏制和挤压，而其他一切掩饰都不过是此地无银三百两而已。应当看到，任何联盟都不可能是铁板一块，对联盟所起的作用也是因国而异。有些加入联盟的国家，只是起到以壮声色的作用，并不会承担多少实质性义务。而且驾驭联盟内部各国，也决非易事，二十世纪在中东，以色列对美国，埃及对苏联，都远不是那么言听计从。明白了这一点，应该坚信，只要善于开展折冲樽俎、因势利导的外交活动，就一定能够阻止我国周边出现不利于我国的联盟，对此，不妨多多借鉴一些春秋战国时期的优秀案例。

当前，我们更提倡的是另一种思维——结伴的思维。对秉持和平发展，互利互惠，合作共赢，建立人类命运共同体为旨归的中国来说，我们既不愿与任何国家为敌，也不想威胁任何国家，而是广交四海朋友，广结五洲友谊，愿意同任何一方，在平等的基础上，加强经济、文化、社会和军事上的交往，以造福各国人民，这就是我们提出“一带一路”倡议的初衷和实质！

（《南风窗》2017年第11期，2017年5月24日—6月6日刊发）

布热津斯基地缘战略的几个支点

布热津斯基无疑是当代最卓越的战略家之一，斯人虽去，其智犹存，笔者愿不揣浅陋，谨以他几年前的一部著作《战略远见——美国与全球权力危机》为例，探讨一下布氏地缘战略思考的几个支点，并以此作为对他的一点纪念。

布热津斯基长于战略思维，尤其精于地缘政治分析，笔者非常欣赏其《大棋局——美国的首要地位及其地缘战略》一书，运筹帷幄，指点风云，可谓运天下于掌中，其见解之深刻，预见之准确，令人叹服。《战略远见——美国与全球权力危机》既与《大棋局——美国的首要地位及其地缘战略》一脉相承，又立足于二十一世纪国际力量的新变化，特别是在对美国权力相对下降的情况下，世界将会出现怎样的战略格局和政治图景，做了“深思熟虑”和“抽丝剥茧”的分析。那么，他立论的基点是什么呢？

其一，西方衰落和东方崛起的历史趋势。二十世纪既是西方稳执世界牛耳的世纪，也是西方一波三折，总体处于下滑状态的世纪。上半叶爆发了两次互相残杀的世界大战，布氏形容这是西方在尝试“集体自杀”。九十年代初，由于东欧剧变、苏联解体，美国成了唯一可以称霸天下的超级大国，西方似乎又一次迎来了它的辉煌时代。然而好景不长，一方面经济衰退，金融危机爆发，西方犹如蒲柳之质，不堪风雨；另一方面，美国奉行蛮横的单边主义政策，接连发动旷日持久而又缺乏正义，耗费巨大而又激化各种矛盾的战争，削弱了美国和西方在世界上的影响力。而此时，一些东方大国开始发力，走上了快速发展的道路，其中比较典型的是中国和印度，加上较早时期已经跻身发达国家行列的日本和韩国，使得亚洲特别是东亚、南亚和紧随其后的东南亚成为世界经济最为活跃的地区。于是世界的权力格局不能不发生重大变化，世界的地缘政治地图不能不重新改写。

其二，大国博弈与“浑沌”世界的图景。布热津斯基认为如果美国继续“步履蹒跚”，日益无力主宰世界，那么，国际社会很可能会在相当一段时期内处于动荡期、调整期，局势或将混乱失序，捉摸不定。能够肯定的是，将没有一个新的世界“领导者”角色出现。俄罗斯还没有从苏联坍塌的打击下恢复过来，在美国权力下降的背景下，它首先会把目光投向从苏联独立出去的国家，把争取它们作为提升自己地缘政治影响力的第一步目标；日本虽然经济发达，但国土狭小，人口老化，政治、军事尚不能完全摆脱对美国的依赖；印度固然长期前景看好，但近期还难以迈进一流大国的行列；欧洲尽管富庶，但缺乏相应的凝聚力，各怀心事，貌合神离，不能形成一体。而最具这一资格的似乎非中国莫属，然而中国也不是这个领导者。“中国尚未做好在世界上扮演美国的全部角色的准备，再过几十年也不会”。它虽然快速发展，但在相当长的时期内，在现代化水平和综合国力等重要人均指标方面，还将落后于美国等西方国家；它比较谨慎，并不谋求向外推广其发展经验；它还会遇到来自日本和印度的联手阻击。还不止于此，布热津斯基也同许多西方政治家一样，认为中国的体制仍然具有很大的不稳定性，仍有成果付诸东流的风险。因此，今后的世界，很可能是群雄逐鹿的多极世界，当然博弈的轴心必是中美两家。

其三，一些战略要地和大国边缘地区将是地缘政治冲突的高发区。由于世界上多极并存，大国纷争，因而由美国主导的国际格局将变得越来越难以维持，这就使得处于大国边缘地带的一些国家和地区必将成为地缘政治的危险区域，这有点像自然界中的“濒危物种”。布氏列出了这样一份清单：格鲁吉亚、韩国、白俄罗斯、乌克兰、阿富汗、巴基斯坦、以色列与大中东，还有我国的台湾地区。从中我们可以看出布氏对于麦金德关于欧亚大陆的中心地带的说法，仍然一如既往地予以高度重视；同时，又把俄欧之间、中日之间、中印之间、中美之间和美俄欧之间的一些国家和地区，视作即将到来的地缘政治之争的敏感区域、危险区域和热点区域，认为大国之间的博弈和冲突将会首先在这里引发和进行。

最后，全球公共品将是未来大国角力的一个重点。布热津斯基认为全球公共品可分为两大类，即战略公共品和环境公共品。其中战略公共品主要包括海洋、天空、外太空和网络空间，以及全球的防核扩散领域。环境公共品则包括对水资源、北极以及全球气候变化的管理等。这两个领域日益重要，而且毫无疑义将是受全球力量模式变化影响最大的领域，也是受到大国越来越强烈关注的领域。

以上，我以为是布热津斯基在《战略远见——美国与全球权力危机》一书中，思考二十一世纪世界地缘战略的几个支点，他当然是着眼于美国利益，为美国当局而出谋划策，然而，其中的一些见解，不是也可以启发我们吗？

（《南风窗》2017年第12期，2017年6月7日—6月20日刊发）

美国大战略何去何从？

在当今世界，最善于大战略思维的国度似乎非美国莫属，它的主要学术流派及其代表人物，都当仁不让地具有世界性影响。其中撰写《美国大战略》一书的罗伯特·阿特，尤以视野开阔，思维缜密，逻辑严谨，分析透彻见长。在他看来，一个国家要制定出符合实际的大战略，必须从国际环境的时代特点出发，从自身的国家利益着眼，同时，也要根据国家的实力状况和战略实施的成本情况，进行综合考量，才能作出恰当的选择。这无疑是很有道理的。具体而言，他认为二十一世纪的美国，有八种可供选择的战略，其中具有操作可行性的只有四种，而最为合适的则是选择性干预战略。其说究竟如何？让我们试以析之。

八种可供选择的战略分别是：霸权战略、全球集体安全战略、地区集体安全战略、合作安全战略、遏制战略、孤立主义战略、离岸平衡战略、选择性干预战略。如果从大的方面来区分，实际上只有两种：以谋取绝对优势为取向的霸权战略，和以谋取相对优势为取向的其他战略。霸权战略是一种帝国战略，它不仅是要为美国攫取权力和利润，而且还要让美国能够随意对世界发号施令，让世界根据美国的意志予以改变。这是不少美国权力当局和政治精英们梦寐以求的目标。然而也是一个从未实现，并且永远也不可能实现的目标。这是因为其野心与实力完全不相匹配，“先生之志则大矣，先生之力则不可”。但是，美国确实不断有这种周期性的冲动，罗伯特·阿特认为，“二战”以后，美国就有过四次类似的冲动，但每次都是过高地估计了自己的力量，做了力不胜任的事。其实，阿特在道义上并不反对霸权战略，认为如果能够实现，它对于保护美国利益而言，将是十分理想的战略。但是，从理性出发，他意识到，那是完全不可能实现的事情。“在当今世界上，它是一种幻想，对它的追求将会耗尽美国的实力。美国要使世界服从美国，既没有足够的军事实力，也没有足够的资源来培育军事力量。”所以霸权战略完全不可取，甚至有一点点霸权战略都会导致失败，飞扬跋扈的单边主义，只会产生“逆火效应”，因此霸权战略无异于是一种自杀战略。

除了霸权战略，全球集体安全战略、地区集体安全战略和合作安全战略也是属于无法实施的战略，这是“因为它们所假定的国家间利益的同一性，是不可能实现的”。国际社会不管是处于有序状态，还是无序状态，说到底都仍然未能摆脱无政府状态，在这一状态下，一个国家不能不视所有国家为潜在对手，因此哪里会有什么集体利益一致？合乎逻辑的只能是，“如果集体安全体系内不可能有所有时间内为所有国家提供的安全，也就不存在为任何国家在任何时间内提供的安全”，因此，上述三种大战略，都是中看不中用，在政治上根本无法实现的战略。

霸权战略是鲁莽的，优势战略却是必需的。阿特认为，优势战略虽然不是一种具体的大战略，但美国所采取的任何一种大战略，都应当内含优势战略的实质。美国作为世界上的头号国家，它现在拥有不受挑战的军事优势。这一现实，决定了它不应也不能放弃优势战略，因为持续保持这一优势，远比失去这一优势后再重新夺回这一优势的代价要小得多。他和美国的主流战略家们，都不希望美国退而自保，失去世界顶级强国的领导力和影响力。

由此出发，阿特也不赞成孤立主义战略和离岸平衡战略。他把这两种战略称之为“袖手旁观”战略，虽然他认为它们都具有现实可行性，甚至还有成本优势，而且它们都曾在美国历史上被长期采用过。但随着美国的日益强大，特别是从安全消费者到安全供应者地位的转变，美国介入欧亚大陆大国之间的战争已经成为必然之势。在阿特看来，不管美国愿意不愿意，它都将是欧亚大陆“最后的平衡者”，而采取离岸平衡，则意味着最终必须卷入代价昂贵的战争，因而不是一个好的选项。

阿特认为，美国的当代大战略当以选择性干预最为合适，这是一种混合战略，它吸取了其他七种大战略的各自优长，尤其是遏制战略的优长，而又摒弃了它们的短处；这是一种遵循中间路线的战略，既不同于孤立主义战略时期，也不同于冷战战略时期，它要灵活机动得多。它的基本要素是，继续在远离本土的前沿地带部署军力，巩固和发展军事联盟的集团优势，有效地控制与美国利益最为重要的关键地区，采用各种手段遏制现实的对手和潜在的对手．等等。特朗普总统就任之初，曾说过“北约已经过时”之类的话，似乎有重新调整美国大战略之意，但现在看来，其战略追求，并未脱离遏制战略和有选择干预战略，下一步他将怎样布局，我们且拭目以待之。

（《南风窗》2017年第13期，2017年6月21日—7月4日刊发）

世界是无政府状态的还是等级制的？

当今世界是个分而治之的世界，二百多个主权国家，各自分治一块或大或小的土地和或多或少的人民。在主权国家之内它是有序的，国家机器制定和依照相关法律对域内进行管辖，而国家之外则没有一个更高层次的权力机构，从这个意义上说，世界仍然还是一个无政府的世界。这是国际关系领域人人自明的一个常识，所有主流理论的派别都无不以之作为其前提性假设。虽然如此，纷纷扰扰的世界并不是纯然混沌无序的。如果简单地用霍布斯状态来予以定义，就很难对一些国家行为和国际现象予以恰如其分的解释。对此，美国加利福尼亚大学政治学教授戴维·莱克在多年系统研究的基础上，撰写了《国际关系中的等级制》一书，对“无政府”假设提出一定程度的质疑，同时，全面而深刻地阐述了国际秩序中的等级制现象，为我们观察和理解变动中的国际格局，提供了一个新的视角和新的维度。

在世界近代史上，帝国主义最初的扩张和掠夺，形成了宗主国和殖民地这一极端不平等的等级制世界秩序体系。在这一历史阶段，帝国主义列强依仗的是赤裸裸的暴力，是资本、工业、军队这些硬实力。“二战”以后，在亚非拉民族民主革命大潮的冲击下，旧的殖民主义世界体系再也维持不下去了，于是在各方的博弈之下，又产生了新的霸权主义世界体系，加之冷战开始，于是以美苏各为一方，形成了互相对立而又互相依存的东西两大阵营，即两极的世界。每个阵营内部则分为主导国和附属国这样一个通过契约而固定下来的等级制结构。东欧剧变、苏联解体，世界进入了美国一家独大的单极结构。近二十年来，美国则不断地呈现相对衰落状态，一些新兴大国逐渐崭露头角。然而，在戴维·莱克看来，由主导国和附属国组成的等级制世界，仍然是构成世界秩序的基本要素。他考察了从二十世纪五十年代到二〇〇〇年以来半个世纪的历史现象，用大量的事实和统计，有力地论证了等级制世界形成的原因，维系的红带，运行的模式，以及等级关系中双方各自的收益和成本。使我们能够透过纵横捭阖、眼花缭乱的外交活动，看到各国从利益出发的精明算计。

在一个等级制国家集团中，主导国是司令，附属国是服从者，那么，主导国的权力从何而来呢？来自强力？主导国是大国、强国，有高于附属国的硬实力，这是居于主导国地位的必要条件，但在后殖民时代，靠强力是不可能长期维系一个联盟集团的。权力主要来自权威，如果说国内统治靠的是“正式——法律型权威”的话，那么，在国际上则主要依赖的是“关系型权威”，它是由双方通过契约的方式建立起来的。“在这一契约中，主导国向构成附属国的个体集合提供一种政治秩序，而那些个体则授予主导国权利，来约束他们的行为并汲取创造秩序所需的资源。”在这一等级制国际行为体中，主导国有责任和义务提供政治秩序来保护其附属国，与之对应，附属国也必须让渡出自己的一部分主权，在国际政治斗争中追随主导国行动，从而增强主导国的分量和实力。这种心照不宣的行为，是由契约所规定的，因而是一种“关系型权威”。

这种关系型权威，说到底是一方以秩序换取支持，一方以出让部分主权换取接受保护的交易。这种交易一旦形成就会形成各自的既得利益，“既得利益会构成一个缓冲器”，一方面使被统治者有效抑制其不服从行为，一方面使统治者不至于出现统治过度，一俟出现过于放纵的行为，既得利益会主动加以约束。由是，主导国不能太过霸道，附属国也要谨守规矩，这样，在双方的共同呵护下，才有可能保持行为体集团不致因相互龃龉而分崩离析。

但毕竟这一权威是关系型权威，因而弄得不好，也会失去。而一旦失去，“权威就很难重新获得”。就像美国强行发动第二次惩罚伊拉克的战争一样，其盟国除英国外，都拒绝予以支持，从而使美国驾驭其附属国的权威和能力都大为降低。今天，这一现象似乎又在重演，特朗普坚持“美国优先”的政策，企图单方面减轻主导国的责任和负担，并强迫其附属国承担更多的防务费用，而这本应是主导国的题中应有之义，是其理所当然的必要付出。按照戴维·莱克关于等级制的逻辑，特朗普的这一政策，从长远看，无疑将会显著减杀主导国的权威，增强附属国的话语权，使他们那个等级制的“王国”出现难以补苴的罅漏。甘蔗没有两头甜，又想要霸主的权威，又不想承担保护的费用，天下没有这样的便宜事。

总之，世界在总体上还不能摆脱无政府状态，但确实又存在一些大小不一的等级制国家集团，这些集团也处于不断的变动和重组之中。对此，正在崛起中的中国，不可不察焉！

（《南风窗》2017年第14期，2017年7月5日—7月18日刊发）

美国大战略的转向：从『自由主义霸权』到『克制』？

在美国的战略结构中，大战略的位置排序无疑是靠前的，因为它事关安全，而安全尤其是军事安全历来都是美国执政当局最为关注的问题。其实，美国本无大的安全之虞，得天独厚的地理条件和超强的国力，使得它的安全系数几乎是全球第一。然而，“生年不满百，常怀千岁忧”，美国人的忧患意识历来很强，因而研究大战略的专家学者代不乏人，不同流派的见解层出不穷，互相辩驳而又互相补益，麻省理工学院政治学福特国际讲学教授、安全研究项目主任巴里·波森就是众多学者中的一位。他提出，美国再不能沉湎于自由主义霸权战略而不能自拔了，应及早抽身，收缩战线，选择与自己国力相适应的战略：克制战略。仔细阅读他近年的著作《克制：美国大战略的新基础》（以下简称《克制》），恍然感到，美国当前的安全政策，虽然不能说与巴里·波森的观点如出一辙，却也有太多的相似之处。

在波森看来，世界的单极时代已经终结，或者至少大势已去。未来世界，无论是两极化还是多极化，自由主义霸权战略都将不合时宜。

他认为，即使是在美国最为鼎盛的单极时代，自由主义霸权战略也未为美国带来理想的效益。但由于“自由霸权战略符合美国大多数机构的利益，符合美国的世界观，甚至迎合了大众的观点”。因而在那一时期，这一战略的推行，几乎是势在必行的。但十几年下来，美国不但耗资巨大，损失巨大，而且建立一个所谓的自由主义的世界秩序，仍然是遥不可及的幻想，且国力已大为衰减，如果还继续“孜孜不倦地”实行这一战略，那将不可避免地会为美国带来灾难性后果。

作者认为，当今世界能够对美国构成重大安全威胁的因素，主要有三个方面：一是亚欧大陆上脱颖而出的“霸权”国家，二是国际恐怖主义的存在，三是由于核扩散而可能造成一些敌对国家拥有核武器。美国不能也不应什么都关注，而是要把主要注意力放在这些最重要的问题上。

那么，应如何解决这些命运攸关的大问题呢？作者的一个根本观点是，美国必须摒弃过去那种大包大揽、包打天下的做法，而是要更多地发挥同盟国的作用。在《克制》一书中，波森反复批评和抱怨美国的盟友中存在着这样两种不负责任的倾向：一是已经习惯于接受美国的保护，不愿在安全方面加大投入，热衷于“搭便车”，以求坐享其成，背靠大树好乘凉。其军费预算与它们的国力和经济总量相比很不相称，与美国相比则很不均衡，这种状况必须改变。二是有些盟友是“鲁莽的驾驶员”，它们对美国不但没有多少帮助，甚至“几乎没有任何作为”，但却经常“胆大妄为”，干一些“帮倒忙”的事，让美国陷于被动。他认为这以以色列最为典型，它“对被占领土的政策导致美国在阿拉伯世界形成了负面形象，使美国对抗基地组织和制约伊朗的斗争更为复杂”；当然不止这一个，其中也包括陈水扁执政时期的台湾当局。美国应当约束这些“鲁莽驾驶”，不能让它们扰乱了战略大局。

警惕欧亚大陆上出现未来可以与美国相匹敌、相抗衡的国家，作者认为这个国家非中国莫属，而似乎以俄罗斯辅之。尽管中国一直谦和低调，并未表现出咄咄逼人之势，但“中国有成为霸权国的潜质”，这就不能让人等闲视之。他认为中国周边环境复杂，有不少大国、强国不会坦然面对中国崛起，诸如日本、印度和俄罗斯等国，它们都会对中国的发展心存恐惧，必然会联手加以遏制，这对美国相当有利。这些观点，似乎已成为美国政府的外交政策，是应当引起我们高度重视和警惕的。至于在欧洲制约俄罗斯，他认为有欧洲诸大国足矣，美国的职责就是要督促它们扩大军备，让它们自己负起欧洲安全的责任。在反恐和防止核扩散方面，他也不主张由美国单打独斗，而是要调动多方面的力量，从长计议；为了应对朝核危机，他甚至提出不排除支持日本拥核。笔者认为，这实在是一种非常危险的主意，无异于要打开潘多拉的盒子，它不但会使亚洲和世界陷入更大的核威慑之中，最终美国也一定会反受其害。

克制战略在军事上的着眼点是掌握“制公权”。何谓“制公权”？“海洋以及空间领域中的‘公’指的是那些不属于任何国家并可通向全球大部分地方的区域”，而这些区域中的制海权、制空权以及太空的指挥权都是“制公权”的范畴。美国现在在全球范围内拥有制公权，实行克制战略，更要把主要军力放在控制和巩固这一制公权上。制公权的核心是制海权，因而海洋战略毫无疑义就是克制战略中的重中之重。掌握制公权有很多红利：它可以为美国赢得更多时间来加强自身实力；可以使美国把其他盟国的军力整合起来；可以有效地孤立对手，使之无法获得政治和军事支持的资源；可以对高度参与国际贸易和投资的国家施加经济上的威胁；可以使美国拥有强大的军事潜力，直接影响陆地上军事能力的发展，还可以为美国节省大量的军费，用于发展经济，从而一旦有事，就更有能力投向军事。然而美国是否会轻易放弃自由主义霸权战略，还是一个未知数。那个战略前景太诱人了，犹如高居于九天之上，接受世界各国的膜拜，“九天阊阖开宫殿，万国衣冠拜冕旒”，那是何等的威风八面！放弃了，绝对心有不甘。但事态如此，又迫使它不得不进行调整，硬撑下去，焦头烂额，力不从心，也不可维持。美国有美国的难处！

（《南风窗》2017年第15期，2017年7月19日—8月1日刊发）

卡普兰笔下的美国大兵

罗伯特·D.卡普兰既是一位资深的国际事务记者，更是著名的地缘政治分析师，还担任过美国国防部前部长罗伯特·盖茨的第一幕僚，他撰写的《即将到来的地缘战争》，是风靡一时的地缘政治佳作。《大国威慑——不为人知的美军海陆空全球运作》（以下简称《大国威慑》）则是作者在二〇〇四至二〇〇六年间深入位于世界各地的美军基层部队进行体验和采访的产物，它以记者的敏锐和学者的深邃，全方位地展现了当代美军的现实生活和精神风貌，文笔生动、流畅，极有现场感。阅读这本几十万字的作品，仿佛在跟随着作者游历于世界各地的军旅之中，各种类型的美国军人似乎触手可及，这让有着多年军旅生活的笔者不能不感慨系之。

美国军人是美国霸权的主要支撑，是帝国威慑的主体力量，美国对世界的许多干涉，它所发动的一些所谓干预性和预防性战争，大都是师出无名的不义之战，然而作者还是满腔热忱地把自己的赞誉送给了这些美国军人，他深知，这是美国“帝国大厦”的顶梁之柱，是不能不鼎力维护的。这与我们的一些所谓“公知”和“大咖”，不惜篡改历史、编造谎言，以诋毁和丑化董存瑞、黄继光、邱少云、雷锋等人民军队的英雄为能事，真是有天壤之别！

纵观《大国威慑》一书，卡普兰笔下的美国军人，主要体现了以下几个特点：

为美国利益而献身的爱国主义精神。作者笔下的这些美国基层官兵，参军的最初动机虽然各有不同：有的是由于家庭经济困难，拿不出钱来供他上大学；有的是不甘于平淡的生活，到军营里来寻求刺激；有的是为了改变自己的社会等级，企图通过军营寻找更好的职业和出路；还有大量的是军人世家和具有军人血统的子弟，耳濡目染，从小就热爱军旅生活；等等。但一入军营，很快就都有了一种神圣的使命感：为美国而战。在“休斯敦”号潜艇上，作者看到了一群最爱学习、最有动力的人。他写了一位来自佐治亚州的安东尼·威廉姆斯中尉，他父亲曾是一位空军飞行员，兄长则在陆军服役，他是一个“富有激情、思维活跃的家伙”，虽然“他对美国的民主政治深感忧虑，但这并未影响他对美国本身的关注。仿佛这个国度是他的孩子一样，他愿意以身报国”。在“本福德”号驱逐舰上，作者不惜笔墨，描述了一位积极向上的军官李安德少尉，他埋头钻研业务，几乎很少睡觉。作者问他，这么做图的是什么？他回答说，他原本可以在一家公司谋一份不错的工作，过着按部就班、朝九晚五的舒适生活，“但人总想活得更有意义”。“现在每当凌晨三点钟我即将累倒在舰桥上的时候，我都会想到军士长们的退役仪式，我仿佛听得见那伴着响亮钟声的宣誓——‘别人睡觉的时候，你还要继续站岗’。”于是作者写下了军士长退役时那激动人心的仪式：当钟声响起之时，退役的军士长们会走在两排“舷侧仪仗队”中间，一面折叠起来的美国国旗在仪仗队成员手中依次传递，最后交给退役的军士长，在一系列活动之后，最后大家共同朗诵诗歌《守夜》：

二十年来，
有位水兵一直在守夜。

当我们在住舱里安度良宵时，
这位水兵正在守夜。
他已经整整守夜二十年。
正因为他在守夜，
我们，我们的家人，我们的父老乡亲，
才能尽享每一个幸福的夜。
因为我们知道，
有位水兵正在守夜……

这是水兵们看见军士长们落泪的唯一时刻。牢固的爱国主义精神同样也是美军的一个最为重要的精神支柱。

军人所特有的冒险精神、“勇士气概”和“拥抱艰辛”。如果以为美军是养尊处优的老爷兵，或是娇生惯养的少爷兵，那就大错特错了。美军这么多年来，一直就没有离开过战争，而战争无疑是对军人的最好历练和最高考验，从战火中走过来的部队是不能被轻视的部队。在卡普兰的笔下，尽管各个兵种有各个兵种的特点，其环境条件和“生活方式”迥然不同，但那种向往战场、不畏艰苦、敢打敢拼的精神状态却是所有军人共有的，在军营里懦夫和怕苦怕累是最令人不齿的。陆军特战队和海军特战队素以粗犷勇武著称，他们均以奔赴战场为荣，而以未能参与战斗为憾。一支在阿尔及利亚的沙漠地带与阿军的小分队联合训练的“绿色贝雷帽”特种兵，白天要冒着四十多摄氏度的高温，背负几十公斤重的装备摸爬滚打，晚上一场暴风雨又使得帐篷内外一片泥泞，对此，他们都习以为常，坦然面对。远洋舰队在大洋上往来驰骋，紧张演练，驱逐舰和支援舰在惊涛骇浪中进行补给；核潜艇的官兵在狭小的空间中紧密配合，甚至一年会有三百多天在海底潜行。空军的飞行员也是如此，哪里有需要他们就要长途跋涉到哪里，无论情况有多危险都要勇敢地执行任务，一些人甚至最喜欢选择驾驶一种叫“疣猪”的A-10攻击机，原因是这种飞机要近距离对地面目标实施攻击，要在敌人的枪林弹雨中进行战斗，十分过瘾，如此等等。作者要告诉读者的是，美军是一支强悍的、有血性的、有战斗力的部队。

重视传承光荣传统，敬仰和崇尚英雄。这在书中可以说俯拾即是，美军非常重视用“二战”、朝鲜战场和越南战场上的真实故事教育部队，鼓励官兵阅读军人回忆录，请老兵、老英雄回部队讲传统；他们还以英雄的名字为部队命名，为舰艇命名，为飞行单位命名，特别是对自己部队的英雄人物，更是做到人人皆知，衷心敬仰，这些英雄人物成为官兵学习和效法的榜样，磨砺战斗意志的精神石火。

当然不止这些，譬如，美军的军事训练决不搞任何花架子，完全从实战出发，一招一式都是在战场上管用的。美军还有很高的集体荣誉感，很强的团队精神，等等，这些都是不容小觑的。它无疑是我军的一个强大对手，然而，我军是从残酷的血与火中走过来的人民军队，绝对是一支不畏强敌、敢打必胜的钢铁队伍，“一不怕苦，二不怕死”是他们的座右铭，要压倒一切敌人而绝不被敌人所屈服，是他们坚不可摧的战斗意志，而来自人民、依靠人民则是他们的力量源泉，在建军九十周年即将到来之际，我们衷心地祝愿这支军队在革命化现代化建设的大道上阔步前进，成为保卫祖国、捍卫世界和平的中流砥柱和钢铁长城！

（《南风窗》2017年第16期，2017年8月2日—8月15日刊发）

印度的傲慢是从哪里来的？

印度是一个没来由也没有更多本钱却动辄表现其傲慢的国度，这既让人不解，也让人生厌，这种“傲慢”倒很像是一个混迹江湖，不知道自己有多少斤两的“泼皮”所为，实在为人所不齿。

然而，任何现象能够产生和存在，都必有其原因。分析起来，印度的“傲慢”也是既有历史之因，也有现实倚仗。

印度是四大文明古国之一，曾对人类文明做出过伟大的贡献，这是可以引以为荣的，但却并不应该成为“傲慢”的本钱。事实上，古印度的文明与当今印度并没有衣钵相传的关系，它不能成为印度藐视他人的历史底气。

印度“傲慢”的真实历史原因乃是其被殖民的长期经历，“傲慢”不过是它殖民文化的一个副产品而已。十九世纪初，当英国成为全球首屈一指的海上强国后，大英海军便毫不犹豫地派遣舰队控制了印度洋，在其后的一百五十多年里，英国在印度洋地区的首要目标就是维护其对印度的统治。由于英国不过是区区一个岛国，不可能派驻众多的军队和官员维持对印度和印度洋区域诸国的统治，于是它采取直接统治和间接统治相结合的办法，只直接统治部分南亚地区，其余部分则依赖形形色色的宗主国代理人来维护大英帝国的殖民统治。与此同时，它又着意把印度作为印度洋诸国的“奴才管家”来培养，让印度成为印度洋诸国的“二主子”。英帝国在二十世纪初委任的印度总督冠松就曾提出印度的“三重边境”说，认为英帝国可赋予印度这样的“特权”：一是行政的边境，这是印度政府可以行使职权的行政疆域；二是主权的边境，名义上可由印度声称是自己的领土，但实质却由当地自主管理的区域；三是扩展的边境，即通过各种条约使印度政府有义务保护的国家，如阿富汗、尼泊尔、锡金、不丹和暹罗等。这样久而久之，就养成了印度精英阶层的两副面孔：对洋主子逆来顺受，对在其地位之下的诸国则趾高气扬、颐指气使。因此，这种“傲慢”，说到底，不过是奴才班头式的“傲慢”，狐假虎威式的“傲慢”，没有任何值得尊敬之处。

印度的“傲慢”，还来自由地缘优势而被其开国领袖所演绎的“天定命运”说。印度位于印度次大陆的中心地带，又居于印度洋体系的中心，加上远高于邻国的国土面积和人口规模，这些得天独厚的自然条件，使得印度的一些政界领袖十分乐于把这一文章做足。尼赫鲁最早制造了印度“天定命运”的神话，其后，几乎历届政治领导人提及这一说法，近十多年，随着国力的提高，印度注定“伟大”则已成为政界精英们的老生常谈。在他们看来，美国是“天定命运”的国家，印度也是，此外，世界上就没有哪个国家有资格说这个话了。印度的一些战略家确实在有意识地模仿美国，除了毫不含糊地抄袭“天定命运”说以外，还一直幻想模仿美国的“门罗主义”，企图把印度洋圈定为自家的“印度之洋”，不容他人染指，并把印度的周边国家划为自己的势力范围。为此，它多次干预邻国事务，甚至不惜动用武力，尼泊尔、孟加拉国、锡金、斯里兰卡、马尔代夫都曾被其武力干预过。只是由于力所不足，印度才未能实现对印度洋的门罗之梦。对此，它虽然沮丧不已，但却痴心不死。

印度的不结盟运动“领头羊”身份，似乎也是它傲慢的一个本钱。冷战时期，印度为寻求在美苏两大阵营之间左右逢源，争取最佳的生存空间，提出了不结盟的政策，并以第三世界的领导者自居，客观地说，这对世界上的反霸斗争曾起到一定的作用。但印度从来都不是和平共处五项原则的认真执行者，尽管它是提出这一原则的发起国之一，也有负于第三世界国家对它的期望。这是因为它自己就没有放弃霸权的意愿。在南亚它从来都认为自己是这一地区的天然霸主，周边国家都必须由它耳提面命，俯首帖耳地做它的附属国。否则，就要示以颜色，而且它认为这一切完全都是理所当然的。尽管有这些劣行，它却仍然毫无愧怍地顶着不结盟运动领袖的光环不放，其不但傲慢得可以，脸皮之厚也是少见的。

最近二十年来，美国的一些政治家们锁定中国作为其最重要的竞争对手，认为中美之间很难绕过“修昔底德陷阱”。于是，他们想到了印度，认为这是对付中国的一个天然帮手。华盛顿的这一策略，无疑使新德里为之兴奋，它显然觉得战略机遇来了。而美国为了打压中国，拉拢印度，也是连起码的国际正义也不顾，任由印度践踏国际关系准则，行不义之事，并一概装聋作哑，视而不见。这当然更进一步助长了印度的傲慢，以为有所倚仗而愈发无所顾忌了。

印度的“傲慢”，归根到底还是由它过大的战略胃口和不匹配的战略力量造成的。印度在陆地上要把整个喜马拉雅山脉一带完全囊括在手，成为它的势力范围，其中不只是尼泊尔、不丹和已然被其吞并的锡金，就连我国的西藏也在其内，它不惜豢养十四世达赖喇嘛集团，就是为了等待时机，日后有用。在海上，它的领导人、外交家和海军将领们都毫不隐讳地主张，印度的海上利益应包括：“北起波斯湾，南至南极洲，西起好望角和非洲东海岸，东至马六甲海峡……和印度尼西亚。”这已大大超过了印度洋海域，甚至把南中国海也包括在内了。这种战略野心凭借印度目前的国力和军力，岂止是捉襟见肘，简直是无从谈起！这种目的和手段的严重不对称，可能只能靠傲慢的心态去求得心理上的某种平衡了。

过高地估计自己的力量，而又过低地估计别人的力量，是形成印度“傲慢”的又一重要因素。印度的战略家们一直有一种颇为盲目的战略自信，认为自己的实力和智慧远在周边国家之上，而且在不久的将来，注定会成为世界一流强国。在二十世纪六十年代初的中印边境战争期间，它就根本没有把中国放在眼里，把中方的一再忍让、退避三舍，看成是无力反抗、软弱可欺，认为当时中国困难如山、危机重重：国内经历三年困难时期，国际有美苏两强的挤压，军队也不行，根本不是它的对手。遭到惨败之后，没有清醒几年，它又不顾国际社会众多国家的反对，对巴基斯坦实行军事入侵，并成功地将后者予以肢解，于是，狂妄自大的心理又得以完全恢复，甚至有过之而无不及。以致在二十世纪八十年代，它更为大胆地对斯里兰卡实行战略“威逼”，直接干涉人家内政。执行这一政策的主要人物是印度驻科伦坡的高级专员迪克西特，他被视为印度派出的斯里兰卡“总督”，是一个“与较小国家打交道时表现出高高在上的傲慢”的人物，可以说这位先生是印度式傲慢的典型代表。然而，对斯里兰卡的军事干预最终却成了“印度的越南战争　”，不但使军队死了一千两百多人，伤了几千人，而且还使拉吉夫·甘地遇刺身亡，从而为它的傲慢付出了惨重的损失。

现在印度又因其经济上的成功和西方国家对其的重视和称许而有些飘飘然，以为万事俱备，可以称雄一方了：它既是最大的民主国家，具有所谓价值观、道德观正确的优势；又被一些西方学者认为最有后劲的金砖国家，预言它的发展很有可能使中国黯然失色；还有国际各方势力，譬如美国、欧洲和俄罗斯等都对它实行拉拢、善待和宽容的政策。简直是“时来天地皆并力”，似乎目前唯有中国是它的一个拦路虎了。于是它对中国的“一带一路”这一惠及沿途各国的互联互通、共铸命运共同体的倡议说三道四，心存不满；也不愿看到南海成为和平之海、和睦之海；更不希望中国增强与印中共为毗邻的几个国家的影响力，从而千方百计为我国制造麻烦，这次洞朗事件就是非常明显而又极为恶劣的一例。

然而，印度的“傲慢”，说到底，乃是一种底气不足而又硬要摆出一副一流大国形象的扭曲了的自大和狂妄而已，实在不值一哂。这种“傲慢”再加上它的“多行不义”，必将使其付出代价，这种代价也许是它很难承受的。

（《南风窗》2017年第17期，2017年8月16日—8月29日刊发）

一个颇为难缠的操盘手

莫迪，走上大国首脑的位置不过三年，但却给国际社会留下了一个强烈的印象：这是一个很难捉摸但又不同寻常的人物。他既精于算计，富于理智，是一个弈棋的高手；又是一个敢于下注、不惜一搏的十足赌徒。他作风强悍，行事果断，坚持以强势手段治国理政；却又高调标榜民主政治的价值观，乐于以最大民主国家的领导者形象粉墨登台。他雄心勃勃，要充分利用“世界渴望拥抱印度的难得机遇”，以实现使印度成为“一个领导大国”的夙愿；又局面不大，心胸不宽，跳不出地缘政治的狭隘眼界。他长于作秀，善于表演，不时会制造一些所谓外交惊喜来展示他的个人魅力，但骨子里却又有着根深蒂固的印度“原则”、印度思维和印度偏见。他是一个集多种矛盾于一身的人物，也是一个比较难缠的操盘手。

莫迪的本钱在于其在古吉拉特邦执政期间经济上所取得的突出成就，也同他敢于以强力手段平息邦内宗教和民族纷争，为经济建设提供一个相对稳定的政治环境有关。这顺应了印度需要持续保持稳定，推进改革，发展经济，改善民生的民意期盼。印度从二十世纪九十年代开始实行市场化经济改革，走外向型经济发展的道路，虽然步履艰难，跌跌撞撞，但还是融入全球化的大潮之中，并取得了相当大的成功。二十年后，还能不能继续保持快速发展的势头，印度的精英之士和草根大众似乎从古吉拉特邦中找到了答案，于是莫迪得以压倒性优势当选。几年下来，其国内改革虽有进展，却不能说很顺利、很辉煌。经济方面的短板，如制造业和基础设施落后的问题，也难有较大改进。但不管怎样，印度经济在全球几大经济体普遍低迷的情况下，还是保持了较高的增速，这就抬高了莫迪的身价，也使他更为踌躇满志了。

一些印度学者似乎更称道莫迪在外交上的表现，认为莫迪一改印度多年以来形成的保守、因循、毫无生气的外交形象，展示了一个泱泱大国主动出击、有所作为的灵活姿态。那么，莫迪外交的核心理念究竟是什么呢？在笔者看来，主要有以下几点：

一是优先安抚邻国，形成在次大陆和印度洋周边巩固的势力范围。这本来也是其前几任领导人的一贯思想，他们共同认识到，必须摒弃过去那种“痴迷于宏大的概念”，追求不结盟国家领导地位这种徒有虚名的外交目标。但不同的是，前几任对此的执行力不行，而莫迪是“强人”，有很强的执行能力。他不但盛情邀请这些南亚国家的领导人参加他的就职仪式，而且还优先安排到这些国家进行访问，并通过启动谈判等多种方式，解决了一些与邻国包括领土争议在内的久未解决的问题。莫迪的逻辑是，“一个无法重新夺回南亚次大陆首要地位的印度，实际上也无法真正在世界其他地区保持长久的形象”。为此，他特别警惕中国在南亚诸国日益增长的影响力，认为这是动了印度的奶酪。莫迪毫无疑问是要使印度成为南亚次大陆和印度洋诸国的牵头大哥。

二是在大国关系上“拥抱美国”。由于美国在相当长的一段时间与巴基斯坦的关系比较密切，而印度则相应地与苏联显得更为亲近一些，再加上它热衷于以不结盟运动领袖的姿态出场，似乎是一个特立独行、完全不倚赖于任何一方的巍巍大国。然而，自二十一世纪初以来，他们的领导人就开始向美国抛出橄榄枝了，瓦杰帕伊就曾说过，美国是印度的“天然盟友”，并通过推进与美国的战略伙伴关系，成功地解除了核试验之后国际社会对印度的孤立。只是由于印度不愿轻易放弃不结盟的遗产，才使印美关系又一度有些疏远。而莫迪则完全卸下了不结盟的包袱，他甚至毫不介意美国曾因“人权”问题对他施加的不准入境的制裁，而毫不矜持地向美国示好。美国自然为了走好遏制中国这盘大棋，与莫迪心有灵犀，一拍即合。在莫迪看来，美国是国际政治中的“北方邦”，只有把它搞定，那才谈得上追求更大的战略目标。美国是“棋眼”，具有牵一发而动全身的魔力，抓住了美国这一关键点，才能全局皆活，既能有效地制衡中国和巴基斯坦，又可以游刃有余地与俄罗斯和欧洲周旋。

三是推行“东向行动”战略。莫迪把他前任的“向东看”政策修改成“东向行动”，表明他将更为积极主动地介入东南亚、东北亚以至澳大利亚的政治、经济、军事和外交的活动之中。东亚是亚洲乃至世界的经济引擎，加强与这一地区的经贸往来，促进印度经济的更大发展，这是理所当然，完全是题中应有之意的事。但不同的是，其前任政府还不能不顾及一些“中国敏感”，不愿也不敢在防务外交上走得太远。而莫迪则不然，他毫不在意这一顾忌，与越南、与斐济、与日本、与澳大利亚，他都希望加大防务方面的合作。最近，他又加强了对缅甸的外交，无疑不会没有防务合作方面的考量。这已成为其“东向行动”中一项不可或缺的内容，其不可告人的动机，是司马昭之心世人皆知的。

四是对中国实行政治和经济有所区别的两手策略。应该说，莫迪是一个中国通，他在古吉拉特邦的经济成就，主要就得益于与中国的经济合作。我们不能说当今印度在经济领域正在亦步亦趋地效法中国，但深受中国的影响，在很多方面模仿中国的做法则是显而易见的。但是，因莫迪了解中国，与中国企业曾经有过成功的合作，就认为他知中而必会亲中，那就大错特错了。他想借助中国而发展印度的经济，这一点确凿无疑，但即使如此，他也并不认为中国是印度唯一看好的合作伙伴，在他看来，在这方面，日本和美国也可以代替中国；与此同时，他把中国看作印度崛起的一只拦路虎，在政治上话不投机，却没有一点含糊。对中国和巴基斯坦日益走近的关系，如同芒刺在背，非常不满；对中国与南亚各国的友好往来，视若挖了印度的墙脚，侵入了印度的领地；对中国的“一带一路”倡议，更是疑虑重重，认为是抢了印度的地缘之利。于是大打美国牌、日本牌、越南牌、澳大利亚牌，以求牵制和遏制中国。在中印边境不时挑起事端，除了有其国内的政治需要和向周边示强之意外，也有干扰中国、迟滞中国的意图。总之，政治上不认同、不合作，甚至将中国视为对手，这是一面；经济上则该利用还利用，该来往还来往，虽然免不了会多一些刁难，多一些苛刻，从而使经济关系不可避免地会随着外交关系的好坏而上下波动，但尚不至于停滞下来，这又是一面。这种被其国内学者称为“一边走路，一边嚼口香糖”的做法，如不发生大的变故，比如战争，将很可能长期持续下去。

五是向南看，实行“海洋花环”行动。不知从什么时候起，印度的政治界和舆论界为中国编造了一个“莫须有”的“珍珠链”计划，说中国帮助巴基斯坦建设瓜达尔港，帮助斯里兰卡建设汉班托塔港，还有其他一些港口建设计划，最终不过是要在印度洋沿岸形成一系列围绕印度的中国军事基地，从而建立起遏住印度咽喉的一串“珍珠链”。考其实质，这不过是在为印度大刀阔斧地扩张海军力量制造借口而已。要巩固“新德里在印度洋的地缘优势，构建与太平洋国家的伙伴关系”，并抵销和压制中国在印度洋和太平洋地区日益扩大的影响力，甚至期望有朝一日能够把中国的力量挤出印度洋，它需要这么一个“中国威胁”论。莫迪来自古吉拉特邦，这是印度进行海上贸易的一个前沿地，也是印度近代海军的一个起源地，因而他可能更有海洋视角和海洋眼光，更有理由重视海洋和海军。当前，印度当局非常看重对斯里兰卡和马尔代夫的外交攻势，它对几年前马尔代夫取消与印度公司关于马累机场的合同，而把它转交给中国公司耿耿于怀，也对科伦坡热情欢迎“一带一路”的倡议心存不满，认为它们与北京的关系已经逼近了印度所能容忍的“红线”。还不止此，在南太平洋，印度也展开了有明显针对性的频繁外交活动。中国与印度都是金砖国家，理应相互合作，实现共同发展，为什么非要“项庄舞剑”，“其意常在沛公”呢？

莫迪的外交政策当然不止这些，还有他的中东政策，他对利用海外印度裔财、智的重视等，限于篇幅，就此打住了。一句话，莫迪是一个颇为难缠、不可小觑的操盘手。

（《南风窗》2017年第18期，2017年8月30日—9月12日刊发）

从沃勒斯坦的霸权转移观说起

伊曼纽尔·沃勒斯坦是美国当代著名的历史学家、社会学家、国际政治经济学家，新马克思主义的重要代表人物，世界体系理论的主要创始人。他的《变化中的世界体系——论后美国时期的地缘政治与地缘文化》一书，是由二十世纪八十年代他所撰写的一些论文编辑而成，离现在已经很有些遥远了，因而他的一些具体议论无疑早已过时，但他提出的一些观点和对世界发展趋势的某些预测，似还值得人们予以关注。对此，本文不拟对之进行系统阐述，只求吉光片羽，以期引起感兴趣的学者进一步去挖掘和淘漉。

作者有一个基本观点，即“资本主义世界经济的基本结构之一是世界体系内部霸权的周期性的兴衰”。他认为，自资本主义席卷天下以来，荷兰建立了第一个帝国霸权，英国建立了第二个帝国霸权，美国则是第三个帝国霸权。耐人寻味的是，每一次霸权的继起几乎都是由两个势均力敌的对手经过长期的争夺才能实现。企图取代荷兰而建立新的霸权的国家不止英国，还有法国。而要取英国而代之的也不止美国，同时还有德国。他们一方面要逼迫老霸主退出历史的舞台；另一方面，更要互相争雄，确立不容置疑的新霸主地位。诡异的是，这两个后起争霸的国家，又无一例外的一个是海洋型的国家，一个是大陆型的国家，而最后的结局则又毫无例外地是海权战胜了陆权，海洋国家取得了世界霸主的地位。而同样令人诧异的是，每次夺得霸主的海洋国家，在关键时刻都能够得到一个陆上大国地面部队的帮助，否则，便不能战胜自己的对手。英国在最后一轮战胜法国的斗争中，得到了俄国的援手；美国在最后战胜德国的战争中，也同样得到了苏联的协助。这是偶然的巧合还是事出有因呢？

还不止于此，每次霸权的转换，都是原霸权国家与未来的霸权国家结成经济上、政治上和军事上的某种同盟，共同对付另一个挑战者，如荷兰和英国、英国和美国，都曾携起手来，共同对付法国和德国。于是争霸的实质，竟然都是在两个新兴国家之间对决，而老霸主则往往会体面地退出原有的席位，与新霸主先是成为主要伙伴，然后再渐渐退居为次要伙伴。如此看来，新老霸主之间的转换，竟是和平的转换，虽然一方是志在必得的进，另一方是无可奈何的退，但毕竟未兵戈相见。从这一角度来看，在迄今为止的历史上，真正意义上的世界霸主争霸之中（在资本主义以前并没有真正意义上的世界霸权，包括罗马帝国在内），并不存在人们常说的“修昔底德陷阱”。但大规模的战事却无可避免，如一七九二至一八一五年的英法战争，胜利使英国终于无可争议地成为世界霸主；一九一四至一九四五年的德国和美国的战争（即两次世界大战中交战双方的两个核心角色），同样将美国送上了霸主的宝座。但战争的主体，却是在两个企图争霸的后起国家之间进行。这是不是具有某种必然性呢？

其实，真正的必然还是蕴藏在深厚的经济根源之中。作者认为，霸权国家不但具有更为雄厚的经济实力，而且也往往具有更高的经济效率和更有活力的经济体系。英国霸权的退出，并不是以第二次世界大战的结束为标志，而是从一八七三年就已经开始了，也就是说，十九世纪的经济“大萧条”，实质上就敲响了大英帝国的霸权丧钟，它虽然还是当时最强大和最富裕的国家，但它的经济优势和经济活力已悄然消失，它再也无力面对美国和德国日益咄咄逼人的竞争了。也是根据这一观点，作者在二十世纪八十年代就断言美国霸权的衰落已经为期不远了，取而代之的很可能是日本或欧洲，他在当时并未看到中国会经济腾飞，也未看到印度会后发起步，而在二十世纪八九十年代，则正是日本经济蒸蒸日上、不可一世的时候。依据经济的发展周期，作者预言在二十一世纪中叶，有可能会发生一场争霸世界的大战，战争的双方主要是日本和欧洲，美国则会选择同日本站在一起，而最终结局则是海洋国家日本获胜，从而建立起第四个世界霸权。预言的风险实在是太大了，但作者认为经济是决定霸权转移的最终根源的观点，却不能不说是一种真知灼见。

从另一个经济角度去看霸权国，它也不能不呈现出周期性的衰落现象。要维持政治霸权，就必须有庞大的政治、经济和军事开支；要维持国内稳定，就必须保持中产阶层的消费水平。于是国家不得不加重赋税，结果势必使经济效益下降而社会耗费增加，这就必然导致霸权国家的经济力量日趋削弱，长此以往，终究会难以为继，此时，“外面的架子虽未甚倒，内囊却也尽上来了”。于是，霸权嬗变的大戏就将开演了，这可能是不以人们的意志为转移的。

（《南风窗》2017年第19期，2017年9月13日—9月26日刊发）

动荡和重组的世界

用“礼崩乐坏”来形容今天的世界固然是不合适的，但山雨欲来、风云变幻则确实是非常明显的，这预示着世界的格局将要再次发生一个较大的变化，我们正处于这一大变动之中。“弄潮儿在涛头立”，勇敢地迎接这一挑战，并努力为这一变动不居的世界注入强大的正能量，是当前中国应有的使命和担当。

这一变动首先与美国霸权的衰落紧密相连。自从资本主义纵横天下，囊括四海以来，已经依次相继地出现了三个全球性的霸权国家，先是荷兰，接着是大英帝国，再后则是美国。这里虽然曾经有半个世纪是美苏两极对立，各占胜场的时期，但总体说来，整个二十世纪，终究还是美国独占鳌头的世纪。每一代霸主都要以它为主导建立起一个层级式的政治、经济秩序，世界就在这一秩序下运行，虽然其间也会有冒犯者、挑战者，但只要霸主气数未尽，这一格局、这一秩序就仍会继续维持，继续运行。而一旦霸主易位，则必然就要带来一场惊涛骇浪般的巨大震荡，各种力量将会依据利益和实力的逻辑重新站队，重新组合，重新确定新的规矩，重新建立新的世界经济政治格局和秩序。霸主衰落的根本原因是其经济、技术的竞争力下降，它已经从生产力发展的领先位置上无可挽回地滑落下去，它的经济效率和科技创新能力已经为后起之秀所超越，此时，它虽然还会凭借先发优势和称霸之威维持或长或短的一段时间，但毕竟“无可奈何花落去”，最后要么自动让出霸主位置，要么被人掀翻在地，而失去这一王冠。现在的美国，就已经显示出这一疲态，有的学者甚至认为，早在二十世纪八十年代，美国经济在同日本经济的竞争中，就已露出败象，只是由于数字和互联网经济的异军突起，加上日本房地产泡沫破裂，才挽救了美国的衰落。此后由于苏联解体，日本一蹶不振，美国才又得以再度风光二十年。现在我们知道，美国虽然还是世界上最大的经济体，但对世界经济的贡献率却逐年降低，商品和服务的竞争力也日益下跌，使得特朗普不得不抛出十分霸蛮的“美国优先”政策，实行极端的唯我主义，强制修改与一些国家先前签订的双边和多边的经贸协定，强行要求本国资本和其他国家的资本到美国投资，兴办实业，从而把美国经济的“内虚”和不自信完全呈现在世人面前。

但是，这一变动将不能不是一个相当长的历史过程。“百足之虫，死而不僵”，美国这个庞然大物，并不会一下子就如瀑布一样，从断崖上一下子跌落下去。这些年，美国自己的一些学者早就有忧患意识，他们一直在关注美国将会何时衰落、如何衰落的问题，其主流的观点认为美国的衰落是迟早的事，有兴盛就有衰退，这是规律。但他们同时也认为，二十一世纪仍然会是美国的世纪，即使极而言之，美国的领导力也会维持到二十一世纪中叶。他们的预言，似乎有些乐观，这将最终由历史去证明。但我们确实也不宜将这一过程估计得太短，以致认为现在美国的权力世界就已经分崩离析，美国的霸权就已经开始崩溃，世界就已经处在三分天下或四分天下的局面了，这恐怕言之过早，既不符合事实，也无益于我国更清醒地应对跌宕起伏、错综复杂的国际形势，处理好与美国及与其他各国之间的关系。

这一变动更与新兴大国、新兴经济体的蓬勃发展互为表里。新陈代谢是宇宙间普遍的不可抵抗的规律，大国的兴衰也是如此，后来者居上，已领风骚者退出，历史就是这么走过来的。今天，新兴经济体在世界几大经济体普遍低迷不振的情势下，依然有不俗的表现，已经成为世界经济发展的强大引擎。他们既是全球化大趋势的领跑者、推动者，又是坚持互联互通，互利共赢，构筑人类命运共同体的倡导者、实践者，因此，他们在世界舞台上顺势而为，大显身手是理所当然的。但是，也要看到，新兴经济体虽然势头强劲，生机盎然，却还不能说在经济效率上已经走在了世界的前列，也还不能说在科技创新方面已经居于全球的先锋和旗舰位置，而恰恰是这些方面的进一步突破，才能使新兴经济体行稳致远，领跑全球；才能加速推进世界格局朝着进步的方向发展变动；才能促使国际经济、政治秩序向着更为公平、更为合理的目标进行变革和改进。“大风起兮云飞扬”，面对变动的世界，新兴经济体使命在身，任重道远！

这一变动还与世界治理方式的变革趋势相与契合。世界是地球人的世界，近年来，一些属于全球性质的问题日趋突出，迫使人们不能不站在全球的立场上去对待之、处理之。诸如恐怖主义、气候变化、网络安全、疾病传染、毒品贩卖、跨国犯罪、难民问题，等等，这些都事关全球，非一国和数国所能解决。这就需要建立新的治理机制和治理方式。即使经济领域也概莫能外，中国提出的建立“一带一路”经济带，实行互联互通，互利双赢，构建人类命运共同体的主张，就是一种顺应时代潮流的全新的经济合作新模式。这些新的发展和治理模式，可能都要诉诸新的思维方式，过去那种民族国家利益至上的思维方式，那种以意识形态划线的思维方式，都应当予以改变。这也将是一个极其艰难曲折的过程，让一些人丢掉“冷战”思维，丢掉极端的民族主义观念，绝不是一件轻而易举的事。但“天下大势，浩浩荡荡，顺之者昌，逆之者亡”，只要我们在变动的世界中始终保持应有的敏锐和敏感，就一定能够抢占先机，捷足先登，取得主动！

（《南风窗》2017年第20期，2017年9月27日—10月10日刊发）

失序的世界？

《三国演义》开篇即说：天下大势，分久必合，合久必分。它讲的是中国历史上反复出现的一个政治现象：统一与分裂。其实，同样普遍而又更为深刻的一个政治现象是治与乱。一治一乱，治乱相生，构成了中国历史上最为基本的秩序形态。治是中央王朝对域内有效管理的状态，乱是一个王朝败亡，而另一个王朝尚未建立起有效统治，从而使域内处于无效管理的状态。国际社会则与之有所不同，它从来没有一个世界政府，世界自古至今总体上仍然是处于无政府状态。但无政府并不意味着完全没有秩序，事实上，自从资本主义诞生，世界真正开始具有国际社会形态以来，有序和无序就成为与国内治乱一样的秩序常态。有序则世界总体和平，无序则世界或战火不息，或正在酝酿战火，呈现出“山雨欲来风满楼”的局面。

这里不能不提到《失序时代》一书，它的作者是理查德·哈斯，他曾担任过美国第四十一任总统乔治·赫伯特·沃克·布什的特别助理兼国家安全委员会中东、波斯湾、南亚事务首席顾问，是一个有着美国中枢幕僚经历的学者。在他看来，世界秩序“这一概念，从萌发之初至今已有近四百年”。秩序可以是“有序”，但“也涵盖了必然存在、程度不同的‘无序’”。任何时代的历史都是通过不同力量间的互动与角逐，从而造成了或有序或无序的结果，而这种不同力量之间的均衡程度，就决定了这一时代的主要特征。

作者认为，从“二战”结束以来至冷战结束的四十余年间，世界是处于有序状态的。尽管以美国和苏联各自为首的两大阵营，彼此间壁垒森严，相互敌对，并进行了多次直接或间接的较量和中等规模的战争，其争斗不可谓不尖锐、不激烈，有时甚至到了箭在弦上，一触即发的极其危险的境地，然而，总体上却是有惊无险，处于力量均势的状态。正是这一势均力敌，互相钳制，特别是双方都有保证摧毁对方的核力量，反而造成了整个国际社会处于有序运行的状态。这是因为任何一方都承受不起大打出手、孤注一掷的对决，那不但是双输，而且是相互毁灭的双输。于是迫使双方都不能不心照不宣地尊重已然划定的楚河汉界，不能不小心翼翼地不去触动对手的地缘政治限制，而且也不能不建立一套彼此在对立状态下相互沟通、相互磋商的有效渠道和方式，保证当对抗发展到一定程度时，能够相互妥协和让步，而不致突破极限，失去控制。

还不止此，隐藏在这一两极格局背后的还有“二战”后国际社会构建起来的一整套经济政治秩序。这可能是更为基础的东西，它包括经济维度、政治维度、外交维度、战略维度和法律维度。其基本点是有一套适应全球化需要的经济运行机制，包括建立起了促进世界贸易和货币正常运行的机制，如成立了世界银行、国际货币基金组织和世界贸易组织等；有一套以尊重主权国家为基本原则的政治运行机制，包括建立了联合国和其他一些多边或区域性的国际组织等；有一套防止带来毁灭性后果的战略预防机制，如建立了《核不扩散条约》《禁止生化武器公约》等。正由于有这些“二战”后经济政治秩序的存在，才使得在冷战突然结束，原有的平衡格局不复存在的情况下，国际社会并未因此而失序。

但是，这一秩序毕竟显现出力不从心的状态，它已不再能适应权力分散、非国家行为体涌现，以及全球化带来的诸多挑战。冷战的潮水哗然退去了，它留给世界的好像只有一片空空的海滩，而“这个世界只想在历史长卷中获得一个喘气的间隙”，却几乎完全暴露了在即将来临的挑战面前毫无准备的窘态。因而，哈斯认为，“二战”以来的国际格局是世界秩序1.0，未来需要的则是世界秩序2.0，而在1.0与2.0之间，从本质上说，就是一个失序时代。

对此，作者提出，衡量秩序的程度或质量有三个标准：“对世界运行规则和原则的定义有广泛的认同；制定、调整和应用这些规则和原则的程序流程被广泛接受；权力平衡。”而在冷战结束以来的四分之一个世纪里，国际秩序既不完善，也不牢固；两个拥核超级大国主导时期的制约、自律和框架都丧失殆尽，“二战”后的其他国际协议也都相对脆弱，很容易被打破；而且，两极平衡的格局也已不复存在。这种更不平衡、更为复杂的秩序导致的结果就是相当无序。四海翻腾，五洲震荡，国家之间的战争，国家内部因分裂而引起的战争，问题国家因失控而引起的暴力冲突，世界范围的恐怖主义泛滥，核扩散问题的日益严峻，此外，在经济领域、疾病控制、网络管理等方面都出现了许多混乱。这还不是无序吗？对于作者的这一观点，人们当然可以见仁见智。但世界秩序有序与无序的运动规律却应该引起人们更深入的思考。

（《南风窗》2017年第21期，2017年10月11日—10月24日刊发）

哈斯的『主权政府义务』

对世界秩序问题的研究，哈斯在《失序时代》一书中十分推崇两个人，一个是他的朋友布尔，布尔在二十世纪七十年代撰写了《无政府社会——世界政治秩序研究》一书。布尔认为，国际秩序是成功与失败、有序与无序的混合，而历史上不同力量间的互动和角逐则是形成世界或有序或无序的根本动因。再一个则是基辛格，六十年前就出版了《重建的世界》这一大作，详尽地分析和阐述了十八、十九世纪国际秩序演进的历史，指出“稳定”是国际秩序框架并被所有主要大国所接受，因而具有“合法性”的结果；而如果权力平衡被打破，某些大国不满意于现行格局，这时国际秩序就有可能出现“混乱”，“混乱是想要改变的行为体与不愿意改变却无法阻止这种变革的国际社会之间角力的结果”。这和布尔的观点大体是一致的。事隔半个多世纪，基辛格再次撰书专题研究国际秩序问题，而书名就直接名之曰《世界秩序》。

哈斯的研究则认为，从十七世纪中叶“威斯特伐利亚和约”签订以来，开启了世界秩序1.0的历史大时段。其根本特征是以民族国家为基本单位，以尊重国家主权为基本原则，以权力均势为基本支撑而建立起来的国际关系格局。这期间曾经爆发了两次大动荡、大混乱、大失序，即二十世纪上半叶发生的两次世界大战。战争是由于某些大国和大国集团要强力破坏这一基础，灭人之国，夺人之地，从而使原有的均势格局急剧垮塌。战后秩序的恢复，则是重新确立了尊重国家主权的原则和形成新的权力均衡格局。

然而，现在不同了，冷战结束以来的四分之一个世纪里，尽管大国之间的关系总体还不错，看不到相互会发生直接冲突和战争的风险，但却不存在一个稳定的均势，权力分散难控，而且出现了许多过去所没有的新情况新问题新矛盾。哈斯列举了多个方面：有各种矛盾交织和域外势力干预而引起的地区性混乱，最典型的是中东；有弱国的国内失控而造成的内战、屠杀和难民问题；有大势蔓延的“恐怖主义”问题；有难以遏止的核扩散问题；有由人类活动造成的威胁到全人类的气候问题；也有对如埃博拉、禽流感等传染性疾病的全球控制问题，以及网络空间引发的各种问题；等等。“这种更不平衡、更加复杂的秩序导致的结果是相当无序”。

为什么会失序？根本原因是全球化的发展与对全球化的应对不相适应。大国依然举足轻重，但却与过去有所不同。世界格局已不再能用一极、二极或多极来加以概括了。一些区域性的中等强国对于区域性秩序越来越具有发言权，他们在世界权力格局中理应占有一席之地。与此同时，一些国际性治理机构，一些有影响的非政府组织也已经走进了权力中心。如在全球性贸易和金融领域中的世界贸易组织、世界银行、国际货币基金组织，一些地区性的多边经贸合作组织、跨国家的金融合作组织等；如对和平利用原子能和防止核扩散方面承担协调之责的国际原子能机构；对预防和控制传染性疾病扩散的世界卫生组织；甚至还应包括管理覆盖全球网络的机构英特尔公司。他们在世界权力格局中也都分有一杯羹。而且随着一些问题的日益凸显，还可能建立一些相应的治理和协调机构，如管控全球气候的机构，管控太空秩序的机构等。哈斯的这些观点是值得重视的。

失序还与国际社会对一些问题的思维模式和利益取向迥然不同有关。这方面主要有如何处理“主权”和“人权”的关系，是价值观至上还是国家主权至上，应优先尊重国家主权还是优先尊重民族自决，是用政治手段解决核武扩散和销毁大规模杀伤性武器，还是动辄实行所谓“预防性干预”等诸如此类的问题。对于这些问题，过去和当前的主要倾向是某些大国常用的借保护“人权”之名行干预别国内政之实；借支持和声援“民主”之名行颠覆和破坏别国政权之实；借尊重民族自决之名行分裂和削弱别国之实；借实施预防性军事行动之名行推翻其所不喜的政权之实。当然这不是哈斯的判断，而毋宁说是他判断的反面。这里，我们无须一一转述哈斯的议论，要着重指出的倒是，哈斯提出这些问题是要说明今日的世界与过去的世界已经有所不同，出现了一些新现象、新问题，应当用有别于过去“仅仅依赖于尊重国家主权的方法”来维持世界秩序。为此，他提出了一个叫作“主权政府义务”的概念，认为这是适应全球化时代的一个“迫切需要”，主权政府义务就是一个主权国家应当承担对其他国家的相关义务，他认为这是建立世界秩序2.0的一个关键。这或许是一种新思维，但是有没有道理，可行不可行呢？现在下结论似乎太早。

（《南风窗》2017年第22期，2017年10月25日—11月7日刊发）

哈斯的重塑世界新秩序

在《失序时代》一书中，理查德·哈斯认为，建立国际秩序2.0是适应全球化和国际社会权力日趋分散，旧的国际秩序已经解体的新形势下的必然走向。由此，他提出了一个新概念："国家主权义务"。并斩钉截铁地认为，它是建立升级版国际秩序的一个最为基础性的原则。

在哈斯看来，自威斯特伐利亚时代到冷战结束的四百年间，是世界秩序1.0的历史时段，它是建立在国家主权这一原则基础之上的。然而，冷战结束以来，这一秩序已无可挽救地崩塌了。从观念上来说，除主权之外西方又要增加"人道主义干预"原则。这是因为，冷战的结束，使得欣喜若狂的美、西阵营以为完全可以按照它们的意志和价值观一统全球了，于是，它们到处煽风点火，鼓动所谓"民主"运动，而一旦不能得手，就打着需要保护"人权"的旗号进行干预，并为之美其名曰行使"保护的责任"，从而使得它们可以堂而皇之地干涉别国内政。对于这些，哈斯本质上也是持支持态度的，但他同时却清醒地感到，这将会越来越行不通。他看到美国和北约在世纪之初对伊拉克和利比亚的粗暴干预，不但没能建立起所谓理想的“民主”政府，反而造成了更大的混乱，以致国不成国，民不聊生，最后又为恐怖主义所乘，对整个世界造成了严重危害。他也看到，西方往往从自己的利益出发，对“民主”和“人权”采取双重标准，一方面高调主张“政治自由”和“民族自决”，并往往以此为由肢解别国；一方面一旦真的惹火烧身，自身营垒内部出现分离主义和“民主”风潮时，却不能不持反对态度，从而暴露出其麒麟皮下的马脚。这就使得其行使“保护的责任”的说法在国际社会日益失去了说服力。

既然单纯的国家主权至上原则已经不能适应建立国际新秩序的需要，而“主权”+“保护的责任”也行不通，那么，建立新秩序的合法性法理又能是什么呢？哈斯说：国家主权义务。这有些新意。首先，这一概念坚持主权权利依然是国际秩序不可动摇的基础。当今世界，国家仍然是最为重要、最为基本的行为体，不尊重国家主权，势必天下大乱。威斯特伐利亚时代以前，世界之所以兵连祸结，战乱不已，究其根本，就在于没有树立国家主权的原则。只要主权未定，群雄逐鹿就不可避免。过去如此，今后也是如此。哈斯的概念坚持了这一点，这是应该肯定的。其次，这一概念考虑到全球化的因素。哈斯说：“这个世界太小，边界极度连通”。如果在历史上，发生在一个主权国家境内的事件还可以被认为是纯粹国内事件的话，那么，“现在，这类事件的延伸范围和影响可能是无限的”。他指的是，譬如，发生在一个国家或地区的恐怖主义，就必然有溢出国界的危害；环境污染和温室气体排放也必然会对周边国家造成损害；核武和化武的扩散更会使全人类普遍增加风险；而在经济领域，一个国家和地区出现危机，毫无疑问会影响到更广大的区域以至整个世界。这就要求必须有超出国家主权之外的约束，这就是主权国家义务的约束。一个主权国家尽可以在其主权范围内自主行事，但却不应危害到周边国家以至整个国际社会，对于有可能溢出的不良行为，主权国家有义务反对和制止。哈斯认为，如果国际社会对此能够达成共识，那就有了建立国际秩序2.0的原则基础。这也不无道理，但却远不如我国提出的建立人类命运共同体的主张更深刻，更有远见，更富号召力。这里有积极进取和消极应对的不同，有追求更为长远更为美好的世界和着眼于头痛医头、脚痛医脚的差别。

提出理念和原则，归根结底还是要建立一个在权力分散和全球化背景下的世界新秩序。哈斯设想这应是一个多重秩序的统一体，其中最主要的一重秩序当然还是大国之间的合作秩序。哈斯认为，这里尤以处理好美国与中、俄的关系最为关键，他虽然对中、俄抱有价值观偏见，但还是主张用磋商和合作代替对抗。地区的稳定和平衡是哈斯非常重视的又一重秩序。他认为其中中东最为复杂和棘手，在现阶段从根本上解决中东问题是不可能的，中东问题应着眼于控制而不是解决；最重要的地区秩序还是非亚太莫属，这是世界的重心和经济发展的引擎，又有气势如虹的中国崛起。对此，哈斯认为，美国必须在亚太保持军事和政治存在，这是美国利益的要求，也是美国取信于盟友的需要。再则一旦重塑秩序，则是涉及全球化的各个方面，诸如经贸、反恐、气候、武控，等等，这需要依赖新机制去协调。总之，对于建立这些多重秩序，哈斯认为美国仍然还是一个举足轻重的角色，世界新秩序的重塑，美国虽不能说是充分条件，但却绝对是一个必要条件，是无可替代的主导者。对此，哈斯怀有充分自信。

（《南风窗》2017年第23期，2017年11月8日—11月21日刊发）

国家体系基础上的世界秩序之生存法则

世界秩序绝不是国际政治和国际关系的全部，甚至也不能说是最为重要的一项，因为还有国际正义、国际法与国际治理等内容。但秩序无疑是最为基本的，失序的世界必然是混乱的世界，而一般说来，混乱带给人类的最大可能就是灾难。

在研究世界秩序方面，有一位学者不能不提，那就是理查德·哈斯在其《失序时代》一书中甚为称道的赫德利·布尔。布尔在二十世纪七十年代撰写的《无政府社会——世界政治中的秩序研究》可以说是这一学术领域中的一部经典之作，曾多次再版，其价值并没有因岁月消磨和时代变迁而为之衰减。

在布尔看来，当今的世界秩序是建立在国家体系基础之上的。“国际关系存在的前提是国家的存在，而国家则是拥有政府并声称对地球表面的特定地区和世界人口的特定部分享有主权的独立政治共同体。”这种独立的主权有两层含义：一方面，它在国内具有最高的权威；另一方面，它在国际上对他国享有平等的权利，没有任何国家可以凌驾于其上。而国与国之间则会组合成相应的国家体系，体系与体系之间则形成了一定时期内的国际社会，而国际秩序不过是国际社会中“国际行为的格局和布局”而已。它所要追求的是“国家社会基本、主要或普遍的目标”，包括“维持国家体系和国家社会本身的生存”，“维护国家的独立或外部主权”，“维护相对和平的国际环境”，等等。

按照布尔的研究，在现代国家体系的历史中，存在着三个相互竞争的思想传统：霍布斯的现实主义传统，康德的世界主义传统，以及格劳秀斯的国际主义传统。霍布斯认为，国际关系的常态就是所有人反对所有人的战争状态，国与国之间实质上就是互相争斗的关系，和平不过是上一次战争的恢复期和下一次战争的准备期。而康德则与之正好相反，康德认为，世界理所当然应该是全人类的共同体，人们具有共同的利益，国际社会应该要么实行合作的游戏，要么实行非零和的博弈。如果说国际社会有矛盾，那也是超越国界的横向冲突：即人类共同体的维护者和破坏者，具有真正信仰的人和持异端邪说的人，解放者和被压迫者之间的冲突，而不应是国与国之间的冲突。格劳秀斯的观点则是介于霍布斯和康德之间，他一方面接受了霍布斯关于是国家而不是个人是国际政治中的主要实体，但并不认为国与国之间只有你死我活的无情斗争；另一方面他也不同意康德所主张的人类利益完全一致，人类之间只有超越国界的意识形态冲突的观点，而认为国与国之间的常态应该是交易和博弈，是两个国家之间的经济和社会交往。格劳秀斯主义者不鼓励推翻国家体系而用世界人类共同体取而代之，它追求的是在国家体系所组成的国际社会中实现共处与合作。

对于这三个思想传统，布尔并没有明确表示自己的喜恶，但实际上他更倾向于格劳秀斯。布尔认为，世界政治中的秩序，并不是依靠一些偶然因素才得以实现的现象，而是有其深刻的基础的。概括地说，这一基础即共同利益、规则和制度。国家间的共同利益应建立在国家利益的基础之上，国际秩序不能以国家内某个部门、某个群体的利益为基础，也不能以比国家范围更大的跨国集团或国际组织为基础；当然，不同的国家其利益肯定会有不同，但在追求主权独立、信守承诺、反对动辄诉诸暴力上应有共同点，只要能在这些最基本的方面形成共识，就有了维持世界秩序的共同利益基础。布尔认为，维持国际秩序最重要的规则有三套：其一是认同国家社会的规则。组成国际社会的基本单位是国家，而不是其他的各类行为体。其二是“共处规则”。包括限制使用暴力的规则，“只有主权国家才享有合法使用暴力的权利，其他行为体则不具有这样的权利”，且对主权国家合法从事战争的理由、目标、使用的手段和战争的方式也要加以限制。其三是规范国家间合作的规则。包括政治和战略合作，经济、社会和文化方面合作的基本准则。布尔认为，制度就是对规则的固化。确立和执行制度最重要的还是要靠国家本身。国际社会缺少一个最高政府，也不可能做到完全团结一致，只有国家认可这些规则，才能使之具有法律的作用，国家承担着使规则合法化的任务，其中的一个重要方式就是让国际会议和国际组织对此加以认可。国家也承担着保护规则的任务，国家应当采取各种可能的措施，“创造或者维持确保规则得到尊重的条件”。国家在发挥这些作用的时候，还会在不同程度上与国际社会的其他相关制度进行合作，譬如：均势、国际法、外交机制，还有战争等。原因无他，“只缘身在此山中”而已。

（《南风窗》2017年第24期，2017年11月22日—12月5日刊发）

世界秩序将会如何发展？

世界秩序将向何处去？这是对世界上所有国家和非国家行为体都休戚相关的大问题。早在二十世纪八十年代，极具战略远见的邓小平同志就曾提出要建立国际政治经济新秩序的主张，力图使由霸权国家操控下的不合理、不公正的国际格局和国际秩序有所改变，为广大发展中的第三世界国家争取更多的经济政治权益。其后，我国在坚定坚持这一主张的基础上，同时也将自己融入现存的国际秩序和国际制度中去，走“与狼共舞”“求同存异”“化干戈为玉帛”的合作共赢之路，取得了巨大成功。现在，世界格局已经发生或正在发生着新的重大变化，不只是“山雨欲来风满楼”，简直是“满川风雨看潮生”。对此，要发挥我们新兴大国对国际事务的积极参与和担当作用，就必须先深入研究世界秩序的走向和趋势，做到见微知著，才能赢得先机和主动。正是从这一角度出发，回过头去，再来看赫德利·布尔在二十世纪七十年代对世界秩序走向的独到分析，当对我们不无借鉴和启发。

布尔认为，在一个相当长的历史时段中，国家这一最为重要的政治行为体，仍将是构成国际社会和国际秩序的不可动摇的基础。虽然随着经济和信息的日趋全球化（他虽然未用全球化这一概念，但表达的意思是一样的），权力格局的日趋多极化和分散化，国家体系和非国家体系的话语权会发生一些此消彼长的变化，但尚远不足以改变以国家体系为基石的国际秩序大厦。为此，他通过严谨而详尽的论证，坚决否定了国家体系过时论的观点，不认为一个全面裁军的世界就可以替换由国家体系构成的世界，因为裁军并没有取消国家，远离国家体系；不认为通过建立一个集体安全体系就可以形成一个国家团结一致的世界，而且即使有这种可能，“它也只是代表着国家体系的一个新的发展阶段而已”；不认为出现一个众多核国家并存的世界就更有利于维持世界秩序和实现世界正义，而且，“这样的变革并非意味着国家体系为某个截然不同的东西所取代”；不认为当今世界会出现所有国家都信奉相同意识形态的情势，世界秩序可能最好建立在容忍不同意识形态共存这个基础之上更为可靠；不认为有超越国家体系，譬如只有体系，没有社会，或只有国家，没有体系，或没有主权国家，成立世界政府，或效法欧洲中世纪建立类似基督教世界那样的世界政治组合形式来取代国家体系，这些都是没有可能实现的乌托邦之想。布尔在书中引用了一个意味深长的故事：一个在苏格兰某处迷路的人向一个农夫问路，他怎样才能到爱丁堡去。农夫回答说：先生，假如我是您的话，我就不会从这里开始走！从国家体系走向永久和平的非国家体系，一定是一条极为漫长而曲折的路，而现实却是你无法像农夫所说的那样，选择别的出发点。

但是，这并不意味着人们对当前建筑在国家体系基础上的世界秩序只能消极适应，完全不能改革和重塑。布尔罗列了几个改革方案：一个是“大国一致”的所谓“基辛格模式”。这个模式认为，大国是一个客观存在，只要大国之间保持合作，就能实现大国之间的和平，它虽然还不是世界和平，但起码可以避免世界战争，维持基本的世界秩序。而要实现大国的合作，就要互相之间尊重各自的利益和势力范围。因此，它的支撑点说到底，是要建立大国之间的均势关系。以均势来维持世界秩序，这是基辛格一以贯之的战略思想。另一个是“全球中心主义”的模式。主张对全球事务进行集中管理，有步骤地强化联合国、国际法院等现有的中心制度，强化国际性非国家组织治理世界、调配资源的职能，并使“主要世界行为体”进行非正式合作，同时，也要关照贫穷国家的变革要求。这虽然看到了超越国界的全球性问题日益凸显，必须有一个强有力的全球性治理机构来予以解决，但所开的药方却是一个“一切从头开始”的走不通的路。再一个是“地区主义”模式。让介于国家和全球性组织之间的地区性组织发挥更大的作用。还有一个则是革命的模式，被压迫阶级发动起义以实现国内正义，被压迫民族发动起义以实现国家间正义，最后达于世界大同。这是马克思主义的观点，当然这要看是否具备革命的形势和条件。

所有这些改革路径和世界秩序发展趋势都应引起我们的重视，但建立人类命运共同体的主张，无疑最具创新性，最能适应全球化的趋势和国际社会要和平、要合作、要发展的呼声和大势，由此建立起的世界新秩序，也必将是最有生命力的世界秩序。“看试手，补天裂”，现在，这个充满不确定性的世界，是该听听中国的声音，试试中国的方案了。

（《南风窗》2017年第25期，2017年12月6日—12月19日刊发）

世界会向何处去？

世界会向何处去？这无疑是一个世人高度关注的问题，更是各国政要、外交界、军界甚至企业界尤为关注的问题。由美国国家情报委员会对全球发展趋势所作的研究报告，因其信息来源的准确和权威，分析判断的严谨和深刻，而获得良好声誉，长期以来为业界所充分重视。目前，该研究报告已相继发布了五份，最近的一份为《全球趋势2030——变换的世界》。它的一个核心观点是，把影响世界发展的主要因素分为两大类，一个是在任何情况下都不会改变的历史大趋势，一个是“轨迹远非确定”，但却有可能改变全局的核心变量因素；世界发展的结果“要看大趋势、改变全局的因素以及人们之间如何互动”。换句话说，未来世界会变成什么样，将会由上述这三大因素的不同组合来决定，而究竟会形成什么样的组合，那将会有很大的不确定性，“只在此山中，云深不知处”！因此，任何企图准确地预测未来的想法都注定是徒劳无功的，人们能做的，只能是对未来发展的各种可能性做出一些设想，从而力求趋利避害，争取好的路径和结果而已。由此，该报告的组织者认为，“人类未来并非命中注定，而是完全可以塑造”的，事在人为，只要人们立足现实，谋划长远，就能够做到转危为安、“避祸趋吉”。

该报告所阐述的世界大趋势有如下四个方面：其一是个人能力显著增长，其二是权势扩散，其三是人口状况发生巨变，其四是粮食、水和能源之间关联日甚。其中又以个人能力显著增长尤为重要，它既是其他三大趋势的“因”，又将因三大趋势的发展而更上一层楼。个人能力的更大发挥，既是推动解决日益严峻的各种全球挑战的关键，又是出现个人和一些小团伙更容易获得一些破坏力极大的致命性技术和武器，从而严重威胁人类安全的一个根本因素。而国家间的权势扩散则意味着经济重心将由西向东转移，世界将告别霸权时代，权力将向多维、非政府组织和无形的网络转移，这将使权力性质发生根本变化。人口状况的巨变主要是指世界人口将突破八十亿，且日趋老龄化，再加上跨国移民和发展中国家的快速城市化，从而必将重新塑造大多数国家的政治和经济状况。最后，与前述各点紧密相连，由于人口的膨胀，中产阶级的扩大，消费的无度，将使得食物、淡水和能源资源前景暗淡，而气温升高则更是加剧了环境的恶化，从而造成全球治理的日益严峻。该报告认为，这四大趋势是不可移易的，它们对世界未来的发展将起到根本性的作用。

与此同时，和四大趋势一起具有重大作用的还有“改变全局”的六大因素，它们的互动和合力才能最终决定世界未来的走势和面貌。这些具有起伏不定的“变量”性质的六大因素是：危机频仍的全球经济，治理的差距，更多潜在的冲突，地区动荡的蔓延，新技术的冲击，以及美国的角色。这些因素都有着向正面发展的可能，也有着向负面滑落的可能，不同的可能必然会对世界前景发挥出截然不同的作用力，或“天外黑风吹海立”，或“花发江边二月晴”，从而使世界的不确定性大为增强。现在看，经济的因素、科技的因素固然更为基本，各国国内治理和全球治理的好坏也不容小觑，但更为突出的可能还是潜在的冲突，如核扩散问题和地区的动荡，这些冲突给世界造成的影响将更为巨大。假如国际社会不能有效地制止核武器的扩散，那恐怕为时不远，就会出现一些新的拥核国家，甚至不能排除会扩散到一些极端组织和个人手中，那时，全球的安全环境和安全规则都要发生重大改变，很可能会有以小欺大、以弱慑强的局面出现。同样，地区局势的动荡，必然会影响到整个世界的和平与安全，这是不言自明、确定无疑的。其中尤以中东为甚，其间各种矛盾极为错综复杂，可谓“剪不断，理还乱”，一波未平，一波又起。该报告预计随着“反恐”的胜利，中东的局面有望平稳下来，我估计很可能不是这样。地区动荡还有一个热点，个人以为是欧洲，而不是它提到的南亚和东亚。美国总希望中国的周边出现乱局，但中国捍卫和平的强大正能量一定能够化解周边地区的许多风波和潜流。

该报告给出的结论是，这些大趋势和改变全局的因素互相作用，将使二〇三〇年的世界前景出现四种可能的局面：大停滞的世界；大融合的世界；大分化的世界；非国家化的世界。大停滞的世界是最糟糕的情况，大融合的世界是最好的情况。

（《南风窗》2017年第26期，2017年12月20日—12月31日刊发）

美国在『变幻的世界』中的角色

“流水淘沙不暂停，前波未灭后波生”。正确判断川流不息、变动不居的世界发展形势，才能在纷繁复杂的国际局势中棋高一着，赢得主动。研读由美国国家情报委员会发表的报告《全球趋势2030——变换的世界》，可以使我们知晓这一具有官方背景的美国智囊机构，是如何预测未来世界局势的发展的，其中，有不少观点和看法可以为我们所借鉴和参考。譬如，它对美国在世界格局大变动过程中的角色定位的论述，就很值得我们重视。

毫无疑问，美国仍然是当今世界综合国力最为强大的国家，虽然一霸独大的局面已不复以往，但如果认为现在就已经到了后霸权时代却未免为时过早。对此，该报告从忧患意识出发，认为今天的世界形势与十九世纪末二十世纪初的形势甚为相似，都处于霸权转移的过程之中。昔时大英帝国的霸主地位已经摇摇欲坠，它在经济上和军力上都已失去了第一的位置，霸主易手，世界格局重新洗牌已是势所必然的事情。今天，美国虽然并未退出第一强国的行列，但新兴大国已呈赶超之势，经济上让出头把交椅为时将不会很久。因此，未雨绸缪，早做谋划，是美国战略家和智囊们早就在思考的问题。

该报告认为，虽然美国在经济总量上很快就会被后起之秀中国所超越，但在综合国力上，美国还将长期领先；虽然美国将很难再充当“世界警察”的角色，但在国际舞台上还具有举足轻重的分量；虽然美国治下的国际体系或将不再存在，但在二〇三〇年以前尚不大可能发生美国的地位被另一个全球性大国所取代，从而出现一个新的国际体系的情况。它认为，从现在起到二〇三〇年前后，世界将是一个转型的时代，变换的时代，具有多种发展可能性的不确定的时代。而美国会如何变化，“将是影响未来国际秩序的头等变量之一”。

在报告看来，无论是从美国自身利益角度看，还是从平衡转型时代全球局势的角度看，美国的作用都十分重要。其原因就在于美国仍在世界大国中占有“诸强中的第一”的位置，并且还会继续保持其世界领袖的遗风。也就是说，老虎虽已衰老，可威风还在。

报告认为，美国要继续发挥其第一强国的领导作用，首要的条件是要扭转经济发展的颓势，避免经济地位的快速滑落。这对美国来说，是一个严峻的问题。对此，特朗普与之所见略同，然而开出的药方却很不一样。报告认为改善中等教育和改变不平等的收入分配是增强经济发展能力的关键，而特朗普却显得急功近利，选择大幅度减税和在对外经贸中实行“美国优先”的霸蛮做法。与经济相乎关联的还有军力问题。报告对此颇有忧虑，担心日益增加的福利开支会使军费难以维持现有比例，而削减难以为继的庞大军费无疑会使军力受到影响，但它还是主张美国必须保持具有绝对优势的国防力量。还有一个背景也很无奈，就是整个西方世界可能会普遍处于不景气状态，这将造成美国依赖其同盟伙伴的能力被大大削弱。最后结论是，美国还能够重新振作起来，但包打天下是不可能了，全球霸权也不能再延续下去了。这里，给人印象深刻的是他们对经济和军事的高度重视，将之视为是强大国家的两大支柱，而这对处于和平崛起中的我国来说不也是一样的吗？

报告还认为，虽然美国即将要走下霸主之位，但它对转型中的世界的诸多方面仍将会施加巨大影响。首先，美国是“二战”以来国际体系的支撑者，如果美国突然撤力，一个稳定的国际体系就将不复存在，那么，国际社会就会长期处于混乱的无政府状态。特朗普似乎也是这么认为的，他不断威胁要退出这个国际组织、那个国际协议（事实上已经退出了一些），也是企图以此为筹码迫使国际社会对其做出让步。其次，美国在调控国家间冲突和地区冲突方面具有不可替代的作用。报告指出，在未来数十年间，国家间的危机不可避免，特别是一些大国之间的冲突危机，这就需要美国在其中折冲樽俎，充当平衡手；地区冲突也是如此，中东、南亚、东亚都将是冲突的高发区，而离开了美国的介入，恐将不可收拾。此外，关乎全球治理的一些问题，如反恐、反海盗、气候管控等，美国还将是领导者。与美国近日公布的《国家安全战略报告》不同的是，该报告没有渲染中美之间的大国冲突，认为中国将会专注于自己的发展，无意与美国争夺世界领导权，也没有另起炉灶，建立新的全球秩序的愿望。因而它没有提及众声喧嚣的“修昔底德陷阱”，也没有给中国戴上“修正主义”的帽子。

总之，该报告告诉人们，从二十一世纪的第二个十年到第三个十年，世界将是一个变幻不定的世界，在这个世界中，美国仍是一个可以“改变全局”的因素。

（《南风窗》2018年第1期，2018年1月1日—1月14日以《老虎虽老，威风尚在》为题刊发）

刍议二十一世纪海权

在外国人眼里，中国往往被认为是一个大陆型国家，在他们看来，“中国有文字记载的四千年历史的大部分时间里，其地缘政治导向都是大陆性的。”但中国有漫长的海岸线，是浩瀚太平洋最为广阔的西岸；而且，中国有世界上最早的国际性港口，秦汉以来就开始七海扬帆，开辟了“海上丝绸之路”的贸易和交通航线，更在十五世纪就派出了当时世界上绝无仅有的巨大船队七下西洋，而闭关锁国充其量也不过只有几百年的历史。因而，客观地说，中国自古以来就是一个大陆型和海洋型二者兼而有之的国度。今天，中国作为世界上第二大经济体、第一大贸易国，理所当然地要更为面向海洋，关注海洋，建立起自己的海洋战略。

学者们认为，人们迈向海洋是由海洋具有这样几个基本属性决定的，即资源属性、交通属性、信息交流属性和疆土属性。“这四个属性密切交织在一起，每一个都体现了国际关系的合作与冲突特征。”海洋是一个巨大的宝藏，它的水产品为人类提供了20%的食物蛋白，它的石油、天然气、可燃冰及更多品类的矿物储藏，将对人类的能源和重要物质的供给产生巨大影响；海洋又是最为经济、最为畅达的交通平台，世界贸易的95%以上都是通过海运进行的，正如马汉所说：海路运输的优势不是“偶然的或暂时的，它符合事物的本质，是永久性的”。再加上它的信息交流职能和濒海国家所有的国土职能，就使得人们不能不高度重视海洋，经略海洋，尤其是在经济日益全球化的现代。

今天，世界政治还不能摆脱实力和权力，因而经略海洋就绕不开海权。海权者，海上之权力也。经典的海权概念包括海上控制的能力，向岸上投送力量的能力，保护本国贸易的能力，以及维持海上秩序的能力等。在马汉看来，“通过海洋商业和海军优势控制海洋意味着支配性的世界影响力”，它是“国家权力和繁荣的首要物质因素”。换句话说，要成为平时繁荣昌盛，战时所向无敌的国家，那就一定要成为海权大国，这是资本世界的天下通义。因为资本主义国家需要在世界贸易中攫取和积累财富，又需要用强大的军力来排除障碍，保证使其贸易席卷全球。

现实的需要是推动理论和学说发展的最大动力，自近代以来，关于海权的研究可谓代不乏人，但最有代表性的则非美国的马汉和英国的科贝特莫属。马汉不一定是蓝水海军的始作俑者，但他无疑是对这一主张论述得最充分，强调得最有力的一个。他认为大国要夺取制海权，就必须有一支强大的可以远涉重洋的重型舰队，战时可以摧毁敌人海上的战斗力量，并实行商业封锁，阻塞敌人的贸易通道，迫使敌人屈服；平时则能有力地震慑对手，并使本国的海上商贸无虞。科贝特关于进攻敌人的舰队并打败他们是海军存在的最大价值的观点，与马汉并无不同。但科贝特强调海军战略要有意识地与国家的外交政策联系起来，要服务于国家利益；海军战略必须与陆地战略结合起来，国家必须均衡地分配自己的海军力量和陆军力量；他还特别指出海权国家利用海上力量从事有限战争有着得天独厚的优势，认为这样的有限战争易于控制，而且性价比会更高。这些都丰富和发展了海权战略的思想。冷战结束以后，美国海军曾一度把“海上”转为“自海上”，即把海军关注的重心从海上控制转变为陆上控制。它的基本思想当是来自科贝特。

“请君莫奏前朝曲，听唱翻新杨柳枝。”进入二十一世纪的今天，海权观念又有什么新变化呢？杰弗里·蒂尔认为，可以把当今世界关于海权性质的观点分为两种：后现代观点和现代观点。后现代观点是建立在全球化的基石之上的，认为世界将越来越成为一个“无边界”的世界，由主权国家组成的世界中，国家的绝对主权受到各种跨国经济和技术发展的影响而逐渐削弱，从而使全球化的体系本身而不是它的组成部分日益成为人们关注的焦点。因此，包括海权在内的军事战略需要服务于体系整体。这是一个以体系为中心的战略思考方法。由此出发，它把海权置于全球化的核心，认为全球化体系主要是建立在海洋运输的基础之上，而维护全球化的安全则是海军不可推卸的职责。而现代观点则与之迥然不同，它是以国家主权而不是以体系为基点来思考海权和海军战略的。认为世界随时存在着战争风险，必须把国家安全放在首位；应对冲突无论如何都要高于与其他国家的合作，维护国家利益无论如何都要重于维护系统的需求，因此，“马汉主义”仍然是海权战略的不二法门。这两种学术观点究竟能够在多大程度上实际影响一个国家的海军战略和海权行动，恐怕在不同的国家会有很大的不同。

（《南风窗》2018年第2期，2018年1月15日—1月28日以《请君莫奏前朝曲》为题刊发）

现实主义和后现实主义的海权

在《21世纪海权指南》一书中，杰弗里·蒂尔开宗明义就指出：新世纪的海权将是全球化世界中的海权，尽管国际社会对全球化的看法、意见多歧：有的欢迎，有的怀疑，有的将信将疑，但全球化势将“成为二十一世纪初战略环境的核心要素”。

全球化给国际安全带来了新情况。蒂尔认为，全球化鼓励一个“无边界”的世界，国家主权的神圣性受到各种跨国经济和技术发展的影响而逐渐削弱，于是出现了是以国家为中心来思考战略还是以体系为中心来思考战略的两种方法。全球化本质上是海洋性的，它需要依托畅通无阻的海洋航运，因而海洋安全和海洋秩序就成了全球化不可或缺的条件。

蒂尔指出，面对全球化的世界，产生了两种相互竞争的关于二十一世纪海权性质的不同观点，即后现代观点和现代观点。后现代主义者断定全球化将会以这种或者那种形式继续下去，这将是一个新的充满变动的时代，也是一个富于挑战性和机遇性的时代。在这个时代，体系防御将会成为各国海军政策的核心。而现代主义者则对此十分质疑，他们坚信“竞争和战争永远与我们共存，战争是人类生活的永恒特征”。把立足点放在防备国家间冲突的随时复发和全球化的解体才是硬道理。为此，出现了两种迥然不同的海军建设和海洋战略理论。尽管两者都认为海军的使命是要承担起实行“海上控制”“海上投送”“海上秩序”“海上共识”这些海权目标，但彼此的内涵和侧重点却大相径庭。

后现代的观点认为，海权位于全球化的中心，全球体系主要是建立在海洋运输的基础之上。由此出发，一方面，全球化要求海军要能够走得更远，要以大洋为家；另一方面则要求海军具有广泛的能力，能够应对各种类型的冲突。具体地说，它的使命应当是：在“海上控制”方面，后现代海军可能更侧重于濒海地区，而不是在大洋深处对抗敌对舰队；海上控制可能较少着眼于为己所用，而是谋求为体系普遍利用。在“海上力量投送”方面，后现代主义认为，陆地是海上混乱的根源，因此，它着眼于自海上而不是在海上来保卫体系，不注重直接保卫贸易而是保卫促成贸易的条件；由于濒海地区是大多数人口、工业和贸易的聚集区，也是威胁出现的集中区，因此理所当然地也就成为后现代海军力量投放的“天然空间”。在维护“海上秩序”方面，后现代观点认为，由于有虚弱的沿海国家存在，它们无力制止各种不法的海洋活动，诸如各种跨国犯罪、国际恐怖主义和破坏海洋环境与资源的行为等，这就需要后现代海军负起这一管理责任；在“本土”与“海外”的两个维度上，后现代海军对“海外”更为关注，因为它要充当海上国际警察的角色。在维护“海上共识”方面，后现代主义认为，争得人心和舆论支持的重要性，怎样估计都不为过。因此，比较重视与相关国家进行海上合作，参与人道主义救援和灾难救助等活动，以赢得好的口碑。概括而言，后现代主义将海军和海权的重心聚焦在维持国际安全而不是国家安全上；聚焦在面向以海洋为基础的贸易体系上，而不是单纯自保的国家利益上；聚焦在培植海军的软实力上，而不是一味强调武力威胁和武力使用。

现代主义则与之不同，它主要关注于国家防御及其当前利益。在经济政策方面，它具有明显的保护主义倾向，对维护世界贸易体系方面合作意愿较低；在对世界前途的认识上，它持悲观态度，认为全球化将难以为继，世界仍然处于互相竞争和敌对的状态，各国间的相互联系和经济融合并不能够避免战争的发生。为此，它在确定海军任务的轻重缓急上与后现代主义有着颇为明显的区别。它更强调海上威慑力量的建立和加强，尤其致力于对海上核威慑力量的追求。在“海上控制”方面，它是“马汉主义”的当代版，认为国家间的对抗才是海洋矛盾的主体，主张立足于压倒对手的战争准备，并把战争方式定位在高烈度的“舰队对舰队”作战上。在“海上投送”方面，它聚焦于维持国家间的均势和所谓直接威胁这一均势的国家身上，维护贸易体系的意愿远低于获得对于对手的战略优势。在维护“海上秩序”方面，它更关注“排他性地保卫本土海域的利益和主权”，而对遥远的“海外”所发生的安全事件则相对漠然。如此等等，不一而足。

蒂尔也意识到，这种区分是比较粗糙的、简单的，有些只是学理上的。事实上，国家多是对二者各有取舍，并不那么纯粹。蒂尔还主观地认为美国及欧洲的发达国家是天然地倾向于后现代主义的，这显然也缺乏依据，最起码特朗普治下的美国，实行的是彻头彻尾的现实主义政策，而且是非常单边的霸权主义政策。尽管如此，把全球化和海权问题结合起来加以研究，还是值得肯定的。

（《南风窗》2018年第3期，2018年1月29日—2月11日刊发）

说说特朗普的达沃斯之行

达沃斯，阿尔卑斯山脚下的瑞士小镇，冬季照例银装素裹，而全球的政商巨子们却不避严寒，从世界各地齐聚到这里，参加一年一度的世界经济论坛。然而，今年令人意外的是，美国总统特朗普也来了。作为世界第一大经济体，本来理应更关注世界经济问题，但多年来，美国总统却对这一非由美国主宰的论坛不屑一顾。此次，本来对之颇多批评的特朗普却一反常态地率领一个庞大的代表团走进了达沃斯。这是为什么?

这确有让我们一探究竟的必要。不按常理出牌是特朗普的一贯风格，因为只有这样才能凸显其与众不同，才能引起国内外的关注，才能使本来一件稀松平常的事物变得众所瞩目。不能排除特朗普的这些举动也有这一考虑，但这显然只是表面上的意义。他去达沃斯，更主要的当然是要为美国去争取利益。

首先，还是要推销他的“美国优先”理念。因为在他看来，只有建立在“美国优先”基础上的所谓“公平贸易”才最符合美国利益。可是，这一单边的极端的民族主义立场，已经深为世界各国所诟病。公平贸易只有彼此尊重，平等协商，最终达成你情我愿的结果才是合理的，可持续的。而按照你优先、我吃亏的逻辑，这样的买卖如何能够做得下去？这样的买卖还有何公平可言？事实上，这样的“公平贸易”充其量只能有其一，有其二，而不可能再三、再四地继续下去。特朗普知道国际社会对他的这一“优先”逻辑十分反感，于是期望通过达沃斯论坛这一平台，进行辩解和推销。他是通过宣扬美国经济形势的好转和美国失业率的下降来证明其“优先”政策是富有成效的。我们且不分析这其间是否存在着必然联系，单就继续推崇这种巧取豪夺的不平等交易，并用由此得来的不义之财来支撑美国经济好转的行径，就完全是一种霸权思维和利己主义逻辑，尽管据说他在演说中口气显得异乎寻常地温和，但也完全不能改变这一实质。况且这种无异于王婆卖瓜、自卖自夸的炫耀，绝不可能赢得多少掌声，因为谁都不会心甘情愿地在“优先”处境下与其做赔本的买卖。

其次，已执政一年多的特朗普，亟须在国内国际改善一下自己逆全球化而动的不那么美好的形象。达沃斯论坛聚焦的是国际经济问题，而国际经济你中有我，我中有你，相互依赖，相互作用，一损俱损，一荣俱荣，早已是政商界的共识。世界经济依据其内在的固有规律，已经形成了一股浩浩荡荡的全球化大潮，在这一大潮中，没有任何能够独立于其外的鲁滨孙孤岛，也没有任何力量能够使其加以逆转。而特朗普在执政以来，却不断地制造出一些与国际社会不合作的事件，并屡屡推出一些贸易保护主义的政策和措施，形成了一股不大不小的与全球化背道而驰的暗流。然而，这毕竟响应者少，反对者多，包括其多年的盟友在内，都对之不能表示赞同。这种“茕茕孑立，形影相吊”的处境，使得特朗普觉得有必要采取措施，适当改善一下自己的形象。而借助达沃斯论坛，做出美国并不想自我独立，仍然会积极参与各种国际经济事务的态度，无疑是一种事半功倍的机遇。

再有，可能特朗普也意识到，自他执政以来，美国的软实力已经丢掉了不少，如此下去，不但在国内备受指责，而且也会使美国颐指气使的国际领袖地位岌岌可危，这是必须加以补救的。而参加达沃斯论坛，以第一强国元首和西方世界领袖的身份进行演讲，本身就是一次凸显美国软实力的举措。进入二十一世纪以来，美国的一些政要和学界人士，都高度重视发挥软实力的作用，认为这是一种代价小而收获大，付出少而回报多的睿智之举，是美国得天独厚而别国不能望其项背的优势。对此，特朗普似乎不以为然，他更为重视的是加强美国的经济、军事和科技这些硬实力，甚至为了这些硬实力而不惜放弃和牺牲一些软实力，因而被人指责为在很多领域中是拱手让出了美国的领导地位和影响力。对此现在是不是有所修正还需要进一步观察。但月晕而风，础润而雨，有所警惕有所准备当不是多此一举。

不过，特朗普的达沃斯之行注定不会取得多大的实际成果，更不能与习近平主席在二〇一七年达沃斯论坛上的演讲所取得的巨大成功和反响相比。这是因为习近平主席的演讲对世界经济治理和经济发展提出了极富远见极有担当的中国理念和中国方案。它布大义于天下，立大诚于天下，行大信于天下，施大惠于天下，以构建人类命运共同体为主旨，以倡议共建“一带一路”为依托，坚持平等互利、协商共赢的原则，从而得到了发达经济体、新兴经济体和发展中经济体的普遍赞誉和欢迎，这肯定会是一个影响深远的国际文献。

（《南风窗》2018年第4期，2018年2月12日—2月27日刊发）

我们需要何种海权观念？

在政治多元化和经济全球化的当今世界，海洋和海权的重要性将会继续上升，这是杰弗里·蒂尔在《21世纪海权指南》一书中得出的具有结论性的意见。其理由是：世界人口的增长和科技的进步，使海洋资源的重要性和可开发性日益提高；海洋对于全球化的世界贸易来说，其交通运输功能也必然会日趋提升。但是，他同时又提醒海权论的拥护者不要走过了头，海洋并不能离开大陆，“二十一世纪新的战争和混乱实际上发生在陆上。而且，海上的混乱也主要归因于岸上”。海洋和陆地是相互联系相互制约，谁也离不开谁的两个因子。

全球化使人们对海洋的态度也在发生变化。在历史上，人们已经把海洋划分为公海和领海两个不同性质的海域。公海是表示“不属于任何人，任何人都可以不受阻碍地自由利用”的海域；而领海则是“由某国所有，只由该国享有其利益”的海域。由于海洋被看作是无穷无尽的资源和跨国贸易的重要交通手段，于是在十七世纪初产生了以荷兰法学家格劳秀斯为代表的自由利用公海的主张，现在的“航行自由”就源自于此。而几乎与其同时的英国法学家塞尔登则提出了相关海域也具有为有能力的国家所占有的价值的学说，这就为后来的领海和专属经济区的设立提供了指引，只不过领海并不是像他以为的那样取决于国家实力而主要是取决于海洋地理的状况。这样，传统的对待海洋的态度就“由格劳秀斯和塞尔登两种主权观念之间的平衡所决定”。然而现在关于公海是不受规范的空间的观点已经越来越受到挑战：公海的资源并非取之不尽，对于日趋减少的海洋生物我们必须加以保护，限制捕杀；应尽量不使海洋污染，必须禁止向海洋倾倒废弃物和其他有害物质；公海也不能允许海盗、海上贩毒、海上走私和海上国际恐怖主义活动为所欲为。这就意味着公海将从过去不属于任何人所有转变为属于所有人所有。同样，领海和专属经济区也要遵守保护海洋和禁止各种不法活动的相关国际公约和国际准则，而不再是享有绝对主权的海域，它们只具有相对主权。

全球化使世界各地联结成一个整体，而处于国际贸易最大媒介的海洋，自然不能不受到全球化的影响，与之相适应，海权的观念也必然要随之发生变化。个人认为，它应是现代海权和后现代海权的统一，是利用海洋资源和保护海洋资源的统一，是维护航行自由和尊重领海主权的统一。这里，不能不提及杰弗里·蒂尔的一个观点，他认为，是实行前现代主义的海权观念，还是实行现代主义的海权观念，抑或是实行后现代主义的海权观念主要取决于其国家处于什么样的发展阶段，是不发达的前现代国家，就一定会选择前现代的海权观，是已经和基本上完成了工业化的现代国家，就一定会选择现代的海权观，而已经是后工业化的国家，那就理所当然地会选择后现代的海权观。由此，他认为欧共体的国家是最典型的后现代海权的践行者，它们坚持的是合作而不是竞争的理念，关注的主要是反走私、反贩毒、反海盗、反恐怖主义、反对滥用海洋资源和污染海洋环境这些后现代的国际治理事务，而不是对排斥他国的制海权的争夺。接下来，美国也基本上是实行后现代海权的国家，在亚洲，则是日本。这种逻辑推理显然有悖于事实，谁人不知，当今世界美国是最大的海上霸权国，它拥有世界上规模最大装备最先进的海军，冷战以后，它发动的多次战争，都少不了利用这一海上力量从事火力打击，两栖登陆，投放陆上力量；而对一些国家实行的威慑战略，主要也是依赖它的庞大舰队。这些所作所为，按照蒂尔的分类，理应是现代主义的，而且是彻头彻尾的现代主义。它的海军确实也做了一点人道主义的救援工作，但那不过是一种面子工程，完全不能与其在大洋里称王称霸的所为相提并论。把美国海军视为后现代海军，当是十足的欺人之谈。

事实上，当今世界虽然已经步入了全球化的时代，但一些国家并未跟上这一变化，它们仍然固执地秉持冷战思维甚至霸权思维不放，并戴着这一有色眼镜，非要把坚持和平发展、合作共赢的中国，视为洪水猛兽不可，并公然写进他们最高等级的国家报告中。这就提醒我们，一方面要坚定秉持建立人类命运共同体的理念，不管路程多远，路上有多少荆棘和礁石，都坚定不移地走下去，与众多国家和人民一起，推进全球化进程，延续和平与发展的历史趋势。另一方面，我们也要毫不犹豫地加强自己的海上力量，使我们的海军能够有效地保卫祖国的海疆和国土，保卫我们的海上贸易和海上运输线，保卫我们的海外资产和海外利益，同时，它也应是一支反制敌人核威慑的重要力量。如果说，这是“现代主义”的，那也是因为，没有这一“现代主义”做根底，我们就不能安下心来从事与我们国力相适应的“后现代”义务，就不能任凭风云变幻，“我自岿然不动”。

（《南风窗》2018年第5期，2018年2月28日—3月13日刊发）

印度洋等于『印度之洋』？

在地缘政治的话语中，流传最广的可能非麦金德的这一著名断言莫属：“谁统治了东欧谁就可以控制中心地带、谁控制了中心地带谁就能统治世界岛、谁统治了世界岛谁就能控制世界。”仿照这一形式，一些印度学者也反复引用据说是来自马汉，实则是不知谁人杜撰的一段论断：谁控制了印度洋谁就控制了亚洲，……在二十一世纪，世界各国的命运将由海域所决定。由此，印度的政治家们都非常渴望由印度单独主宰印度洋，使印度洋成为名副其实的“印度之洋”。

印度早有成为世界上最强大国家之一的雄心，为此，建国之初尼赫鲁就创造了“天定命运”说，提出印度跻身于世界一流大国是由上天所定的一个必然命运，而其后的历代印度精英都无不反复炒作这一说法，使它成为印度政界的一个不言而喻的事情。而印度洋成为“印度之洋”也就顺理成章地成为“天定命运”的一个必然组成部分、一个不可分割的战略目标了。印度是一个善于展现宏伟目标的国度，但却往往由于其自身实力的不足而长期不能兑现，于是诸多宏大计划十有八九也就变成了不能充饥的画饼。但令人不解的是，无论是提出者还是整个印度社会，似乎对此都不以为意，并不会因此而感到难堪或受到舆论责备。《印度之洋》一书的著者大卫·布鲁斯特就指出：“印度这种传统由来已久，即宽容对待超越其实际能力的战略野心以及计划的事情半途而废。”我们不知道这一“口惠而实不至”现象是印度政治文化的优点还是缺点。

印度的海洋战略思想源自大英帝国的历史遗产。二十世纪四十年代初，当印度独立已经呈现出不可阻挡之势的时候，老谋深算的英国殖民主义者就开始谋划独立后的印度将如何在英联邦中继续发挥作用的问题。当时由奥拉夫·卡罗爵士牵头成立了一个研究小组，卡罗爵士认为，印度在印度洋区域具有天然优势，是“印度洋的中央星座，最终可能辐射到印度洋其他国家”。这一思想深刻地影响了早期的印度战略思想家，其中包括印度最著名的印度洋战略家K.M.潘尼迦。他提出：“印度洋对印度至关重要……因而印度洋必须继续真正属于印度……”印度洋是联结亚洲和欧洲之间贸易的主要通道，也是中东石油输往南亚和东亚的主要通道，它三面封闭，只有少数几个海峡作为“咽喉要道”与邻近海域相通，因而愈发凸显了它的战略重要性。有战略分析家预言，印度洋将成为二十一世纪的“中心舞台”。

然而，海洋战略在印度独立初期并没有受到重视，这是因为，印度的战略思维历来体现的是深厚的大陆观，在相当长的时期内，它都把战略重心放在陆地，布置重兵于中国和巴基斯坦一线，并强化其对与之接壤的几个山地小国的控制。只是到了二十世纪七十年代，当英国皇家海军从苏伊士以东撤离后，印度才首次声称自己“命中注定”应该是印度洋的领导力量，当时它曾尝试阻止由美国接管印度洋的权力，而力图将所有域外大国排除在印度洋之外，这当然由于与其实力严重不相匹配而失败。但在进入二十一世纪后，印度明显地增强了它对印度洋的经略。它的许多精英人物又频繁地拾起了印度是印度洋的“天然主人”，控制南亚和印度洋海上航线“是印度的天定命运”的这些老生常谈。究其原因，一个是近些年印度在经济上的成功使其国力有了较大幅度的增强，这使它感到有了扩张海上权力的需要和本钱。一个是印度海军要提升自己在印度国内武装力量中的地位，不希望陆军继续独占鳌头，而追求印度洋上的海权无疑可以使其得到更大的支持，争得更多的军费。再有一个则是美国的纵容和支持。

美国确实是一个深于韬略的国家。面对中国的崛起，他们的策士一刻也没有停止筹划如何更有力地予以“遏制”的问题。而利用和鼓励印度在印度洋上成为一支能够挑战、围堵和掣肘中国的力量，在华盛顿看来，简直是天赐其便。因而它执着地寻求与印度发展原本并不亲密的关系，甚至不惜为之抛弃自己的老盟友，印度的宿敌巴基斯坦；也不惜在印度洋上对印度一些谋取权力的行为采取隐忍态度。对此，印度自然是心领神会，虽然仍然要做出有所矜持的样子，以保持其传统的不结盟形象，并为更大的战略选择留下回旋的空间。但两家走近，默契遏华，可能是我们不希望看到却又不能不面对的现实。其实，要使印度洋成为“印度之洋”，最绕不过去的一个阻力还是美国。当今，是美国而不是中国是印度洋上的主要力量。中国并不想在印度洋上谋求势力范围，更不存在经营什么围堵某国的“珍珠链”计划。中国在印度洋上的利益无非是要维护国际法赋予的远洋航行的权利；是要在平等互利的基础上与印度洋诸国发展日益增长的经济文化关系。

印度，当要三思而行！

（《南风窗》2018年第6期，2018年3月14日—3月27日刊发）

欧洲：匆匆春又归去

让我们把眼光投向欧洲。欧洲是音乐家贝多芬和诗人席勒的故乡，他们共同创作了《第九交响曲》中的《欢乐颂》，现在它被欧盟作为盟歌，其歌词席勒是这样写的：

欢乐女神圣洁美丽，
灿烂光芒照大地！
我们心中充满热情，
来到你的圣殿里！
你的力量能使人们，
消除一切分歧，
在你光辉照耀下，
四海之内皆成兄弟。

欧洲显然是把“消除一切分歧”，“四海之内皆成兄弟”，作为其建立一体化的经济政治共同体的努力方向，因而把《欢乐颂》作为欧盟的盟歌确实能够给人以一种天作之合的感觉。然而愿望并不见得就能够转变为现实，欧盟成立之初，确实有一段春光明媚、鸟语花香的时期，然而仅仅短短的十几年后，欧债危机就来了，于是“风云突变”，打击接踵而至，以致整个欧洲几乎都处于萧条动荡和惶惶不安之中。“更能消几番风雨，匆匆春又归去”！人们不禁要问：遽然之间，为什么会发生这么大的变化？对此，乔治·弗里德曼撰写的《欧洲新燃点——一触即发的地缘战争与危机》一书，也许对于我们观察深陷危局的欧洲不无启发。

乔治·弗里德曼，美籍犹太人，地缘政治和战略预测专家，也是国际政治方面的畅销书作者。他对中国抱有较深的价值观成见，认为中国是个专制型的国家，为此，曾与我国著名的国际关系学者王义桅先生在国际学术会议上有过交锋。王义桅认为其人具有典型的美国式的无知与傲慢，而《欧洲新燃点——一触即发的地缘战争与危机》一书也在某种程度上，反映了高傲的美国人对欧洲危机如果不是幸灾乐祸的话，起码也是隔岸观火和心安理得的一种心态。但是，这本书对欧洲危机的深层剖析和对一些事态发展的准确预见，却也表明作者不是一个等闲之辈；而作为三分天下有其一的欧洲，也自当引起我们的充分关注，对此，研究和借鉴弗里德曼的分析，还是有助于我们对欧洲局势的把握和认知的。

通观全书，作者有这样一个观点，欧洲的碎片化和各国之间的相互敌对，是由欧洲的地理和历史决定的，这是欧洲难以克服的先天弊端。西方一些地缘政治学家往往把地理的作用看得很高，认为地理能够决定政治，一个地区的政治格局通常需要从地理方面去找原因。卡普兰是这样，弗里德曼也是这样。弗里德曼认为，几千年来，欧洲之所以总是战火不断，统一则是稍纵即逝，其根源就在于欧洲从来不是“一块整齐划一的大陆，而是由形形色色的岛屿、半岛以及横亘其间的崇山峻岭组成，此外，还有海洋、海峡、层峦、深谷和一望无际的平原”。就连山脉也是走向各异，河流也是各奔东西。这一四分五裂的地形，决定了欧洲必然是小国林立，星罗棋布，它们之间极难彼此认同，和衷共济。因此，欧洲在公元一〇〇〇年和公元二〇〇〇年的政治地图并没有什么不同。

地理如此，历史则更是要注定纠缠现实，对现实发生着虽是潜移默化但却是极具决定性的影响。从这一维度上看，不但鉴往可以知来，而且今天甚至还会重复昨天的历史，从而给人以“似曾相识燕归来”的感觉。譬如，二十世纪初，欧洲呈现给人的本是一片和平和睦、繁荣发展的景象，然而，谁知深度的危机已在酝酿，一个偶然事件就点燃了世界大战的烽火，并且在短暂的三十一年中，竟然接连爆发了两次。现在是二十一世纪之初，同样也是在升平和牧歌之中，欧洲（也是世界）又陡然陷入了危机，这与一百年前，不是有某些相似吗？对于两次世界大战的惨痛教训，欧洲自认为有着刻骨铭心的记忆，绝不想让它再次卷土重来。成立欧盟，在推进经济一体化的基础上，进一步推动政治一体化，就有造就欧洲永久和平之意。然而它却一开始就搅动了俄欧之间的涟漪，在巴尔干、高加索和黑海之滨相继燃起战火，激起轩然大波；而且随着欧债危机的加深，欧盟各国之间也呈现出各怀心事、互不信任、钩心斗角的状态。于是各种历史上的宿怨前仇，似乎又被一一重新拾起，许多矛盾好像又到了一触即发的边缘。这是欧洲的宿命。弗里德曼认为，欧洲确实想抛弃前嫌，但那需要更长的时间。前嫌的存在是欧洲潜伏着的一个问题，一旦气候适宜，它就会浮出水面，疯狂生长。“人们可以试图遗忘、假装忘记，甚至原谅过去，但记忆、恐惧和仇恨并没有销声匿迹。每逢时局艰难，这些记忆就会与恐惧和仇恨一同浮现，……”这是一种隐性矛盾，是欧洲肌体中藏之甚深且又破坏力极强的原生菌，它一旦释放出来，虽然尚不至于使欧盟解体，但却必将造成难以修复的重大伤害。

要之，当今欧洲的问题无疑是经济问题和政治问题的集中发酵，同时也是民族问题、宗教问题和文化问题新嫌旧怨的集中发酵！

（《南风窗》2018年第7期，2018年3月28日—4月10日刊发）

欧洲的新燃点

欧洲的危机是由欧债引发的，因而经济问题无疑首当其冲。弗里德曼指出，欧盟的各成员国并不是处于同一个发展水平线上，其劳动生产率和经济结构存在着较大差异，而各国所面对的经济问题又迥然不同：有的是典型的出口型经济，譬如德国，它更关心的是自贸区的市场；有的则以失业问题最为严峻，譬如法国，它需要的是刺激经济扩大就业；而希腊、西班牙等南欧国家，陷入债务危机后，在强大的压力下，不得不勒紧腰带，紧缩财政，咬紧牙关度日，这不但在国内激起了大量民众的愤怒，而且更使欧盟各国之间的矛盾日趋突出。欧盟的核心国家是德国和法国，它们对解决欧洲经济困境的主张就很不一样。还不止此，更有一些新进入欧盟的东欧国家，它们原本对分享欧盟的经济繁荣有很高的期待，以为加入欧盟以后，就驶进了经济发展的快车道，可以迅速成为发达国家的俱乐部成员。然而现实的落差竟如此之大，欧盟除了可以提供一首《欢乐颂》之外，并不能提供其他任何帮助，这就不能不让它们深为失望。欧盟还没有分崩离析，但却处于捉襟见肘、危机四伏的状态。

欧洲面积不大，但却国家密集，二千多年来，一直处于既支离破碎又相互残杀的状态。近代以来，由于地理和历史的原因，欧洲逐渐形成了一些颇为不同的文化区域，如俄罗斯和欧洲大陆、德语区和法语区、南部欧洲和中、东欧，英吉利海峡两岸等。而位于这些板块的边缘地带，则既是彼此交融的区域，又是相互矛盾的高发区，弗里德曼将之定义为“边地”。他认为在这些地方，一般情况下还可保持风平浪静、相安无事，但一有风吹草动，冲突就会一触即发。在《欧洲的新燃点——一触即发的地缘战争与危机》一书中，他用了很大篇幅，阐述这些“边地”可能出现的摩擦和较力。比如巴尔干与高加索之间，他认为这是有着“永不磨灭的宿怨”之区，是很难化干戈为玉帛的；位于俄欧边缘的一些夹缝国家，它们“既是西方通往东方的跳板，也是俄罗斯一方通往里海的道路和保卫国家安全的关键”，这就使它们被置于巨大的压力之下，不能踏错一步，否则，就是死亡。再比如，欧洲的地中海，它历来既是文明汇集之地，又是烽烟四起之乡。地中海南北两岸相距不过数百英里，但却是两大截然不同的文明区：一面是伊斯兰教的势力范围，一面则是属于基督教的区域。它们既相互联系，又相互隔离，既比邻而居，又彼此敌视，而恐怖主义和金融危机已使这一地区处于极度的高危状态了。还有土耳其，从地理位置上看，它当然是一个欧洲国家，但它同时更是欧洲与伊斯兰世界之间的边界地带，伊斯坦布尔横跨博斯普鲁斯海峡，是沟通地中海与黑海的交通要冲，一方面它是连接土耳其与欧洲之间的桥梁，一方面它又是地中海与俄罗斯之间的纽带。如此八方通衢，无疑是各种文化的交融荟萃之地，但也不能不是各种政治经济矛盾和各种文化纷争的是非之地。况且历史上各方的恩怨和纠葛本就不胜枚举，恩仇虽然能够泯灭，却也十分容易被重新唤醒。总之，这些为数众多的“边地”，极易成为擦枪走火的地方。

移民冲突是欧洲的又一不安定因素。欧洲的大规模移民，早在“二战”结束不久就开始了。二十世纪五六十年代，为了医治战争创伤，复兴千疮百孔的经济，欧洲亟须大量的劳动力，而最近的劳动力来源就是伊斯兰世界。于是数百万的穆斯林民众进入了欧洲，但他们却很难融入当地社会。尽管欧洲试图用文化多元主义来解决这一族群和宗教的矛盾，使移民可以保存自身的文化习俗，但文化差异却使得他们很难相互认同。弗里德曼认为，“所谓文化，即意味着希望与本身相似的人群生活在一起”。穆斯林喜欢自我聚居而与世隔离，欧洲人也不愿意与穆斯林为邻。由于收入普遍较低，穆斯林的居住区往往拥挤破旧，这就更凸显了与欧洲人的巨大贫富差别，从而不能不使怨气和不平累积起来。近几年，中东持续不断的战火又制造了大量战争难民，他们通过各种渠道辗转进入欧洲，成为新移民。这不但使欧洲增强了它们早已存在的文化威胁感，而且又加剧了劳动力竞争，使就业问题雪上加霜，于是又叠加了一份经济威胁感；再加上难民中肯定会羼入少数恐怖分子，这就更增加了安全威胁感。如此种种，不能不使欧洲如同处于随时都有可能爆发的火山之上。

还不只如此，更为严重的是，经济危机和难民问题又使欧洲国内的民粹主义、民族主义和右翼势力东山再起，这可能是对欧洲和平与繁荣的致命威胁，是挥之不去的“萧墙”之忧。弗里德曼认为，右翼政党和右翼势力将会是“新欧洲战争的‘癌细胞’”，这一估计恐怕并不过分。

欧洲会走出这些重重危机吗？让我们拭目以待。

（《南风窗》2018年第8期，2018年4月11日—4月24日刊发）

要有一些博弈论的眼光

美俄在叙利亚博弈的路还长，现在还远不是说谁胜谁败、谁赢谁输的时候。近日，美联合英法以一个很可能是“莫须有”、起码也是尚未坐实的化武事件为借口，对叙利亚实施了导弹轰击。这当然不是在维护国际正义，而是为了扭转叙战场上由其所支持一方的不利局面；同时，也是要对俄示以颜色，以求让它有所节制，不要企图获取更多利益。对此，有人担心美俄之间会直接交手，甚至由此而引发第三次世界大战也说不定。这实在是有些过虑了。事实上，双方并没有突破托马斯·谢林所说的战略博弈的畛域。虽然互相都似乎志在必得，但也都有对事态发展彼此心照不宣的平衡点。一方扬言要对使用化武者实行导弹打击，一方则强硬表示要拦截来袭的导弹，甚至不排除打击发射导弹的平台。看起来是够剑拔弩张的，但实际上，这种放狠话的相互威胁，不过是冲突博弈的一种惯用之术而已。当然，话说出了是要兑现的，美英法果然发动了打击，而且发射的导弹数量还不少，但在选择打击目标上却很有分寸，完全避开了俄军的基地和拦截导弹阵地，而且打击过后又马上表示，暂时没有再次打击的计划。对此，俄虽然被打了脸，但也没有更大的损失，不至于不能忍下这口气。况且从长计议，俄所支持的叙政府军方面毕竟已经完全掌控了战场上的主动权，而美英法的一两次导弹打击，并不会挽救反对派的颓势。因而，这一次事件，只不过是美俄在叙长途跋涉的战略较力的一个阶段罢了，是不大可能出现事态失控的局面的。

由此，我想到了托马斯·谢林在二十世纪六十年代所撰写的《冲突的战略》一书，在这部出色的阐述博弈理论的著作中，作者用深入浅出的语言，取代了让一般读者为之头痛的专业术语和数学模型，从而能够让人们在兴致盎然的阅读中，受到智慧的启迪。而谢林也因这部著作对博弈论的贡献，在近半个世纪后即二〇〇五年，荣获了诺贝尔经济学奖。

冲突是国际领域中最为常见的现象之一，而如何认识冲突和对待冲突，就成为各国政治家、外交家和商业家不能不经常面对的问题。有意思的是，在国际关系中，发生“双方利益完全对立的完全冲突状态是非常罕见的”，而绝大多数冲突，双方之间除了有冲突利益之外往往还有共同利益存在，因而国际冲突基本上不应该是“零和博弈”，而应该是“非零和博弈”。这也就意味着，博弈一方的所失并不一定是另一方的所得，而寻求双赢的结局则往往更符合双方的共同利益。因而，对于国际领域中这一司空见惯的冲突现象，我们首先需要的是要有一个准确的清醒的判断，然后冷静地理性地明智地对待之。这样才有可能棋高一着，占据主动，在与对方讨价还价中找到双方利益的最佳平衡点，从而争取握手言和、互惠互利的结果，而不至于两败俱伤。当前，对于中美之间的贸易冲突，我们也应当如是对待之。“任凭风浪起，稳坐钓鱼船”。我们不希望发生贸易战，然而也不惧怕贸易战，因此一旦贸易战逼到头上，我们一定奉陪到底。这是一种成竹在胸、稳操胜券的战略定力。

在冲突的博弈中少不了威慑手段的实施，对此，作者也有深入的研究。首先，“威慑理论是一门关于如何巧妙地运用智慧，避免使用现实武力的理论”。这在军事方面最为典型：“威慑涉及武力的潜在使用，而非实际使用；威慑是为了警告并说服潜在敌人，只有避免某些举动才能维护其自身利益。”这也完全可以扩展到经贸领域。而一旦动用了现实武力或现实经贸报复手段，那就意味着威慑的失败。其次，威慑存在的前提是双方存在冲突的同时，也存在共同利益。如果双方之间的关系是完全的共同利益关系，或者是完全的冲突关系，那么威慑就没有意义。完全的共同利益关系自然不需要发出威慑，而完全的冲突关系，则只有动用实际的武力或实际的打击手段才有作用。再次，要最大限度地发挥威慑的作用，有时一方会使用破釜沉舟、孤注一掷的策略，从而表明志在必得的决心和鱼死网破的勇气，以迫使对手不得不做出让步，从而取得置之死地而后生的效果。然而这也是风险极大的一种博弈，一旦未能吓住对手，下文则要么屈服，要么被迫进行没有胜算的交手，结果都会是更大的损失。威慑行动实行后，双方往往会坚持到最后一刻，这就有如两辆相对狂奔的汽车，谁先露怯，不敢冒相撞的风险而踩了刹车，谁就不得不在其后的谈判中向对方做出较大的让步，当然这种游戏也有极大的相撞风险。我不能把作者的思想和论述一一列出。但今日世界上，国际领域里的博弈大战，更为丰富和精彩，在观察这一万花筒式的国际现象时，有一些博弈论的眼光当不无裨益。

（《南风窗》2018年第9期，2018年4月25日—5月8日刊发）

当代地缘政治的多极性和多层次性

近来的国际局势真可谓风云变幻。朝鲜半岛似乎已走到剑拔弩张的极致，却突然峰回路转，呈现出柳暗花明的前景；中印自洞朗对峙以来，似一直处于盘马弯弓的较劲状态，却在习莫会的东湖漫步中大为化解，虽然互信的程度还有待于深植和厚培，但确实已给人以巨人携手和“天堑变通途”的感觉。与东邻日本的关系也有所缓和，中日韩三国首脑会谈的重启，无疑使东亚经济一体化展露出一些曙光。再加上南海的稳定局面日益巩固，这一切都将对世界格局产生重大而深远的影响。当然在“一则以喜”的同时，也少不了“一则以惧”。美国祭起贸易战的“达摩克利斯之剑”，在台湾问题上不断触及中国的底线，竭力阻击中国崛起的行动也确实令人添堵。然而，有所忧患也未必就完全是坏事，新中国从来就是在大风大浪中成长起来的。

月晕而风，础润而雨。国际政治的这些重大变化有可能引起地缘政治格局的深刻变动，从而使当今世界出现新的力量均势和新的平衡局面。对此我们应当有所预想和判断，从而对各种可能出现的情况都有所准备，力争主动，力避被动，从容不迫而又恰到好处地走好每一步棋。为此，了解和借鉴某些西方地缘政治学者的一些观点，也许不无益处。

《地缘政治学——国际关系的地理学》的作者索尔·科恩名气颇大。如果说布热津斯基在《大棋局》一书中已经预感到美国的首要地位及其支配下的世界地缘政治格局是不可持续的，那么科恩则已明确地认为，二十一世纪的地缘政治必定是一个多极化的格局。科恩认为，全球化在改变世界，但全球化并未能凌驾地理。“高速行进中的世界经济全球化以及通信网络向跨越全球的信息系统的转变，并不会消除国家界线和身份标志。全球化并不会导致地理的终结，也不会形成一个地理上的‘平面’世界……相反，它一般会带来一个更加复杂得多的地缘政治体系。”

科恩把这一复杂的体系划分为若干层次，最宏观的一个层次叫作地缘战略辖区，他认为这首先是由它是“海洋性”的地理还是“大陆性”的地理这一属性决定的。而当今世界，已经演绎形成了三个地缘战略辖区，这就是大西洋与太平洋贸易所依赖的海洋辖区，欧亚大陆心脏地带的辖区和大陆兼海洋的东亚辖区。海洋辖区以美国和欧盟为主体，居然也把地理位置本属于东亚的日本、韩国和我国的台湾省包括在内；欧亚大陆辖区自然以俄罗斯为主体；而东亚混合型辖区则以我国为主体，再加上东南亚的几个国家。除此之外，还有一个正在形成中的海洋和大陆混合型辖区，即以印度为主体的南亚辖区。这几大辖区并未能涵盖整个地球，因此一些“破碎地带”的存在对世界秩序的影响也颇大，如矛盾至为复杂，战火多年不息，不少大国插手其间的中东地区以及撒哈拉以南的非洲等。

科恩把地缘政治结构的第二个层次叫作地缘政治区。海洋辖区的地缘政治区包括北美和中部美洲、南美、欧洲濒海地区及马格里布、亚太沿岸地区；欧亚大陆辖区目前仅有心脏地带俄罗斯一个地缘政治区；东亚辖区则包括中国大陆和中南半岛两个地缘政治区。南亚则是独立于三个辖区之外的地缘政治区，但其前景则有望成为一个覆盖印度洋流域的辖区。辖区和政治区的区别是战略和战术的区别，宏观和中观的区别。

国家则运行在政治区和辖区两个层面。科恩又根据影响力的大小把国家分为五个等级。第一等级是具有全球影响力的重要大国：美国、欧盟、日本、俄罗斯和中国，印度也算一个。第二等级是由地区大国组成，“其影响范围越过其各自地缘政治区的大部分，并且以专业化的方式，延伸到世界其他地方”。而第三、第四和第五等级，则是那些其影响一般仅限制在它们地区之内的国家。

概括地说，科恩的地缘政治理论基点是建立在他所认为的现实世界的基础之上的。由此他认为，当代世界地缘政治的图景已是多峰并峙，多元共存的多极世界。其中，与过去不同的最重要的变化是，“东亚辖区已经发展成为海洋辖区和欧亚大陆心脏地带俄罗斯辖区的一个可怕的竞争者。全球均衡如今已不再以一种两极的力量均势为支点，而是三角支点”，此其一。世界不但是多元的而且还是多层次的，辖区、政治区、民族国家，民族国家又有五个层级，此其二。美国虽不能独霸世界，但作为范围最大，经济、文化最发达，军事最强大，且又“政治正确”的海洋辖区领袖，仍然可以继续发挥领导世界的作用，此其三。

然而，区域经济一体化的发展和某些热点地区热点问题的缓解和解决，会不会改写现有地缘政治的地图和格局呢？我想这当是毫无疑义的。

（《南风窗》2018年第10期，2018年5月9日—5月22日以《全球化并未能驾驭地理》为题刊发）

科恩的海洋辖区亚太战略

由美国挑起的中美之间的经贸冲突，一段时间以来，真是风紧云急，大有“侵淫溪谷，盛怒于土囊之口”之势，让全世界都为之捏了一把汗；现在终于偃旗息鼓，得以理性地解决了。这再一次告诉我们，中美你中有我，我中有你的经济，是彼此之间谁都不能置之不顾的根本利益之一，任何以之为要挟的单边行为，都不可取也不可行。而经济虽然并不能代替安全，也不见得能对地缘政治起决定性作用，但却不能不对它们产生影响，因为经济毕竟是基础性的东西。

这里，我愿意再议论一下索尔·科恩的地缘政治理论。这也许扯得有点远，但我觉得，经济全球化和区域经济一体化的发展趋势，将会有力地冲击科恩关于二十一世纪地缘政治的分布格局，起码会使他提出的几大地缘政治辖区呈现出彼增我减、互有损益的情况。

科恩在其大作《地缘政治学——国际关系的地理学》中，一方面承认美国独霸天下的局面已经一去不复返了，二十一世纪的世界是一个多极共存的世界；但同时他又认为凭借海洋辖区这一最大最先进的地缘战略辖区的领袖地位，美国依然可以继续称雄世界。为此，一方面当然需要不断巩固和扩张海洋辖区的版图和势力，另一方面也需要警惕和阻止东亚辖区和欧亚大陆辖区结成更为紧密的战略伙伴关系。对这后一点，他与布热津斯基的担忧是一致的，布氏在《大棋局》中指出，如果东亚和欧亚大陆形成稳固的地缘战略同盟，那将是美国的噩梦。

而如何巩固和扩大海洋辖区的势力范围，科恩似乎把重点放在了亚太。首先，他认为美国的命运严重地依赖于太平洋世界。“过去半个世纪发生的事件已经以十分确定的方式将美国引向了太平洋”。其一，一九五九年授予阿拉斯加与夏威夷以州的地位，这使美国可以名正言顺地把自己的安全关切放在太平洋。其二，美国太平洋沿岸各州在人口、经济和政治权力方面快速增长，这不能不增强对太平洋彼岸的辐射力和吸引力。其三，则是历史的因素，“二战”后对日本的占领与重建，以及朝鲜战争、越南战争和对台湾海峡事务的介入，都使美国利益与亚洲难分难解。最后，则是现实的需要，由于中国的经济实力和军事实力日益增强，他认为这构成了对美国的挑战，美国不能漠然视之。

其次，必须进一步加固美日之间的安全同盟关系，这是美国在西太的战略基石。他认为，只有使这一同盟安如磐石，才能应对将来在东亚可能发生的变故。对此，科恩最关注也最担心的是朝鲜半岛的变局。这一点，他似乎也同布热津斯基一样，认为一个被人为分裂的国家终究是要统一的，这是必然的归宿，没有任何力量能够长期阻挡。“如果现状改变，韩国和朝鲜统一，朝鲜半岛肯定会寻求中立，美国在韩国的军事屏障也就不复存在了。”与此相应，中日之间，中日和统一的朝鲜半岛之间，其地缘战略都会做相应的调整，这势将严重影响美国的亚太布局。而且，还不止此，台湾也会生变，无论是和平统一，还是武力统一，都将是东亚地缘政治的一次巨变。科恩认为：“台湾地区的经济成就现在与大陆沿海越来越紧密地联系在一起，它作为通往中国大陆门户的作用也更加突出。虽然两地政治体制有很大不同，然而经济上的一体化将促进两岸的和平统一，并且其速度会超过很多人的预料。”由此，他预测，在不久的将来，亚太沿岸的核心区将会包括日本的濒海系列城市、朝鲜半岛以首尔为中心的南北系列城市一直到鸭绿江边，并延伸到中国东北的辽东半岛，“经沈阳至黄海北端的渤海湾，深入辽宁的工业心脏”，然后再加上台湾以台北为起点贯穿全岛的系列城市。如此我们不禁要问，这还会完全属于海洋战略辖区吗？还会在美国的管控之下吗？这种包括日本、朝鲜半岛、中国台湾和大陆沿海地区的经济一体化格局，不但存在着客观可能性，而且现在看来，简直是一种发展的必然趋势，这无疑将使科恩关于海洋辖区和东亚辖区的概念模糊起来，经济的力量大矣哉！这会不会动摇美国在西太平洋的战略地位呢？科恩认为，“美国的战略存在的减少将是不可避免的”，唯一能够补救的方法是要提升日本的作用，巩固日美之间的同盟关系。

再有，在亚太沿岸地区，美国还要力求把尽可能多的国家争取到海洋辖区中来。在科恩看来，澳大利亚、新西兰自然毫无疑问是属于海洋辖区的范畴；泰国、马来西亚和新加坡的战略利益也理所当然在海洋辖区内；菲律宾也与美日经济联系得非常紧密。而印度尼西亚如果能够保持政治稳定，则可能会成为亚太地区的一个基石，并在亚太地区的持续发展中，成为日本和澳大利亚的可靠盟友。但现在看，即使不考虑其他因素，中国在东盟和整个亚太地区的经济影响力已经日益凸显，中国是东盟的第一大贸易伙伴，也是许多亚太国家的最大贸易伙伴国，中国与东盟和整个亚太地区的区域经济一体化正在坚实地向前推进，而经济无疑会如水银泻地般地对地缘政治发生影响！

科恩的地缘政治逻辑

半岛局势的遽变和缓和，中日韩更紧密经济关系的推进，这些都不会是很快就时过境迁的寻常事件，“树色随关迥，河声入海遥”，我们应该用更长远的目光来看待它们对国际格局的影响，特别是对世界地缘政治的影响。

著名的美国地缘政治学家索尔·科恩认为，二十一世纪世界地缘政治的格局将是三分天下，或者是四分天下。以美国为代表的海洋辖区是其中最大的一极，以俄罗斯为代表的欧亚大陆辖区和以中国为代表的东亚辖区是可以与之鼎足而立的其他两极，如此发展下去很可能还有一个以印度为代表的南亚辖区。这一多极结构的互动和博弈，将决定世界发展的大势和走向。

科恩的这一分类法是根据国家在地理上是“海洋性”的还是“大陆性”的，在经济上是开放性的还是内向性的而提出的。在他看来，在近现代时期，第二次世界大战前的地缘战略格局是由英国的海洋辖区和沙皇俄国的陆权辖区创立而形成，其时美国则是海陆兼有的混合辖区。

“二战”以后，则是以美欧为代表的海洋辖区和以苏中为代表的大陆辖区的两极对垒；冷战结束后则逐渐发展成为现在的三极或四极并存的格局。美欧日仍是海洋性的，俄仍是大陆性的，而中国则既是海洋性的又是大陆性的，印度同中国差不多。实际上，现在中国可以说是世界上最为开放的国家，其贸易遍及五大洲，是名副其实的世界第一贸易大国，但科恩仍不认为中国是海洋性的，原因无他，政治是也。在科恩看来，当代海洋性与民主是不可分割的，大陆性则与威权政治相联系，这种意识形态和文化的偏见西方学者很难放弃。

值得重视的是，科恩认为，一个国家国内经济地理的变动对于其国际地缘政治的取向具有重要的基础性作用。可以说，他在阐述美国地缘政治发展的几个阶段时，就是以这一观点作为立论之基的。科恩把美国的地缘政治划分为四个阶段，依次为海洋阶段、大陆阶段、大陆—海洋阶段和海洋—大陆阶段。第一阶段以一八〇三年路易斯安那的购买为止。这一时期美国的人口与经济活动的重心主要集中在东部海岸地区，因而他们关注的首要之点就是要稳固大西洋海岸，因而是海洋性的。第二阶段到美西战争为止。其重点是开疆拓土，经略北美大陆，因而是大陆性的。第三阶段，科恩把它确定为从十九世纪末到第二次世界大战爆发。这是美国工业化、城市化突飞猛进的时期，工厂大规模生产以新技术为基础的家用电器、汽车、卡车、拖拉机等产品，尽管纽约、芝加哥、底特律、克利夫兰等城市稳固地成为最主要的中心城市，但孤立主义的大陆性观念仍然根深蒂固，观念滞后于现实，因而是大陆—海洋性的。第四个阶段起始于第二次世界大战。二十世纪七八十年代美国开始进入去工业化过程，钢铁、化工、汽车、家电等许多制造业发生转移，而研发、电子、信息、医药和生物工程等高科技行业则成为经济发展的新引擎。与此相同步，经济中心也日趋摆脱大陆，走向海洋，从而“形成了一个围绕着和支配着大陆腹地的环海圈”。它是高度城市化和大都市区的集聚地，也是绝大多数人口的居住地，因而也顺理成章地成为国家政治权力的来源地。譬如在总统选举中，环海圈各州拥有五百三十八张总选票中的四百〇一张。在地缘政治中，这一环海圈“为美国提供了相对于贸易依赖海洋辖区——一个包括地球的水及陆地表面积三分之二，人口三分之一的地缘战略辖区——让各部分相互连接的中心的位置”。

环海圈经济带的形成，既说明了美国经济结构向后工业化过渡的经济原因，也说明了其制造业外流和衰退乃是一个势所必然的过程，它是经济结构向着更高端跃升的一个必要代价。本来在资源、要素和产品全球化配置和流动的经济链条中，用高科技产品的出口换取一些工业品的进口，用少少许换得多多许，是一笔很划算的买卖，可它的技术封锁政策又人为地阻隔了这一自然的经济循环过程，对于由此（当然还有其他一些原因）而产生的贸易逆差，却又企图用制裁别的经济体来解决，这实在让人无言。

环海圈经济带的形成，也说明美国经济本质上仍然是开放性的经济，国际贸易早已成为美国的经济支柱，美国已“无可摆脱地与世界经济联系在一起”。在这一形势下，任何去全球化的举措，任何不讲国际规则的我行我素，任何动辄就“退群”的行为，都是彻头彻尾的倒行逆施，它既违背了经济发展的客观逻辑，损害了国际经贸的正常秩序，损害了别的国家和地区的利益，也与美国本身不利，是典型的损人不利己。长此下去，美国所统领的海洋地缘战略辖区必然会发生分化，中日韩经济关系的走近，就多少显现出一些端倪。这会改变美国所倚赖的地缘政治环境，如此就真的是搬起石头砸了自己的脚。

市场与国家的矛盾是国际经济的基本矛盾？

在研究国际关系的芸芸学者中，不能不提及罗伯特·吉尔平。这位曾先后担任过普林斯顿大学国际关系学教授、洛克菲勒基金会研究员、美国总统技术和经济顾问团成员的当代西方著名国际政治经济学家，多年来，孜孜不倦，潜心钻研，写下了《国际关系政治经济学》《全球政治经济学——解读国际经济秩序》等多部著作，在这些著作中，他对近代以来一些典型的国际经济政治理论，包括马克思主义理论都有所吸取而又有所批判，从而形成他的一家之言。于九鼎中尝其一脔，或可对我们认识当前的国际经济秩序有所裨益。

市场与国家的矛盾是国际经济关系的基本矛盾，是当代国际政治经济学研究的一个主题。在吉尔平看来，对于国际经济关系，“仅仅考虑国家或市场都不是主要的，至关重要的是它们的相互作用、相互关联及其周而复始的变化”。市场是促进经济全球化和经济技术相互依存的根本动力，以贸易、金融以及对外投资的形式存在的种种强大的市场力量，要求突破各种地理的人为的政治的限制，无远弗届地向外扩张、向外传播、向外发展，在全球范围内，将不同的人群，不同的社会，不同的行为主体结合在一起，构成以买卖双方效能结合、契约关系为基础的你中有我、我中有你、相互依存的经济共同体。而主权国家则是基于领土、忠诚和排外性这样一些概念，建立起来的具有垄断意义的政治主体，在领土范围内，它拥有合理使用权力的最高地位。市场是一切以效率为前提，国家则是将安全置于最高位置；市场遵循的是经济规律，国家则考虑的主要是国家间的政治。因而，由市场而主导的全球性经济及技术相互依存关系的发展，与由主权国家所构成的世界政治体系的持续分化的冲突，就成为形成和制约国际经济秩序和政治秩序的最基本因素。

世界经济中心区和外围区的形成及其变动，是国际格局稳定和动荡的深层动因。物之不平，物之性也。世界经济的发展总是不平衡的，“在市场力量的影响下，（国内或国际的）社会被改组为一个富有动力的中心和一个依附于中心的外围两部分。中心地区的主要特征是其具有更先进的技术及经济发展水平；而外围地区，起码在最初阶段，要依附于中心地区……”这一中心和外围的格局一旦确立，就会使建立在这一格局基础上的国际经济秩序相对稳定一个时期，包括国际分工、贸易网络、国际货币和金融体系，以及支配经济活动的种种规则和制度，都会在这一时期持久地发挥作用。然而，“春秋有代谢，往来成古今”，随着时间的推移，事情总会起变化，“从长远看，由于生产技术和发展过程的逐步扩散，新的中心将会在外围地区形成，这些新兴区域凭借自己的实力而一跃成为发展中心”，这就是中心转移。高岸为谷，深谷为陵，国际经济发展的历程，深刻地告诉我们，中心转移迟早总会发生。近三个世纪以来，全球经济活动中心所在地的分布状况就已发生了几次大的变化，经济重心最先是在地中海，接着是北大西洋，现在又开始向太平洋转移。而每一次转移，都将引起世界经济政治秩序的深刻变动，引起世界权力格局的深刻变动，引起世界财富分配的深刻变动。今天，世界正处于这一转移的过程中，因而许多国际事件和动态，都可以从这一转移中找到动因。

霸权秩序是一把双刃剑。吉尔平是基欧汉和金德尔伯格“霸权稳定论”的赞同者，他认为，在世界仍处于无政府状态条件下，国际社会不能没有霸权国的存在。由于现代主权国家首先是一部战争机器，是在国际关系激烈竞争情况下，为谋求国民生存和军事安全的产物。如果没有霸权国家提供有序的政治经济环境，势必难以避免频频发生弱肉强食的国家间战争，难以保证市场的扩大和相互依存的世界经济一体化的出现与发展。一言以蔽之，“一个居霸权地位的自由国的存在，是世界市场经济充分发展的必要条件（尽管不是全部条件）”。这些条件主要是：为国际市场供给必不可少的“公共产品”，为国际市场建立不可或缺的规则、制度和机制，为国际市场提供极为重要的安全环境。霸主国虽然不能不是一个实力超强的军事大国，但其主要的影响力还是来自经济。霸主国“必须控制原料，控制资本来源，控制市场，并在价值极高商品的生产中具备竞争优势”，从而才能掌握领导其他国家经济的手段。霸主国的存在应当有益于市场制度的建设，应当有益于其他国家经济的发展，这样才能为世界大多数国家所接受。譬如，霸主国的进口会促使其他国家商品的出口，它的对外投资则可为发展中国家提供经济发展所必需的资金，通过技术转让和知识扩散，向发展中国家提供发展现代经济迫切需要的技术和专门知识。但毫无疑义，霸主国可以利用自己的地位为本国民族主义目的服务，为自己的货币霸权、科技垄断、意识形态歧视服务，特别是在霸主国实力相对衰落的情况下，它往往会从一个“慷慨的霸主变成掠夺的霸主”。因此，霸权秩序绝不可能是一个大小国家一律平等的秩序。只是吉尔平不愿多加批判而已。

从欧洲的均势理念到美国的威尔逊理念

走出中世纪，欧洲是最早迈进近代的一块大陆，由于地缘政治的因素，它本身就形成一个小世界。罗马帝国和罗马教会统一欧洲的梦想破灭后，碎片化的欧洲如果不想在烽火四起、连绵不断的战争中同归于尽，那就必须建立起一个为大家所共同接受的国际秩序。于是，在各种社会力量的分化、碰撞、兴衰、重组下，民族国家的概念应运而生了，国家至上的观念和国际均势的观念也随之提了出来并逐渐被大多数国家奉为圭臬。

最先提出这一理念的是法国黎塞留，他的初衷本是着眼于防止哈布斯堡王朝独霸欧洲。当时哈布斯堡的神圣罗马帝国皇帝斐迪南二世，正试图恢复罗马教会的一统，摒除新教，建立帝国对中欧各诸侯国的主控地位。这就可能对法国构成威胁，因为如果斐迪南的野心得逞，法国就必将退而成为欧洲的二流国家。为此，尽管黎塞留在罗马教会中具有显赫地位，但他还是毫不犹豫地决定阻止斐迪南二世。为此，他采取各种手段让哈布斯堡发动的宗教战争延续下去，法国先是与新教国家结盟，后来甚至与信奉伊斯兰教的奥斯曼帝国联盟，为使交战各方筋疲力尽、财竭民穷，他不惜援助敌人的敌人。总之，一切以法国的国家利益为优先，而把当时的主流观念——宗教原则高于一切，国家为宗教而存在置诸一旁。这无异于是大逆不道，但也正是这种反潮流的特立独行，反而适应了欧洲的新形势，开启了欧洲外交的新局面。此后，一般认为，以拿破仑被放逐，战胜国于一八一四年九月召开维也纳会议为标志，欧洲终于建立起了以均势为原则的新的国际秩序。在这前后，在诸强虎视眈眈之下完成德国统一的“铁血宰相”俾斯麦；极善隔岸观火、抑强扶弱的威廉一世、威廉三世、皮特二世等英国执政者，都是欧洲均势战略的高手和自觉操控者。

相比之下，美国则是国际活动的后起者。二十世纪之前，美国的外交政策始终倾向于孤立主义，之后，由于国际局势的变化和美国国力的强大，在老罗斯福总统和威尔逊总统的推动下，美国才走进了世界政局的中心。老罗斯福是一位沙场老将，他坚持国家利益至上的原则，认为国际活动就是斗争，它只能适用适者生存的法则，他不相信国际法的效力，认为一个国家在国际社会上立足，归根到底靠的是实力，国家如不能用自身的力量保护自己，也就不要指望依靠国际社会得到保护。这本来是迄今为止国际关系的一个通则，但毕竟是过于赤裸裸了。而威尔逊则不同，他公开表白，国际秩序的基石在于国际法及国与国之间的信任，而不是维持国际均势和各国的钩心斗角；美国的影响力在于它的公正无私和主持正义，而不单单是国家实力；美国的力量所在是它所推行的民主制度和信仰的价值观，而不完全是发达的工业和强大的军队；美国的安全与全人类的安全密不可分，要站在世界安全的角度来建立美国的安全观。此后，美国的外交思潮就几乎一直为威尔逊主义所左右。这是因为，威尔逊主义满足了美国充当国际社会领袖的愿望和要求，满足了美国企图以它为主宰建立国际秩序的目标追求，满足了美国可以无限制地插手任何国际事务的霸权行为，也满足了美国既能争得本国最大利益又能有一块堂而皇之的遮羞布的需要。

世异则事变。均势外交是在没有任何一个国家可以形成主宰世界的力量，只能依靠几个大国或大国集团建立起相对平衡的国际关系的情况下，必然产生和势在必行的一种外交理念。而威尔逊主义则是适应美国一国独大的霸权主义需要的产物，也是美国企图向全世界推销其美国式民主的意识形态需要的产物。当前，世界又发生了新的深刻而复杂的变化，和平与发展是主题，时代的大潮是要求建立一个大小国家一律平等，兼顾南北利益平衡，不同民族、不同文明、不同社会制度和平共处、共存共赢的新的国际秩序，而中国所提出的旨在建立和谐世界的主张则完全适应了这一时代变化的需要，我们期待国际社会能够逐渐接受这一适乎历史潮流的新理念。

后记

2011年，《广州日报》开设了一个叫作《正议天下》的栏目，邀请我作为主要撰稿者，写一些有关国际关系方面和国防方面的文章与评论。这个栏目每周一期，一般在周日刊出，由此，我为该栏目写了一年的稿，以远山的笔名发表了五十几篇文章。2016—2018年的头几个月，我又接受了《南风窗》杂志的邀请，每期为该杂志撰写一篇有关国际关系方面的稿子。《南风窗》是半月刊，这样累积起来，前后也发表了五十余篇文章。这里，我把这两个时段的稿子编辑在一起，共选择了九十几篇文章，奉献给读者。为反映这一缘起和对《广州日报》及《南风窗》的感谢，特将本书名之为《倚窗看云》。又，陶渊明有“倚南窗以寄傲”的名句，这里，我则易之为“倚南窗以观风云”。此次成书，基本上保持了发表时的原貌，但也有一些因受当时版面的制约，不得不删去一些段落或文字，为使文章意思更为完整，文气更为贯通，此次做了部分的恢复工作。

在此，我要特别感谢对此书所收文章的编辑和发表给予过无私帮助的周成华、李桂文、李龙、高延晶、赵义和翁天兵先生，也十分感谢这次帮助我查找和整理相关文章的杨园园、文芳和曾淑仪三位女士，同时更要感谢热情推荐此书出版的北京航空航天大学战略问题研究中心主任王湘穗先生、中国社会科学院“一带一路”研究中心副主任王晓泉先生。本人不才，能够得到这么多学者和朋友的指导和帮助，深感非常荣幸。

本书能够出版，得到了中共广州市委宣传部宣传文化出版资金的资助，为此也深表谢意。同时，还要真诚感谢承担本书编辑出版的广州出版社社长柳宗慧、总编辑助理杨珊珊、责任编辑叶桂莲三位女士，她们的专业精神和高度负责的态度，使本书加分不少。

李哲夫

2018年11月30日